至善西行　廿念不忘
ZHISHAN XIXING　NIAN NIAN BUWANG

东南大学研究生支教团二十年
DONGNAN DAXUE YANJIUSHENG ZHIJIAOTUAN ERSHI NIAN

主　编

邢纪红

副主编

邱　峰　杨文燮　张　琰

执行主编

叶　菁

编　委

廖晓辉　林琬婷　张倪飔　曹　琪
汪歆贝　路　春　郑浩洋　谭泽宇

东南大学出版社
SOUTHEAST UNIVERSITY PRESS
·南京·

图书在版编目（CIP）数据

至善西行　廿念不忘：东南大学研究生支教团二十年／邢纪红主编．—南京：东南大学出版社，2023.12
　ISBN 978-7-5766-0996-7

Ⅰ．①至… Ⅱ．①邢… Ⅲ．①不发达地区—教育工作—概况—中国 Ⅳ．①G527

中国国家版本馆CIP数据核字（2023）第224376号

责任编辑：丁志星　责任校对：子雪莲　封面设计：毕　真　责任印制：周荣虎

至善西行　廿念不忘——东南大学研究生支教团二十年

主　　编	邢纪红
出版发行	东南大学出版社
出 版 人	白云飞
社　　址	南京四牌楼2号　邮编：210096
网　　址	http://www.seupress.com
经　　销	全国各地新华书店
印　　刷	南京玉河印刷厂
开　　本	700 mm × 1000 mm　1/16
印　　张	20.5
字　　数	400千字
版　　次	2023年12月第1版
印　　次	2023年12月第1次印刷
书　　号	ISBN 978-7-5766-0996-7
定　　价	78.00元

东大版图书若有印装质量问题，请直接与营销中心联系。电话（传真）：025-83791830

序　言

敬教劝学，建国之大本；兴贤育才，为政之先务。习近平总书记指出："教育是阻断贫困代际传递的治本之策，贫困地区教育事业是管长远的，必须下大气力抓好。"在脱贫攻坚战和乡村振兴战略实施中，教育承担着为经济社会发展提供人才支持和智力支撑的重要使命。近年来，国家实施"强师计划""优师计划"，鼓励青年投身基础教育事业，推动优质师资均衡化，优化义务教育教师资源配置，取得了丰硕的成果。中国青年志愿者扶贫接力计划研究生支教团作为教育扶持的重要力量，以"为党育人、为国育才"为方向，深耕中西部地区基础教育事业，实现了2万多名志愿者20余年的接力奉献。

"青年强则国强。当代中国青年生逢其时，施展才干的舞台无比广阔，实现梦想的前景无比光明。"东南大学研究生支教团志愿者们奔赴祖国辽阔的中西部地区，扎根基础教育事业，在教育教学中锚定目标、找到重点、抓住痛点、破解难点，最大限度发挥出支教的作用。志愿者们在支教的同时实现了自教，他们面对面、心连心、情系情地近距离接触了国情民情，提升了能力才干，磨砺了意志品格，完善了价值观念，为未来成长为德智体美劳全面发展的社会主义建设者和接班人奠定了良好的实践和精神基础。20余年的探索使东南大学研究生支教团真正成为培养领军人才的重要渠道和塑造学生家国情怀的有效举措。

2022年是中国共产主义青年团成立100周年，东南大学建校120周年，也是东南大学研究生支教团成立20年。接力承继、同心并举，20年的实践见证了298名东南大学支教人的青春岁月。

回首20年，东南大学研究生支教团的志愿者们践行了"用一年不长的时间，做一件终生难忘的事"。从内蒙古到江西、贵州、陕西、云南、甘肃、新疆生产建设兵团，在风中猎猎作响的不仅是东南大学研究生支教团的旗帜，更是他们奉献一年心血的决心。他们坚守支教育人的初心，站稳三尺讲台，磨炼品质意志，汇聚各界资源，完善智志双扶模式,将远方带给孩子们,更给了孩子们实现梦想的勇气。研究生支教团志愿者的努力让支教不仅仅只持续一年,也不仅仅限于支教地,他们将困难当财富,将吃苦当收获,将奋斗的足迹印刻在实现中华民族伟大复兴的征途上。

回首20年,东南大学研究生支教团支教地的孩子们愈发长成"心中有阳光,脚下有力量"的样子。脱贫攻坚和乡村振兴战略给了支教地适龄儿童进入学校的机会,加快了义务教育的普及。与此同时,从"有学上"到"上好学"的问题逐渐凸显,如何实现孩子们从"要我学"到"我要学"、从"打工人"变成"大学生"的转变是东南大学研究生支教团的关注重点。"苔花如米小,也学牡丹开。"尊重学生、理解学生、信任学生、激励学生,在东南大学研究生支教团志愿者的努力下,支教地的孩子们一步步摆脱了"读书无用论"的桎梏,孩子们在德智体美劳各方面做出尝试和改变,增强了对于学习和未来敢想、敢做、敢当的信心,有的甚至在省级、国家级的科创竞赛中斩获佳绩。

回首20年,东南大学与支教地学校结下了"投我以木瓜,报之以琼瑶"的友谊。"胜非其难也,持之者其难也。"20年来,东南大学与支教地学校协同联动,互通有无,搭建起了友谊的桥梁。东南大学为支教地学校持续输入人才、物资、技术等资源,有效推动了支教地学校教育教学发展,彰显了一流高校的担当与风范。支教地学校亦是不甘落后,发生了日新月异的变化。在尊重互敬的氛围下,支教地的各级领导、老师与历届研究生支教团志愿者建立起互相扶持的情谊,让关怀与温情跨越山海、代代传承,随岁月流转,永不消逝。

从2003年第一次踏上内蒙古草原的三人小队,到如今累计派遣出的319名志愿者,历届志愿者的努力凝聚成令人瞩目的力量。"首批镜头中的最美支教团""第十二届中国青年志愿者优秀组织奖""江西省青年志愿者优秀组织奖""南华县扶贫先进单位"是对每一届研究生支教团与相关工作人员的肯定;"中国青年志愿者优秀个人奖""全国抗疫志愿服务先进个人"等是对研究生支教团志愿者优秀个人的认可;"我的讲台我的娃""蒲公英助学圆梦计划""爱在共青城""梦想支教团""云上科学桥"等一系列品牌活动的持续开展,是对研究生支教团集体匠心铸精品的最好注解。东南大学研究生支教团将"止于至善"的校训践行到实际中,让这一校训在中西部大地发出嘹亮的声响。

情有所归,方能心有所寄、身有所往。正是诸多东大青年的努力与坚持,铺就了这一条跨越了20年时光的长路,这条长路充满了青春的活力和希望,蜿蜒进我们的记忆深处。"青年者，国家之魂。"党和人民需要青年胸怀"国之大者"，担当使命任务，在服务人民、奉献社会、建设祖国的生动实践中体现人生价值。过去，东南大学研究生支教团志愿者已响应国家号召，怀揣理想抱负，奔赴基层一线。未来，东南大学研究生支教团志愿者必将立足新时代新征程，以实际行动发出"请党放心，强国有我"的青春强音！

东南大学党委书记

2023 年 12 月

目 录

第一章　甘载耕耘 ··· 001

第一节　东南大学研究生支教团二十年发展概况 ························· 003
第二节　东南大学研究生支教团全链条育人工作模式 ···················· 009
第三节　东南大学研究生支教团取得的成果 ······························· 016

第二章　站稳讲台 ··· 019

第一节　第一课堂：教法钻研，资源共享 ·································· 021
第二节　第二课堂：素质教育，全面发展 ·································· 032
第三节　第三课堂：社会平台，成长锻炼 ·································· 045

第三章　倾心育人 ··· 051

第一节　支教成效 ··· 053
第二节　自教成效 ··· 070

第四章　品牌印记 ··· 109

第一节　准格尔旗·"蒲公英圆梦助学计划" ······························· 111
第二节　准格尔旗·"至善科技夏令营" ···································· 115

第三节	石河子·"梦想夏令营"	118
第四节	共青城·"爱在共青城"	121
第五节	南华·"至善科技夏令营"	127
第六节	"云上科学桥"	130
第七节	"和抗疫一线医务人员手拉手"	136
第八节	"春风化羽,筑梦疆蒙"	140
第九节	"远方的书信"	143
第十节	"至善云端"	147
第十一节	"我的讲台我的娃"	150

第五章　随笔拾忆 ················ 157

第一节	内蒙古篇:需要勇气的希望之路	159
第二节	江西篇:一年支教行,一生支教情	188
第三节	云南篇:以成长之名	214
第四节	新疆篇:我们的寻星之旅	233
第五节	陕西、贵州、甘肃合篇:梦想开花的地方	251

第六章　山海相伴 ················ 261

第一节	"有问题,找武妈妈"	263
第二节	"初次见面,好久不见"	268
第三节	"我们已经是十年的好朋友啦"	275
第四节	"干教育,不能昧着良心"	278

第五节 "离家远，不用担心" …………………………………………… 280

未来可期 …………………………………………………………… 283

附 录 ………………………………………………………………… 287

附录一 东南大学研究生支教团历届成员名单 ………………………… 289
附录二 东南大学研究生支教团各届合影 ……………………………… 292
附录三 原创歌曲 ………………………………………………………… 303
附录四 原创微电影《我和我的东大：蒲公英的约定》 ……………… 307

第一章 廿载耕耘

2002年，东南大学响应共青团中央、教育部联合发起的"中国青年志愿者扶贫接力计划研究生支教团"项目，组建首批东南大学研究生支教团，于2003年派遣3人至内蒙古准格尔旗开展支教服务。20年来，东南大学研究生支教团工作现已被纳入学校思想政治工作、群团工作和教育帮扶工作整体格局。东南大学研究生支教团始终坚持"为党育人、为国育才"的工作方向，着力发挥党的助手和后备军作用，不断健全管理机制和工作流程，构建了"招募选拔、岗前培训、在岗管理、考核宣传、跟踪培养"等环节在内的全链条工作机制，严格志愿者及团队的筛选与培养，从生理、心理、能力等多维度确保志愿者胜任支教工作，并持续开展全方位跟踪培养：扎实做到研究生支教团志愿者岗前培训教育"五位一体"；岗中精细化管理"三面着手"；离岗返校培养"双轮驱动"，保证支教的长期性与有效性，促进志愿者、高校、支教地协同发展。

二十载栉风沐雨，二十载赓续传承，东南大学研究生支教团立足脱贫攻坚和乡村振兴时代背景，在团中央、教育部、团省委及各级项目办的指导和支持下，日臻完善，阔步前进。

第一节　东南大学研究生支教团二十年发展概况

一、东南大学研究生支教团发展历程

中国青年志愿者扶贫接力计划研究生支教团（简称"中国青年志愿者研究生支教团"）是由共青团中央、教育部联合组织实施的青年志愿服务者扶贫接力计划全国示范项目。采取自愿报名、公开招募、定期轮换的"志愿＋接力"方式，每年在全国部分重点高校中招募一定数量具备保送研究生资格、有奉献精神、身心健康的应届本科毕业生或在读研究生，到国家中西部贫困地区中小学开展为期一年的支教志愿服务，同时开展力所能及的扶贫服务。1998年7月6日，共青团中央、教育部联合下发了《关于实施青年志愿者支教扶贫接力计划有关政策的意见》（中青联发〔1998〕28号），《意见》中提出"应届大学毕业生录取研究生，参加支教扶贫接力计划的，可保留研究生入学资格"。1998年11月5日，团中央青年志愿者行动中心、团中央学校部联合向北京大学、清华大学等22所高校下发了《关于做好青年志愿者扶贫接力计划研究生支教团有关工作的通知》，11月底组建了101人的首届研究生支教团。1999年6月，团中央、教育部联合下发了《关于做好青年志愿者扶贫接力计划支教工作的通知》（中青联发〔1999〕46号），《通知》要求将研究生支教团作为青年学生参加扶贫接力计划的有效形式长期固定下来。从2011年7月开始，研究生支教团已并入团中央、教育部、财政部、人力资源和社会保障部共同实施的大学生志愿服务西部计划的基础教育专项，享受西部计划有关待遇政策。

二、东南大学研究生支教团成立情况

2002年，东南大学加入中国青年志愿者扶贫接力计划研究生支教团项目，正式组建研究生支教团（简称研支团），2003年派遣首批研支团成员。累计派遣21批共319名成员。

在过去的二十年中，东南大学研究生支教团跨越山海、接力奋斗，将教育的种子播撒在渴望知识的中西部学子心中。2003年，东南大学派遣首批研支团3名成员赴内蒙古自治区鄂尔多斯市准格尔旗支教；2007年，东南大学研支团成员规模扩大到7人，同

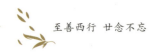

年东南大学承办了中国青年志愿者扶贫接力计划第九届研究生支教团全国培训和会议工作；2008年，东南大学研支团成员规模增加至10人；2009年，东南大学研支团在江西省共青城设立支教点，5名成员前往共青城支教；2012年，东南大学研支团在陕西省延安市宝塔区开辟第三个支教地；2013年，研支团的规模再次扩大，增至20人，并在贵州省平坝县、云南省南华县设立了新的支教服务地，东南大学也成为全国首个拥有4个支教服务地的重点大学；2014年，研支团首次在陕西省武功县、云南省永胜县设立支教点；2015年，研支团规模扩大至22人，并首次在甘肃省天水市设立支教点；2016年，研支团首次在新疆生产建设兵团第八师石河子市一五〇团设立支教点；2020年，研支团首次在新疆生产建设兵团第八师石河子市一四九团设立支教点。至此，东南大学研究生支教团先后在我国中西部7个省、自治区，9个区、县设立过支教点，经过多年调整变动，目前为4个支教服务地，分别为内蒙古自治区准格尔旗，江西省共青城市，云南省楚雄彝族自治州南华县和新疆生产建设兵团第八师石河子市一五〇团、一四九团。

三、东南大学研究生支教团现支教地介绍

内蒙古自治区准格尔旗，位于内蒙古西南部，地处高原，旅游资源和煤炭资源丰富。当地多民族杂居，主要的少数民族是蒙古族。在煤矿业的迅猛发展下，准格尔旗经济飞速进步，2017年，准格尔旗入选为第五届全国文明城市。准格尔旗自2003年起成为东南大学研究生支教团定点服务地，是东南大学研究生支教团最早的支教点，东南大学研究生支教团累计派遣21批志愿者投身当地基础教育工作。

江西省共青城市，位于江西北部，其前身是1955年上海青年志愿者创建的共青社，是全国唯一一个以共青团命名的城市，是全国青少年教育基地、国家级生态示范区。共青城市自2009年起成为东南大学研究生支教团定点服务地，东南大学研究生支教团累计派遣14批志愿者投身当地基础教育工作。

云南省楚雄彝族自治州南华县，意为"西南美丽的地方"，地处滇中高原西部，主要的少数民族是彝族和白族，当地自然资源丰富，被誉为"野生菌王国"。南华县是东南大学的定点扶贫县，自2013年起成为东南大学研究生支教团定点服务地，东南大学研究生支教团累计派遣10批志愿者投身当地基础教育工作。

新疆生产建设兵团第八师石河子市一五〇团、一四九团，地处天山北麓中段，准噶尔盆地南部，是以农场为依托、以工业为主导、农工商一体化的军垦新城，当地各民族杂居，包括回族、维吾尔族、哈萨克族等27个少数民族。新疆生产建设兵团第八师石

河子市一五〇团、一四九团自 2016 年起成为东南大学研究生支教团定点服务地,东南大学研究生支教团累计派遣 7 批志愿者投身当地基础教育工作。

四、新时代研究生支教团的发展机遇

党的二十大报告回顾了新时代十年的伟大变革,"十年来,我们经历了对党和人民事业具有重大现实意义和深远历史意义的三件大事:一是迎来中国共产党成立一百周年,二是中国特色社会主义进入新时代,三是完成脱贫攻坚、全面建成小康社会的历史任务,实现第一个百年奋斗目标。这是中国共产党和中国人民团结奋斗赢得的历史性胜利,是彪炳中华民族发展史册的历史性胜利,也是对世界具有深远影响的历史性胜利"。新时代的到来和第一个百年奋斗目标的实现为研究生支教团工作带来了新的发展机遇。在脱贫攻坚战与乡村振兴战略的实施与实现征程中,教育发挥着重要的作用。

2015 年 11 月,中央召开了扶贫开发工作会议,吹响了打赢脱贫攻坚战的号角,明确把"发展教育脱贫一批"列入"五个一批"脱贫举措,赋予重要使命。《教育脱贫攻坚"十三五"规划》中提出了"一个目标、两个重点、五大教育群体、五项重点任务",力争实现贫困地区"人人有学上、个个有技能、家家有希望、县县有帮扶",重点任务之一就是"集聚教育脱贫力量,从精神动力、财政支持、教育帮扶、信息技术、社会力量五个层面,构建多方参与、协同推进的教育脱贫大格局"。扎实做好巩固拓展脱贫攻坚成果同乡村振兴有效衔接是我国"十三五"与"十四五"规划交替之际的首要任务,对教育帮扶而言也是一样。"十四五"规划中指出,应在建设高质量教育体系的同时,进一步促进教育公平,推动义务教育均衡发展和城乡一体化发展。党的二十大报告明确了新时代新征程党和国家所处的历史方位,对以中国式现代化全面推进中华民族伟大复兴作出了一系列重大部署,中国式现代化需要教育现代化的支撑,需要促进教育均衡发展,让教育发展成果更优更均衡地惠及全体人民。

习近平总书记多次指出教育是阻断贫困代际传递的根本之策,注重扶贫同扶志、扶智相结合。

"扶贫必扶智。让贫困地区的孩子接受良好教育,是扶贫开发的重要任务,也是阻断贫困代际传递的重要途径。"

——2015 年 9 月 9 日,习近平总书记给"国培计划(2014)"北师大贵州研修班参训教师的回信

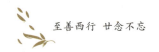
至善西行 廿念不忘

"教育是阻断贫困代际传递的治本之策,贫困地区教育事业是管长远的,必须下大力气抓好。"

——2015年11月,习近平总书记在中央扶贫开发工作会议上的讲话

"要推进教育精准扶贫,重点帮助贫困人口子女接受教育,阻断贫困代际传递。"

——2016年9月9日,习近平总书记在同北京市八一学校教师学生代表座谈会上的讲话

"要把发展教育扶贫作为治本之计,确保贫困人口子女都能接受良好的基础教育,具备就业创业能力,切断贫困代际传递。"

——2017年1月24日,习近平总书记在河北张家口市考察工作时的讲话

这些论述为研究生支教团发挥教育扶贫作用,开展扶贫、扶志、扶智相结合的支教工作明晰了方向。东南大学研究生支教团支教地处在中西部地区,教育教学水平还不均衡,教育教学资源还不发达,学生中仍有部分贫困家庭子女,东南大学研究生支教团志愿者们精准教育扶贫,帮助重点人群,不仅扎实开展基础教育教学工作,还精心创建校地共建志愿服务品牌,切实做到扶贫同扶志、扶智相结合。

青年是祖国的未来、民族的希望,也是党的未来和希望。党的十八大以来,以习近平同志为核心的党中央高度重视青年工作,推动青年工作取得历史性成就。习近平总书记围绕党的青年工作发表了一系列重要论述,为做好新时代党的青年工作指明了前进方向、提供了根本遵循。

"历史和现实都告诉我们,青年一代有理想、有担当,国家就有前途,民族就有希望,实现中华民族伟大复兴就有源源不断的强大力量。希望你们弘扬奉献、友爱、互助、进步的志愿精神,坚持与祖国同行、为人民奉献,以青春梦想、用实际行动为实现中国梦作出新的更大贡献。"

——2013年12月5日,习近平总书记给华中农业大学"本禹志愿服务队"的回信

"同人民一道拼搏、同祖国一道前进,服务人民、奉献祖国,是当代中国青年的正

第一章　甘载耕耘

确方向。好儿女志在四方，有志者奋斗无悔。希望越来越多的青年人以你们为榜样，到基层和人民中去建功立业，让青春之花绽放在祖国最需要的地方，在实现中国梦的伟大实践中书写别样精彩的人生。"

——2014 年 5 月，习近平总书记给河北保定学院西部支教毕业生群体代表的回信

"希望你们牢记使命、不忘初衷，扎根西部、服务学生，努力做教育改革的奋进者、教育扶贫的先行者、学生成长的引导者，为贫困地区教育事业发展、为祖国下一代健康成长继续作出自己的贡献。"

——2015 年 9 月 9 日，习近平总书记给"国培计划（2014）"北师大贵州研修班参训教师的回信

"当今中国最鲜明的时代主题，就是实现'两个一百年'奋斗目标、实现中华民族伟大复兴的中国梦。当代青年要树立与这个时代主题同心同向的理想信念，勇于担当这个时代赋予的历史责任，励志勤学、刻苦磨炼，在激情奋斗中绽放青春光芒、健康成长进步。"

——2017 年 5 月 3 日，习近平总书记在中国政法大学考察时的讲话

"爱国，不能停留在口号上，而是要把自己的理想同祖国的前途、把自己的人生同民族的命运紧密联系在一起，扎根人民，奉献国家。"

——2018 年 5 月 2 日，习近平总书记在北京大学师生座谈会上的讲话

"今天，新时代中国青年处在中华民族发展的最好时期，既面临着难得的建功立业的人生际遇，也面临着'天将降大任于斯人'的时代使命。新时代中国青年要继续发扬五四精神，以实现中华民族伟大复兴为己任，不辜负党的期望、人民期待、民族重托，不辜负我们这个伟大时代。"

——2019 年 4 月 30 日，习近平总书记在纪念五四运动 100 周年大会上的讲话

"新时代的中国青年要以实现中华民族伟大复兴为己任，增强做中国人的志气、骨

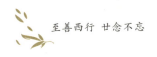

气、底气,不负时代,不负韶华,不负党和人民的殷切期望!"

——2021年7月1日,习近平总书记在庆祝中国共产党成立100周年大会上的讲话

"新时代的广大共青团员,要做理想远大、信念坚定的模范,带头学习马克思主义理论,树立共产主义远大理想和中国特色社会主义共同理想,自觉践行社会主义核心价值观,大力弘扬爱国主义精神;要做刻苦学习、锐意创新的模范,带头立足岗位、苦练本领、创先争优,努力成为行业骨干、青年先锋;要做敢于斗争、善于斗争的模范,带头迎难而上、攻坚克难,做到不信邪、不怕鬼、骨头硬;要做艰苦奋斗、无私奉献的模范,带头站稳人民立场,脚踏实地、求真务实,吃苦在前、享受在后,甘于做一颗永不生锈的螺丝钉;要做崇德向善、严守纪律的模范,带头明大德、守公德、严私德,严格遵纪守法,严格履行团员义务。广大共青团员要认真接受政治训练、加强政治锻造、追求政治进步,积极向党组织靠拢,以成长为一名合格的共产党员为目标、为光荣。"

——2022年5月10日,习近平总书记在庆祝中国共产主义青年团成立100周年大会上的讲话

"广大青年要坚定不移听党话、跟党走,怀抱梦想又脚踏实地,敢想敢为又善作善成,立志做有理想、敢担当、能吃苦、肯奋斗的新时代好青年,让青春在全面建设社会主义现代化国家的火热实践中绽放绚丽之花。"

——2022年10月16日,习近平总书记在中国共产党第二十次全国代表大会上的报告

习近平总书记对青年的寄语和对青年工作的指导是东南大学研究生支教团承担"为党育人、为国育才"重要使命的根本遵循,在对这一系列重要论述的学习和实践中,东南大学研究生支教团在选拔什么样的志愿者、培养什么样的志愿者、建设什么样的研支团等重大课题上进一步明晰方向,提高水平,努力建设成一支"有理想、敢担当、能吃苦、肯奋斗"的新时代研究生支教团队伍,让青年志愿者将小我融入祖国和人民的大我中,让青春在全面建设社会主义现代化国家的火热实践中绽放绚丽之花。

第二节　东南大学研究生支教团全链条育人工作模式

为不断健全"组织统领、招募选拔、岗前培训、在岗管理、考核表彰、跟踪培养、宣传推介"等环节在内的管理机制和工作流程，实现全方位跟踪培养，东南大学研究生支教团经过多年的探索积淀，形成了全链条育人工作模式，实现了招募选拔严格规范、培训教育科学有序、在岗管理全面及时、校地共建精准长效、跟踪培养融通长远的总规程，为研究生支教团工作提供了可持续、可复制的范本。

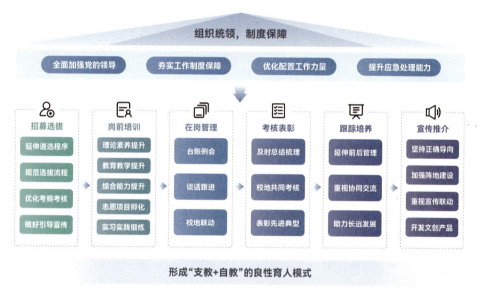

图 1.1　东南大学研究生支教团全链条育人工作模式

一、组织统领，制度保障

在二十年的发展过程中，东南大学始终坚持"为党育人、为国育才"的工作方向，着力发挥党的助手和后备军作用，加强对研究生支教团成员的政治思想引领和组织凝聚服务，持续为党培养和输送服务西部基层建设的青年政治骨干。学校党委、团委等相关部门十分关注研支团发展，每年多次听取研支团的工作汇报和研支团成员的分享交流，每年多次前往支教地慰问研支团学生并开展相关调研，在节假日等诸多时间节点表达对研支团学生的关心。东南大学研究生支教团成立临时党支部、团支部，并将成员全员纳

入"青年马克思主义者培养工程"进行重点培养,确保各项工作在正确的方向上阔步前行。

打铁必须自身硬,东南大学研支团以制度规范行动。东南大学项目办陆续出台了《东南大学研究生支教团管理办法》《东南大学研究生支教团临时党支部管理工作细则》《东南大学研究生支教团在岗期间定期汇报制度》《东南大学研究生支教团台账管理制度》《东南大学研究生支教团突发事件应急预案》等,使工作有章可循、有规可守。

营造温暖的家的氛围。东南大学项目办在春节、中秋节等传统佳节为支教地志愿者带去物质和精神上的慰问。建立东南大学项目办与支教地项目办及支教学校的常态化联系对接机制,在支教过程中与研支团志愿者保持谈心谈话,及时解决支教团志愿者工作和生活中的困惑。建立东南大学研究生支教团历届志愿者及各分队志愿者的QQ群、微信群,定时发布支教及支教地动态,组织回访活动,创新开展"云回访""云祝福"等线上活动,凝聚研支团这个大家庭中的每一分子。

二、招募选拔,层层遴选

东南大学高度重视研究生支教团招募选拔工作,严格遵守教育部关于研究生推免工作的统一要求,将研究生支教团组建工作纳入学校整体推免工作,在东南大学研究生推免工作领导小组统一领导下,制定研究生支教团招募选拔办法,将研究生支教团遴选条件与学校普通推荐免试研究生遴选条件保持一致。申请研究生支教团的学生必须符合学校推免保研的相关条件,同时还需要参加专项笔试、面试。学校研究生支教团遴选工作领导小组由分管校领导担任组长,校团委、研究生院、教务处、学生处等相关职能部门为成员单位,学校纪委等部门全程监督。

在全国项目办的要求基础上,东南大学项目办根据学校实际情况进一步优化研究生支教团招募遴选办法,将所有申请者的群众基础、日常行为规范表现、在校学习情况等纳入学院党委审核考察,同时提高心理测试精度与针对性,选拔出真正胜任支教工作的优秀志愿者。

东南大学研支团长期重视对志愿精神及研究生支教团项目的宣传教育和引导推广。综合运用线上线下相结合的方式,召开研究生支教团项目宣讲会、支教故事分享会,面向全体在校学生,重点面向应届本科毕业生和在读研究生进行宣传动员,进一步在东大青年中弘扬"奉献、友爱、互助、进步"的志愿精神。从近几年报名人数超过百人并持续增加来看,宣传动员工作成效显著。

三、岗前培训,"五位一体"

东南大学研究生支教团的蓬勃发展离不开自身不断完善的培养机制,研支团肩负教书育人的重要使命,帮助支教团志愿者在正式上岗前完成从学生到合格的支教老师的转变尤为重要。

研支团志愿者的培养是一个长久持续的过程,培养质量也是检验高校项目办管理水平和能力的重要依据。东南大学项目办根据全国项目办历年下发的关于组建中国青年志愿者扶贫接力计划研究生支教团有关工作安排的通知以及《共青团中央办公厅关于实施青年马克思主义者培养工程西部计划专项和研究生支教团专项的通知》等要求,将研支团骨干纳入到"青年马克思主义者培养工程"中,以完善标准化培养内容为核心,充分利用线上线下相结合的方式,打造涵盖理论素养提升(含"青马工程")、教育教学提升、综合能力提升、志愿项目孵化、实习实践锻炼等五大版块的培养课程,形成五类课程前后衔接、内外融通、协同实施的"五位一体"培养体系,对在校的支教团成员开展集中培训和轮岗锻炼,对在岗研支团志愿者开展形式多样的分散式培训,全方位关注其身心健康以及在岗、在校和未来就业工作发展。

在完成招募之后,东南大学项目办就征求新一届和往届志愿者培训意见和建议,针对本届研支团志愿者情况、东南大学研支团发展情况及时代背景制订培训计划,编写和修订培训教案,开启长达十个月的"岗前加油站"培训活动。

理论素养提升(含"青马工程"):着眼"为党育人、为国育才"的共青团政治责任,着力为党和国家培养具有家国情怀和国际视野,能够担当引领未来和造福人类的一流领军人才。理论素养部分与东南大学"青马工程"研究生支教团专项活动相结合,包含理想信念教育、政治素养提升、业务素养提升等。研支团志愿者参加数场如"学习领会党的二十大报告""中国共产党对社会主义建设道路的探索""中国共产党的百年奋斗历程""全面深化改革与国家治理现代化"等在内的讲座,聆听来自中共江苏省委党校、北京大学、南京大学等的知名学者教授的讲解,锤炼提升了政治素养。此外,研支团志愿者还随东南大学"青马工程"成员定期参观雨花台烈士陵园、梅庵"团二大"会址、梅园新村纪念馆等,参加烈士纪念日、国家公祭日以及"我的青春故事"分享交流活动等红色教育活动,开展至少一次的轮岗锻炼、社会调研等活动。

教育教学提升:教育教学能力是研究生支教团志愿者的核心能力,尤其是对东南大学非师范生志愿者来说,教育教学能力的培训是开展支教服务、站稳讲台的必经之路。东南大学项目办在开展支教能力培训工作中认真研讨、精心设计出一系列如加强师德师

风教育、备考教师资格证、提升教育教学技能、探索和实践样板式课程体系、基础教育见习实践等在内的培训课程。"岗前加油站"开展数场讲座以提升研支团志愿者的教育教学能力。"做新时代合格的传道授业解惑者""如何做一名'四有'好老师""教师职业道德与教育政策法规""教育过程设计技能""课堂管理和备课技能""如何增强课堂表现力和互动感""如何与家长沟通""学生专注力提升""科学开展正面管教"等讲座有效提升了志愿者的教育教学能力。此外，研支团志愿者还走进所在辖区中小学课堂，开展为期一个多月的实习，在实习中亲身感受教学，向名师学习，积累教学经验，提高实践能力。除了线下的培训外，东南大学研支团志愿者还充分利用线上慕课资源提升自身的教学水平。

综合能力提升：研支团志愿者在本科毕业后即踏入社会，身份转变为一名教师。志愿者前往祖国中西部地区基层开展支教服务工作，全新的身份、全新的环境都给年轻的志愿者带来巨大的考验，因此需要全面且综合的能力，这不仅包括教育教学能力，还包括环境适应能力、组织管理能力、应急能力、心理调适能力等。为此，东南大学"岗前加油站"精心设计了服务地风土人情概况、管理规定学习、研支团精神内涵的学习与承继、集体荣誉感塑造及培养、新闻写作技巧与新媒体使用规范、生活基本技能、心理调适、健康急救等综合能力提升课程。

志愿项目孵化：研究生支教团是一项重要的志愿服务品牌，参与其中的学生除了是支教教师外，还有一个重要的身份——志愿者。因此，志愿服务素养和志愿项目孵化能力也是研究生支教团志愿者需要重点掌握的。东南大学项目办依托东南大学志愿服务实践学堂，对研支团志愿者的志愿服务精神和素养进行全方位的培训。研究生支教团志愿者在志愿服务实践学堂中担任各班副班主任，全面参与到校院两级志愿服务社团、组织负责人的交流学习中。东南大学志愿服务实践学堂贯彻落实《中长期青年发展规划（2016—2025年）》《关于进一步加强高校实践育人工作的若干意见》《关于支持和发展志愿服务组织的意见》等有关精神，按照共青团中央《关于推动团员成为注册志愿者的意见》《高校共青团青年志愿服务工作指引》《新时代青年志愿服务培训课程指导大纲》有关要求，紧密围绕校党委的中心工作和学校综合改革事业，充分发挥学校共青团在立德树人方面的作用，通过理论教学、调研讨论、实践观摩、课题研究等多个环节，切实加强、改进和创新东南大学志愿服务实践工作，提升志愿者的能力水平。东南大学志愿服务实践学堂邀请专家学者授课和优秀团队分享交流，内容包括青年志愿者责任使命和担当、基础志愿服务理论、志愿服务应用技能、志愿服务专项技能等，拟通过完备系统的课程安排，全面提升学员的理论素养和专业能力。组织开展志愿服务和实践调研，在实践中提升志愿者的志愿服务专业水平，积累志愿服务、团队管理和项目运营的实践经验。通过志愿服务实践学堂的学习，让研支团志愿者提升项目整合能力，深入挖掘研支团校地共建志愿服务项目，并提升项目的志愿服务专业性和理论化水平，通过参加东南大学志愿服务项目大赛，真正实现志愿服务的项目化管理，形成志愿服务项目资源库和志愿服务实践基地。

实习实践锻炼：研究生支教团志愿者在岗前培训中参与一些实习实践锻炼可以更好地提前适应基层一线长周期、特殊性、差异性、丰富性的工作特点。东南大学项目办组织研支团志愿者开展每季度不少于1次的志愿服务、社会公益、社会调研、生产劳动等实习实践锻炼，在校团委等学校相关部门、所在辖区团市委和团区委等岗位开展轮岗实习，掌握公文写作、服务乡村振兴、意识形态领域风险防范、政策宣讲等业务素养和工作能力，同时定期举行研讨交流等活动。

东南大学"岗前加油站"以切实提高研支团志愿者的综合素质为根本宗旨，以逐步实现培训管理等各项工作的科学化、制度化与规范化为最终目标，注重提振志愿者的精气神和各项能力，以近五十余项培训课程，为志愿者开展支教工作做好充足的准备。

四、在岗管理，"三面着手"

东南大学项目办时刻关注在岗志愿者的工作状态，跟进研支团各分队工作进展，把握工作的正确方向，确保志愿者在生活与工作中的身心健康，为一年支教工作的顺利开展保驾护航。

东南大学项目办在岗管理工作实现"台账例会、谈话跟进、校地联动"三面着手。为了更好地与研究生支教团在岗志愿者沟通，及时动态了解他们的工作生活状况，培养研支团志愿者自主总结、自我反省的工作习惯，学校项目办对在岗志愿者施行台账工作制度，要求每名志愿者每周填写电子台账，每月报告月度工作，每学期报告学期工作，做到及时查摆问题、解决问题。与此同时，建立工作例会及思想汇报制度，组织研支团在岗志愿者开展工作例会，汇报思想动态和工作进展。东南大学第二十三届研支团志愿者在岗期间举行了多次工作例会交流工作心得，例如2021年10月举行"积极调解，备战期中"主题例会，2021年11月举行"集中学习十九届六中全会相关精神和教学经验分享"主题例会，2022年5月举行"学习习近平总书记在中国人民大学考察时的重要讲话精神和在庆祝中国共青团成立100周年大会上的重要讲话精神"主题例会。

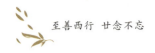

东南大学项目办派专人对研支团在岗志愿者开展谈心谈话工作，每月由项目办负责同志与所有研支团在岗志愿者完成至少一次谈心谈话，学校项目办对每次谈心谈话都进行细致的记录，形成工作台账，对研支团在岗志愿者反馈的问题及时解决。

为了全面跟进研支团在岗志愿者的工作，东南大学项目办建立了"东南大学—服务地项目办—支教学校"联动的常态化联系机制和互访工作机制，定期赴支教地走访调研。此外，学校定期邀请支教地项目办及支教学校工作人员来校参与研究生支教团相关活动，通过组织暑期夏令营等相关活动，进一步加强校地联系。

五、考核表彰，不务空名

在工作考核方面，东南大学项目办将"月度工作分享""中期汇报交流""年度工作总结"固化为工作制度，要求每队每人每阶段及时总结，形成文件材料。严格按照大学生志愿服务西部计划有关规定，配合服务地项目办和支教地学校对研支团志愿者进行全流程考核。学校项目办认真做好考核和表彰等各项工作，对表现突出的研支团志愿者进行逐级推报，并开展一定的宣传，以提升东南大学研支团的整体形象和影响力。

六、跟踪培养，一人一策

东南大学项目办对研支团成员持续跟踪培养，保障每一位成员的后续发展。一年支教工作的结束绝不代表研究生支教团成员这一身份的结束，东南大学项目办实施动态管理，及时了解成员学习、生活、就业等需求，力求做到"一人一策"针对性助力，在学业规划、生活服务、职业规划、就业意向、求职区域等方面持续提升服务。

在研究生就读期间，东南大学项目办积极协助成员所在学院为其科研、学生工作、职业规划等提供帮助，多名返岗研支团成员成为校院两级主要学生骨干，发挥积极的作用，在科研等方面也有较为突出的成果。东南大学项目办加强对研支团成员的心理疏导和人文关怀，积极联系学校就业指导中心或其他校内外组织，为他们参与各类赴基层、西部、艰苦边远地区、重点单位岗位等实习、就业提供相应的支持与保障。将有创业意愿的成员纳入到学校双创计划中，指定创业导师全程跟踪指导，落实创业担保贷款、免费场地等支持政策，提升其创业能力和创业成功率；对有见习需求的成员积极主动联系企事业单位或校内部门纳入见习安排，并优先推荐见习部门留用成员。

七、宣传推介，阵地为先

在宣传推介方面，东南大学研究生支教团以阵地为先，不断打造精品，提升研支团的影响力。东南大学研支团所建设运营的新媒体宣传阵地有官方微信公众号"SEU研究生支教团"、官方微博"东南大学研究生支教团"和抖音账号"SEU研究生支教团"。研支团注重各分队间的信息互通，增强新闻宣传力量，构建纵向工作机制，提升影响力。其中，官方微信公众号是主要的宣传平台，设置"岗前加油站""支无不言""分队风采""支教20年""我和我的支教故事"等多个专栏，全景记录了东南大学研支团发展过程和研支团志愿者的感人故事，力求做到"报道及时、宣传有力"。

东南大学研支团除了在自主运营的宣传阵地中持续深耕之外，自身所开展的典型工作、优秀人物案例等也频频出现在《人民日报》《光明日报》《中国教育报》《中国青年报》《新华日报》，中国青年网、中国文明网，"中国青年志愿者""西部志愿汇"微信公众号等各级各类媒体的报道中，东南大学研支团力求向外界讲好支教故事，提高自身影响力。在宣传报道中，东南大学研支团发展的脚步被记录：《光明日报》"2015年镜头中的最美支教团"、中国文明网"最美志愿者"、中国青年网"走进西部看看东南大学研支团的热血青春"、澎湃新闻"从1到20，从3到298，东大学子的'筑梦'能量有多大！"等新闻报道，让东南大学研支团的集体形象逐渐立体丰满。东南大学研支团在各支教地举办的支教活动也被记录："云上科学桥""菌亦有情'互联网+'扶贫""喜迎二十大，红色基因代代传""关爱计划"等诸多活动被《中国青年报》《新华日报》《南京日报》等多家媒体报道，让社会看到东南大学研支团的努力。在支教中涌现的优秀人物也在报道中为人所熟知：在《中国青年报》、江苏电视台等媒体多次出现的东南大学研支团志愿者讲述着他们的支教故事。深耕发展、打磨品牌、分享经历……东南大学研支团探索属于自己的宣传模式，在新闻媒体的平台中用事实阐述发展，用事实站稳脚跟，努力让新闻媒体成为自身影响力的展示平台，讲好自己的青春故事。

东南大学研究生支教团在加强阵地建设的同时也注重内容为主，不断拓展宣传素材，大力开发文创产品，如微电影《蒲公英的约定》，原创视频《桥》，原创歌曲《支教十年》《至善西行，廿念不忘》和数首改编歌曲等。此外，东南大学研究生支教团还设计制作了文化衫、logo、笔记本、明信片等，将支教精神以青年特色实体化，更好地提升自身的影响力和吸引力。

东南大学研究生支教团的宣传工作一直以来坚持正确的舆论导向，唱响主旋律、传播正能量，努力开创宣传工作新局面，营造良好的舆论氛围，引导广大青年认识研支团、了解研支团、认同研支团、加入研支团、宣传研支团，不断壮大研支团的中坚力量。

在共青团中央、全国项目办，学校党委与各级项目办的指导下，东南大学研究生支教团坚持思想引领为先，夯实全链条管理，深耕教育一线，创新校地共建，服务国家战略，形成了"支教+自教"的良性育人模式。在过去的二十年中，东南大学研支团不断壮大，一代代研支团成员身体力行"用一年不长的时间，做一件终生难忘的事"的誓言。无论是在过去还是在未来，东南大学研究生支教团都将秉持初心，笃行不怠。

第三节　东南大学研究生支教团取得的成果

二十年筚路蓝缕，一分耕耘，一分收获。一代代东大支教人勠力同心，以实际行动贡献青春力量，不断增强东南大学研究生支教团的凝聚力、影响力、创造力，以集体为名，成就累累硕果，在止于至善的路上载誉而行。

2007年，东南大学研究生支教团获得由共青团中央、教育部颁发的"中国青年志愿者扶贫接力计划研究生支教团贡献奖"；2015年，东南大学研究生支教团被共青团中央、《光明日报》评为"镜头中的最美支教团"（首批仅10个）；2020年初，东南大学研究生支教团荣获第十二届中国青年志愿者优秀组织奖……东南大学研究生支教团发挥自身的榜样引领作用，展现了在西部基层奉献的风采和感人的事迹，进一步宣传和弘扬了志愿服务的精神内涵。

图1.2　东南大学研究生支教团所获荣誉（部分）

在内蒙古自治区准格尔旗，东南大学研究生支教团开创"蒲公英圆梦计划"品牌活动,引进社会公益资源,选拔支教地部分品学兼优的学子赴南京游学,使他们开阔眼界,亲身感受知名学府的科技魅力与人文情怀,累计募集社会爱心捐款近39万元,资助共120余名高中生,于2015年获得了第二届中国青年志愿服务项目大赛银奖。

在云南省南华县,东南大学研究生支教团云南分队大力发挥自我科学文化水平和综合管理素质,每年服务19 000多小时,累计覆盖近万名中小学生,给当地特别是支教所在学校的教育提供了良好的支持和补充,协助了当地基础义务教育的发展,助力了当地全面脱贫最终目标的实现。凭借多年来优异的支教工作以及在"两不愁三保障"中保障义务教育方面所作的突出贡献,东南大学研支团被评为"2019年度南华县扶贫先进单位""南华县教育工作先进集体"等。

图1.3　东南大学研究生支教团云南分队所获荣誉(部分)

在江西省共青城市,东南大学研究生支教团以支教教学任务为核心,以搭建桥梁、扶贫攻坚为己任,以改进教学方法、建设校园文化为工作重点,大力构建"课堂教学""第二课堂""志愿扶贫"三大工作模块,在取得丰硕教学成果的同时,也在校园内开展了丰富多彩的活动,践行了"奉献、友爱、互助、进步"的志愿服务精神,荣获"第十届江西省青年志愿服务优秀组织"荣誉称号。

图1.4　东南大学研究生支教团江西分队所获荣誉(部分)

凝聚星火合力，东南大学研究生支教团以昂扬奋发的精神、全心全意的付出、积极创新的实践投身西部基础教育工作，坚定理想信念，牢记支教帮扶的初心使命，步履不停，勇毅前行。

第二章 站稳讲台

二十年来，东南大学研究生支教团立足第一课堂，牢抓教学主责主业，在三尺讲台上勇于创新实践，用青春和汗水将知识最美好的样子诠释给中西部的孩子们。教学之余，研支团坚持深耕第二课堂，每位老师都化身灯塔，用正确的思想之光照亮孩子们的成长道路。东大研支团发挥专业优势，着力拓展第二课堂，助力"双减"落地见效，教育引导学生培养综合能力，培养创新思维。此外，研支团积极开拓第三课堂，利用研学基地、爱国主义教育基地、劳动实践基地等，组织学生在大自然中、在社会中接受锻炼，健康成长。研支团成员们与支教地学生同吃同住同劳动，在实践一线上好青春思政课。

一届届研支团成员以粉笔为犁，在祖国中西部的土地上辛勤耕耘了二十个春秋，如今廿载过去，曾经亲手播下的种子已逐渐成长为参天大树，研支团教过的许多学生也步入大学，来到老师们曾一遍遍向他们描述的"外面的世界"求学深造。越来越多服务地的孩子们受益于研支团在三类课堂上的精耕细作，在人生道路上成长成才，反哺社会。

第一节　第一课堂：教法钻研，资源共享

二十年来，东南大学每一届研究生支教团志愿者由初为人师的懵懵懂懂、摸索前行，到后来的游刃有余、得心应手，都离不开对教育教学方法的不断提炼与创新。各届志愿者从孩子们的天性出发，设置了丰富多彩的课堂活动，及时调整讲课进度。试卷上细致入微的评语，为基础薄弱的学生进行的"一对一"辅导，认真阅读优秀教案，向有经验的老师请教，利用空闲时间旁听课程……研支团成员们不断提升自己的教学能力，践行着"传道授业解惑"的职责。他们充分发挥自己的年龄、经历和专业优势，变单向输出为双向沟通，变枯燥教学为用心陪伴，让课堂卓有成效；他们主张灵活教学、因材施教，探索开辟出了许多独特的教学方法；他们不囿于教材内容，积极拓展延伸，开拓孩子们的眼界。

研支团成员结束一年的支教工作后，会对教学过程中收集制作的优质资料分类整理，并转化为数字化文件上传公共网盘。经过年复一年的接力传承，研支团已经逐渐积累形成了一个初具规模并不断充实的教学资源库，资源库的内容已经涵盖小学至高中全年级不同学科的课件、习题、视频、教学经验和教法总结等，共计 2000 余 GB。这些资料不仅可供研支团内部交流使用，同时还可分享给支教地的老师同事，提升了服务地信息化教学资料的质量。二十年过去，研支团成员的底气越来越足，更加胜任教书育人的工作。

一、小学：寓教于乐，抓好纪律第一关

小学生们由于心智还不够成熟，所以比较贪玩好动，缺乏自主学习的意识和动力。因此，负责小学教学的研支团成员们格外注重教学的趣味性，将课堂纪律和激励机制都有机融入有趣的游戏当中，在激发小朋友学习积极性的同时促使他们养成良好的学习习惯。

好的课堂纪律是打造高效课堂的基础，面对永远充满活力的小学生，研支团成员在初次接手班级的时候就以朋友的名义和他们约定好学习纪律，并在此后的教学过程中严格落实执行。当自己班上的学生不太听话时，可以利用小朋友对支教老师的"新鲜感"，

请研支团其他老师相互配合,协助管理。在小家伙们吵个不停的时候,只要提到从前的支教老师回来看大家,"崽崽们"就会瞬间安静下来。同时,要树立学生榜样的示范作用,采用"以优带差"的方式,请表现出色的学生小帮手协助管理班级纪律。此外,每当学生吵闹时,研支团的老师便双手叠放,发出"123"的口令,孩子们听到后全部齐刷刷跟着双手平放桌上大声回答"坐端正",通过一套约定好的互动流程,叽叽喳喳的教室瞬间变得鸦雀无声。以成年人的交流方式去要求小学生往往收效甚微,研支团的成员们在小学纪律管理中,总是想方设法学着小朋友的方式去和孩子们打交道,让他们在愉快轻松的氛围中自觉形成纪律观念。

图 2.1　小学课堂实录

为了调动小学生的主观能动性,培养孩子们对学习的兴趣爱好,让他们养成自主学习的习惯,历届研支团成员想出许多适合小朋友的激励妙招。例如,研支团的老师为了鼓励学生多读课文,将"读书打卡"小程序引进班级微信群,用打卡兑换奖章的方式激发朗读积极性;也有成员对孩子们每周的阅读、写作等表现进行综合评价,并据此评选阅读之星和写作之星,大大提高了学生阅读写作的热情;部分成员还在自己的班级设立完善的积分卡奖励制度,对优秀的课堂、作业、考试等表现及时给予积分奖励,学生可以用积分在老师那儿兑换精美礼品,体会到学习的成就感……研支团的老师通过个性化的激励机制,去肯定孩子们的学习成果,使其体会到学习的快乐,从而自发地热爱学习。

图 2.2　学生们获得"英语之星"荣誉奖状

在解决小学生的课堂纪律和学习动力问题之后,研支团老师尽量让每一节课都生动有趣。由于小学生的注意力难以长时间集中,研支团老师就在课间穿插着分享大学生活、前沿科技和历史文化等,并用电影、音乐、游戏、短视频吸引他们的注意力,等到孩子们的注意力重新集中之后,又开始回归正常教学,这种寓教于乐的方式可以让整堂课松弛有度;低年级的学生刚接触英语时,普遍存在畏难心理,对英语的兴趣不大,因此研支团成员们在课堂上安排了形式多样的环节,例如第二十三届研支团江西分队志愿者徐易就在英语课堂上安排了背单词小游戏、播放英语动画片、分小组比赛、角色扮演、编单词顺口溜等环节,陪伴孩子们上课的除了课本上的朋友们,还有奥特曼、小猪佩奇等动画片里的小伙伴们,更有一首首"洗脑"的英文儿歌,欢乐的课堂氛围开始让学生期待上英语课。支教地的小朋友自信心不足,在课堂上不敢举手发言,研支团老师设置发言加分制,回答正确加分,答错不扣分,到期末可以凭总分换取小礼品,成功在课堂上掀起踊跃发言的高潮,下课后时常出现一大堆小朋友扯着支教老师的胳膊,抱着大腿围着老师要获胜奖品的奇观。研支团老师的课堂从来不限于书本知识传授,还有三分钟小演讲、讲故事比赛、诗词朗诵比赛、班级联欢会等丰富环节,除了让学生们的综合能力得到锻炼之外,也让很多学习成绩并不突出的孩子在这些小小舞台上发现了自己身上的闪光点,从而慢慢变得更加自信阳光。

在日常和小孩子们的相处中,研支团老师也悟出不少"心机"。比如开展"钓鱼执法",每节课前先布置五项作业,并答应孩子们这节课表现的好的话,就给大家减掉其中的几项,表现越好,作业越少。每次听罢,孩子们都会立即坐端正,上课效果立马见好。支教地经验丰富的班主任常说:"一年级的班主任,其实就是保姆嘛!"刚开始,老师们对这些掉了大门牙的"萌物"都会有些束手无策,急得像热锅上的蚂蚁,可孩子们总是一脸天真地表示事不关己,后来在实践中才渐渐地明白,只讲道理和理想主义是行不通的,改成"如果你们表现好,老师给你们奖励糖果"反而更有效。原来,他们只是孩子,只有把自己放到他们的语言体系和思维频道中,才能和他们无障碍沟通。在和孩子们沟通产生困难时,与家长进行深入交流也很有必要。研支团的老师会从不做作业的学生开始,打电话把每一位家长请来学校,让家长了解情况,也会定期进行家访,保持更好的家校联动,推动教学工作顺利进行。

图 2.3 学生们收到小礼物

除此之外,研支团成员们还有一些独特的教学技巧。有的为了鼓励孩子们多阅读,在班里形成良好的读书氛围,为学生募得百余本新书,建立班级图书角;有的会找一些学生做教学助理,一起分析同学们作业错误的原因,反馈上课的情况;有的针对注意力不集中问题,要求孩子们一边做笔记,一边大声回答问题;有的坚持给每个孩子的作业本写生字范例,帮助他们纠正不良的写字习惯,展示优秀作品,鼓励孩子们把字写端正;有的每周六到基础差的孩子家里义务给他们补习,很多孩子在一对一指导后,进步特别显著;有的坚持在每个学生的试卷上写评语;有的自己制作了很多食物和动物的模型教具;有的经常放弃自己的午休时间为基础薄弱的学生单独辅导;有的自己录了26个字母和单词的发音给孩子们听;有的坚持每周给学生出卷子,最后成功押中了期末考题……一个个小妙招的背后,都是研支团成员们在日复一日教学实践中思索凝练出的成果。

二、初中：参与式教学，鼓励督促并驾齐驱

逐渐步入青春期的初中生往往更加叛逆，增多的科目和更严格的管理方式让许多学生萌生厌学心理。为了引导初中生尽快走上学习正轨，为以后的学习打下扎实的基础，研支团的初中老师们与学生形成亦师亦友的良性互动关系，打破和学生之间的沟通壁垒，在积极交流中给予学生更多的鼓励，培养学生的学习主人翁意识。

研支团老师常常致力于创新课堂形式，营造课堂氛围，增强学生的课堂参与感，用一些有趣的小事例去帮助学生掌握知识点，而下面坐着的学生经常会摇身一变成为小小主角。比如在英语的教学中，生词多、长难句理解困难的大长文是大多数学生的拦路虎，他们只能机械式地记忆，而没有真正地理解，很难彻底掌握。于是研支团老师将大长文拆分成英语课本剧，鼓励学生积极参与表演，让他们把书中的句子用同学们喜闻乐见的方式演绎出来，大大加深了理解。例如，在物理课堂上，学生经常混淆物态变化的知识，研支团老师买来干冰，在教室里往干冰上浇水后，周围迅速产生大量雾气弥漫开来，整个教室宛若仙境，在同学们好奇心最高涨的时候，老师给大家解释其中物态变化的原理，让大多数同学轻松理解。研支团老师通过多媒体把大量精美的图片、科普性的视频带进课堂，让课堂更加丰富多彩，赚足了孩子们的眼球。孩子们对知识的渴求，就是支教团老师们通宵达旦制作教学课件最大的动力。

图 2.4 学生们在做物理实验

在老师认真讲课时，总有学生在下面讲悄悄话，扰乱课堂的正常秩序，然而真正请同学回答问题时，大家又默不作声。针对这一问题，第二十四届研支团志愿者陶翀新想

出在每节课上设置"Talking Time",遇到关键问题时允许同学们在两分钟内进行天马行空的自由讨论,释放他们的思维能量。但前提是除这个环节外,其他时间均要严格遵守课堂纪律。结果陶翀新惊喜地发现,集中释放学生的交流欲望之后,学生们的课堂疲劳感得到缓解,变得更加专心听讲。短短的两分钟既锻炼了学生的表达能力,又使学生更敢于举手发言,对老师提出的问题积极回应。孩子的天性就像潮水,一味"封堵"只会更加泛滥,及时疏导才能让他们张弛有度。

图 2.5 支教服务初中课堂实录

对于初中的学生,研支团成员们同样制定了相应的激励机制,对同学们在平时的学习中取得的各项进步和成绩进行量化积分,分数达到一定数目可以抽奖。奖品设置上,既有免作业、发文具、免听写等正面奖项,也有作业翻倍、给同学们唱歌、做值日等整蛊奖项,增加积分抽奖活动的趣味性。也有老师为每次考试取得高分和进步明显的同学印发奖状,在学期结束的时候奖状数超过三张即可兑换礼品,鼓励他们求知上进。

"不练不会"这句话熟记在每一个人心中,研支团的成员们优化作业布置,在课堂上布置随堂作业,现场督促学生巩固课程重点,及时了解学生掌握情况。课堂内外,老师平等地与学生交流,努力成为他们的朋友,真正走进孩子们的世界,与孩子们达成"讲课慢一点""作业精一点""课后补一点"的教学共识,充分发挥学生的学习主体意识。为了让孩子们养成良好的学习习惯,第二十届研支团内蒙古分队志愿者何祥平立下"笔记本、错题本、备忘本"三大基"本",比如错题本由原题、思考过程、错题原因三部分构成,并要用三种不同颜色的笔书写,以最大限度地清晰展示出一道题的脉络,这就促使学生必须对老师的讲解高度专注，及时做笔记、标生词，提高听课效率，强化知识点的掌握。为了督促孩子们及时复习、认真背书，初中老师经常会采用最简单的听写来找出学生知识掌握的薄弱点，后续再通过订正不断打磨，加深记忆；为了让孩子们牢记吃一堑就要至少长一智的道理，研支团老师又开创了考后反思总结大会，并要求写书面反思与总结；为了让孩子们熟记知识点，形成系统性的知识网络，研支团老师还会布置手绘思维导图作业，整理必背知识清单。

针对孩子们参差不齐的基础水平及或高或低的接受能力，研支团老师们深谙"因材施教"的教学之道。比如在第十一届研支团内蒙古分队宋云燕的计算机教学过程中，镇上的孩子已经很熟悉计算机的基本操作了，而农村来的孩子却还不太会开机。对于基础好的同学，研支团成员会组织一些小比赛，让这些孩子的能力在课堂上展现出来，并带他们参加了"全国中小学生电脑制作大赛"。而对于基础差的同学，老师们经常手把手地辅导，并利用周六周日的第二课堂时间，开放机房，让学生有更多的时间熟悉计算机。研支团成员们争取去听资深教师们的每一节课，认真学习观摩。他们课上注意观察孩子们的神态、动作，有效地调节自己的讲课速度，兼顾大多数同学的接受能力；课后，则主动找几个水平不一的学生交流，找出问题的共同点，思考难点怎么讲能够让学生们接受，并在后面一节课再次讲解给他们听。

对于初中教学，研支团老师们同样研制出一套独门秘籍。面对号称"初中生噩梦"的"道德与法治"，第二十三届研支团志愿者袁典老师在黑板上画个圈，就能把"人民代表大会""人大代表""人民"这几个孩子们分不清楚的概念理得一清二楚，并且孩子们也在"图解道法"的影响下慢慢学会了自己画结构图来归纳知识点。也有老师坚信"逞强"与"示弱"相结合的教学理念。在第二十二届研支团志愿者朱迪老师的教学理念中，所谓"逞强"就是课堂上不仅仅局限在某一节课的知识里，而是在基础上适当拓展，让学生信服老师的水平，比如在地理课上寻找合适的切入点去拓展一些物理、化学知识，也更偏向于传授一些学习方法或者记忆手段去帮助学生理解知识点；反之还要"示弱"，研支团老师时常会分享自己做练习册时候的小错误，让学生帮忙指出来，同时让学生把自己当做目标，每一次考试会告诉大家老师的得分，而考试奖励的范围是得分和自己一样或者超过这个得分，这样的做法很有成效。

图 2.6　袁典老师的道德与法治课堂　　　　图 2.7　朱迪老师的课堂

三、高中：因材施教，打造高效课堂

高中生的学业压力大，课业负担重。如何针对每位学生的实际情况，做到因材施教，最大可能地集中学生的注意力，激发学习兴趣，打造高效课堂，成为研支团成员们最关心的问题。

研支团的老师们按照学生基础情况、学习态度等制定教学方案，实行分层教学。以物理教学为例，对于物理基础较好的学生，在完成日常教学任务后，利用自主自习等时间段单独讲授本章节高考考点，其中，对于基础较牢、学习意愿强烈的学生，适当讲授高中物理竞赛的知识，帮助其拓宽视野；对于物理基础较为薄弱的学生，会在完成日常教学任务后，专门检查他们的作业完成情况，一段时间后还会抽取部分学生谈话，了解他们对于当前所学知识点的掌握情况，以便于及时调整教学侧重点。

图 2.8　支教地物理竞赛颁奖

研支团老师时常琢磨怎样才能给学生带来更有趣也更有效的学习方法。数学教学中，有老师会将思维导图引入课堂。例如在第十二届研支团内蒙古分队志愿者孙文昊的课堂中，每次上课前他都要在黑板上画一个巨大的坐标系，学生们总是睁大眼睛新奇地看着，待到一章的教学内容结束，孩子们欣喜地发现，那些最重要的知识点已近乎完整地印在脑海中了。"授人以鱼，不如授人以渔"，有效的学习方法往往能一以贯之。孩子们对枯燥的词汇和语法不感兴趣，研支团老师就想方设法把知识点和他们感兴趣的事件、人物结合起来讲，他们听得进去，老师教起来也轻松了。研支团老师给孩子们分享学习方法时，会特别注重通用性，有些方法不仅仅可以用来学课本知识，还能适用于学习其他的技能。教艺术班的第十五届研支团内蒙古分队的姜军发现有一半的孩子学声乐，基础知识并不扎实，尤其害怕记忆新单词，对英语学习一直有恐惧心理。于是姜军就给学生传授背单词的方法，告诉他们这个方法不仅可以记单词，还能记歌词乐谱，学生的兴趣一下子就被提上来了。

图 2.9　孙文昊带学生参加英语风采大赛

为了避免学生在课堂上开小差、打瞌睡，研支团老师会提前准备一些励志故事、个人经历和拓展视频。一位老师在课堂上发现，几乎每节课的第 25 分钟左右，都是学生的注意力快分散的时候，他就用事先准备好的小故事，重新激起他们的兴趣。这样既可以让学生稍做休息，又能给他们传授一些书本以外的知识，更重要的是，他们还可以从那些故事中学习如何为人处世，思考人生和自我价值。下午第一节课是最容易犯困的时候，有些刚刚从宿舍赶到教室的孩子还没从午睡的状态中清醒过来，到了教室又趴着睡开了。看着教室里趴倒一片，第十届研支团内蒙古分队的熊鑫再怎么喊"起来啦，太阳都晒屁股了"也效果不佳，还是有人无动于衷。于是，熊鑫便会把班里擅长唱歌的孩子叫起来，唱一首自己最拿手的歌，几句唱完，全班同学都坐起身来清醒了。

图 2.10　熊鑫（右二）参与举办各类活动

经过不断摸索，研支团成员发现教师跟学生最大的区别在于：在教学过程中，教师占主动地位，是知识的源头，起着引领学习的作用，如果课前没有认真准备，便会影响整整一节课，影响到全班的学生；而学生则处于相对被动的地位，只要认真地接受知识就行，如果课前没有认真准备，他们也可以在教师的带领下，顺利地完成这节课，即使有影响，也只影响到自身，不会波及他人。正是这种责任感驱使着研支团成员们在课前全方位地备课，只为课上能简明易懂地把知识传授给孩子们。当然，部分学生也有任性的时候，也有屡教不改的情况，研支团老师这时候往往不会当着所有同学的面去大肆批评，而是课下找该同学了解情况，然后再晓之以理动之以情地剖析给学生听。渐渐地，新手老师们在教学工作中熟谙换位思考，设身处地地站在学生的立场去看待问题解决问题，而不是用教师的威严去讲大道理，是在尊重学生的基础上，让他们认识到错误，从心底愿意改正错误。

四、资源共享，传承积淀

振兴乡村教育，缩短中西部教育差距，促进教育公平，是新时代我国教育事业发展的重要任务。在促进中西部教育发展的进程中,教育资源始终是关键一环。在国家的大力扶持下,我国中西部学校教育资源的短缺问题已经逐步得到缓解,但优质资源依然十分匮乏。东南大学研支团长年致力于为支教地带去先进的教学模式和教学观念,研支团老师精心整理、制作优秀教材、教案、课件、动画和微课等大量优质教学资源,经多年积累形成教学资源库,供当地老师和一届届研支团传承共享。

研支团成员充分发挥熟练运用软件和获取信息的优势,结合所教学科特点制作、收集了大量的数字化教学资料,并灵活运用于自己的日常教学工作中,使知识更加系统直观,课堂更加生动有趣。同时,带动当地教师运用数字化教学手段。如第十四届研支团内蒙古分队队长许德旺充分利用学校配备的一套先进的多媒体系统,让大量精美的图片、科普性的视频走进课堂。孩子们对知识的渴求,成了他通宵达旦制作教学课件最大的动力。"不积跬步,无以至千里",短短一年内,他站在三尺讲台上,讲授了720余节课,做了40套完整的PPT。第二十二届研支团云南分队志愿者廖晓辉担任初中物理教师时,由于学校实验条件限制,且教材配套学习视频录制年代久远,他全年收集剪辑60余个与教学相关的全新高清视频,并和当地老师共同使用,让初识物理的初二学生身临其境地感受物理的魅力。同时,他坚持结合实际教学情况,自制课件45套,梳理树状复习资料20余份,并将制作方法和要领向当地老师传授,促进了学校教学中多媒体的运用。

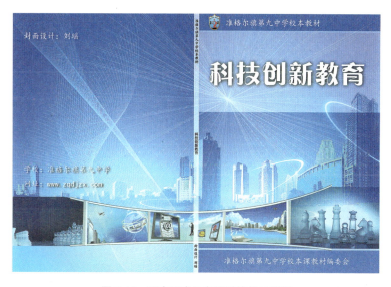

图 2.11　研支团成员自编科技教材封面

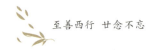

此外，研支团成员发挥专业特长，立足自身知识储备，因地制宜为支教地编写教材。在内蒙古准格尔旗，从第十七届研支团成员开始，研支团志愿者为当地编写科技教材，耗时两年，在倾注了两届研支团的心血后，教材顺利出版使用，成为当时鄂尔多斯市唯一的科技教材。

在支教过程中，研支团成员会将使用过的各学科优质课件、教案、习题、试卷和视频等教学资源上传至公共云盘，同时也会将校地共建中录制的课外拓展短视频、科普讲座视频和精品微课视频等及时同步到研支团公共云盘当中。教学资源库的形成与应用，为研支团的成员和支教地老师提供了更加丰富的高质量教学资料来源，提高了备课效率，改变了传统教学中依赖教材和教学参考书的局面。

二十年积攒的宝贵经验让东南大学研支团的教学水平日益精进，教学质量不断提高，但教书育人从来没有固定的模式可供套用，研支团将继续秉持"止于至善"的东大校训，在执教过程中刻苦钻研，探寻更加适合支教地孩子们的教学方法。

第二节　第二课堂：素质教育，全面发展

东南大学研究生支教团发挥专业优势，着力拓展第二课堂，助力"双减"落地见效，教育引导学生培养综合能力，培养创新思维，以创新之教育培养创新之人才。研支团志愿者注重学生多样化、个性化的教育需求，为服务地学校量身设计编程、机器人、乒乓球、朗诵、话剧、舞蹈等兴趣课堂，以科技扶贫和文化引领为主线，在缓解学习压力之余，促进学生发展兴趣爱好，力求德智体美劳全面发展。

一、做一座灯塔

习近平总书记曾说："思政课是落实立德树人根本任务的关键课程，思政课作用不可替代，思政课教师队伍责任重大。""'为学须先立志。志既立，则学问可次第着力。立志不定，终不济事。'要成为社会主义建设者和接班人，必须树立正确的世界观、人生观、价值观，把实现个人价值同党和国家前途命运紧紧联系在一起。"东南大学研究生支教团高度重视立德树人在教育中的主渠道作用，全面落实立德树人根本任务，坚持教书与育人相统一，做好先进思想文化的传播者、党执政的坚定支持者，当好学生们全面

发展的引路人。同时，研支团志愿者坚持内容与形式协同创新，将思想政治理论课与特色团课紧密结合，将以教为中心转变为以学为中心、从被动学习转变为主动学习、从强调知识传授转变为强调能力培养，厚植爱国主义情怀，改革课堂教学方式，不断增强思想政治教学的实效性。

◎"国家公祭日"专题教育活动

为加强对青少年学生的爱国主义教育，牢记侵略战争给中国人民和世界人民造成的深重灾难，表明中国人民反对侵略战争、捍卫人类尊严、维护世界和平的坚定立场，激发广大青少年学生为维护世界和平、实现中华民族伟大复兴而不懈奋斗的正能量，每年12月13日国家公祭日，东南大学研究生支教团各分队都会以联合开展"永忆金陵殇，复兴中国梦"专题教育活动的形式寄托哀思。研支团志愿者通过发表国旗下讲话、开展主题班会、举办手抄报活动、观看历史影像资料和重温抗战历史等多样化活动，向支教地学生普及设立国家公祭日的意义，教导孩子们勿忘历史，反对战争，珍惜和平，并鼓励所有学生努力学习，奋发图强，为中华民族伟大复兴而不懈奋斗。

图 2.12 国家公祭日·"共折紫金花"活动

◎ 积极开展主题队课，扣好第一粒扣子

东南大学研究生支教团以思政教育为工作主线，重视扣好学生的第一粒扣子。在各个支教地，研支团志愿者多次策划开展了"华诞70"爱国主义教育主题队课、"保护权益·健康用网"法制宣传日主题队课、"至善计划"系列主题队课等专题课程。

"华诞70"主题队课中，研支团志愿者以防空警报声为引，警醒学生勿忘国耻，用图片、视频等方式为学生们介绍了国庆节的由来、革命英烈的感人事迹和新中国成立后国家的飞速发展,让他们认识到苦难与辉煌共同铸就了今日之中国。"落后就要挨打"的惨痛历史教训也足以激励学生"刻苦读书以保家卫国"。

图 2.13 "华诞 70"爱国主义教育活动

为响应法制宣传日号召,东南大学研究生支教团联合共青团东南大学法学院委员会以及东南大学法学院"青语倾言"普法宣讲团,广泛开展校地共建活动,积极筹办"法入庠序"校园普法志愿活动。知法、守法、懂法、用法,要从未成年人抓起。校园普法志愿活动立足未成年人容易发生的问题,通过发放传单,开设主题讲座、班会等多种形式,将法律知识带给支教服务地学生,也为当地基层普法工作贡献了一份绵薄之力。

图 2.14 "法入庠序"法制宣传日主题活动

◎"共上一堂思政课"校地互通系列团课

互联网平台的深度介入不断改变着现代社会沟通交流的方式，研支团志愿者综合运用母校资源优势，借由网络搭建的桥梁，与东南大学的各级团支部合作，创新开展云上思政课，进一步扩展团课内容的广度，撷英采华，丰富教学视角。

在新疆生产建设兵团第八师一四九团中学，研支团志愿者邀请东南大学优秀党员同志担任授课老师，为学校开展"共上一堂思政课"系列团课，向一四九团中学的青年学生团员和入团积极分子们开展了"高校思政课，从哪里来，到哪里去""如何开展好思政课——让思政课有滋有味有温度""走出一条建设世界特色一流大学新路""百年潮起共读史——中国共产党奋斗历程与启示"等主题汇报，与同学们交流讨论。青年学生学党史，有助于青年坚定理想信念，更加坚定地在中国共产党的领导下，将自我梦想融入中华民族伟大复兴中国梦之中，通过系列团课，同学们表达了对进一步了解党史、明确自身方向、坚定理想信念的迫切希望。

图 2.15　与东南大学联动——党史班会

在云南省南华民族中学，研支团志愿者联合东南大学电气工程学院为支教服务地的初一学生举办"挥洒热血青春，坚定理想信念"远程互动主题团课。来自东南大学电气工程学院的优秀代表从"北京明白""乘风翱翔""共克时艰""奥运健儿""感受分享"五个模块进行讲解，引导孩子们写下自己的目标与理想。希望迈步跨入青春的同学们都能够坚定自己的理想信念，珍惜自己宝贵的青春年华，坚定传承红色基因，用青春活力为中国精神、中国价值、中国力量增光添彩。

图 2.16 主题团日与东南大学电气工程学院交流活动

二、埋一颗种子

习近平总书记在党的二十大报告中强调,必须坚持科技是第一生产力、人才是第一资源、创新是第一动力的宗旨。近年来,科技创新教育蔚然成风,教育部致力于贯彻科教兴国、人才强国战略,推动青少年科学教育活动的开展与实施,培育新时代青年的创新意识和实践能力,以促进中国科学教育事业的发展,提高国民整体科技素养。东南大学研究生支教团在过去二十年的砥砺前行中,始终坚持为支教地区培养创新科技的温床,怀揣培育人才的理想,将创新的种子播撒在每一个孩子的心田。

研支团志愿者充分发挥母校东南大学的人才优势和学科优势,通过科技夏令营、科技讲座、竞赛辅导和科技场馆建设等方式,将优质的科教资源引流至支教服务地中小学,创办了"至善科技夏令营""云上科学桥"等品牌活动,建设了乐高机器人实验室、至善科技馆等科技服务场所,汇聚各方力量、加强科学教育、推动教育数字化转型,使支教地区的广大青少年崇尚科学精神,助力他们的科技梦想。

◎ 科技课堂:用心点亮未来

东南大学研究生支教团背靠母校科研力量,以培养青少年科学精神、创新意识和社会实践能力为出发点,全力提升支教服务地青少年的科学素质,激发未来栋梁的科创精神。

在内蒙古准格尔旗,许多研支团志愿者都同时兼任科技辅导老师,接管了学校的科技社团,带学生们一起去探索科学的奥秘。从除水垢问题到核反应的原理,研支团志愿者将课堂内容与课外知识有机结合。为了让学生多动手多实践,焊接课上,老师带着孩子们拿起电烙铁,亲手焊电路板;电机课上,用漆包线和磁铁,自制小电机;化学课上,用废油和烧碱,神奇地调制出肥皂。买材料,做方案,提前半个月的耐心准备只为了满足学生对科技课的向往。课余时间里,研支团老师还常常组织科技小竞赛,比如物理趣味模型比赛——高空护蛋、鸡蛋撞地球和纸桥承重比赛等,为学生们枯燥的学习生活增添了乐趣的同时,也培养了他们的动手能力、思考能力和团队合作能力。

图 2.17 科技课堂上制作手工肥皂

在新疆一四九团中学,研支团志愿者开设了以计算机、编程、模型组装、电路连接为主要授课内容的"科技育才班"。科技育才班利用周八上课,同时在工作日开放实验室,鼓励学生课余到科技育才班讨论交流、动手实践,将课程内容培养成日常兴趣爱好。在一五〇团中学,研支团志愿者则从物理实验入手,为孩子们讲解基本电路知识,拓宽学生的眼界,提高他们的动手能力,向他们传授基本电路的识别与绘制、电烙铁焊接电路的基本操作、简单编程的思路等科学制作技能知识,让学生对科技创新产生了浓厚的兴趣。

图 2.18　研支团老师指导学生做物理实验

◎ 竞赛指导：以赛促教、以赛助学

为了激发学生学习科学知识、勤于思考、乐于创新的热情，激发他们用知识本领报效祖国的信心与决心，研支团志愿者在为学生答疑解惑的同时，不断提炼、挖掘中小学生的创意点子，辅导学生参加全国科技竞赛，让孩子们尽可能发出创意的最强音。

在第二届"少年硅谷——全国青少年人工智能教育成果展示大赛"中，由第二十三届研支团云南分队张恒老师指导、带队的南华民族中学参赛队获得了大赛智绘生活编程科创赛初中组云南省一等奖，并以赛项全省第一的成绩，作为云南省唯一参赛队参加了全国总决赛，荣获全国二等奖。本次赛事成绩也是东南大学研支团南华分队在2022年度所指导支教学校学子参加的诸多科创类竞赛项目中取得的最好成绩。

图 2.19　张恒老师在辅导学生做赛前特训

研支团内蒙古分队成员在九中、三中、民族中学的科技创新社团和科创课中发光发热，每周为学生讲解科技小发明、人工智能、VR技术、5G网络等基础知识，同时带领他们动手操作一些小实验，带领学生制作科技作品，参加科技创新比赛，取得了十分亮眼的成绩。寒假期间，第二十二届研支团内蒙古分队常兴国老师结合自身专业特色，带领一名学生参加了第十二届"北斗杯"全国青少年科技创新大赛，并获得了全国总决赛二等奖的好成绩，获得了"准格尔教育体育"和"准格尔发布"两大官方微信公众号的关注和报道。在内蒙古准格尔旗，研支团成员作为科技辅导员带领500余名学生参加各级青少年科技创新大赛，累计收获省市级奖项80余项，国家级奖项10余项，受理授权专利36项。

图 2.20　第十二届"北斗杯"全国青少年科技创新大赛颁奖大会

多年来，研支团成员秉承"若无炬火，我便是光"的开拓精神，为当地的孩子们高高举起科技的火把，帮助他们点燃心中对科技的渴望。通过竞赛指导转化具体的科学技术知识，为支教服务地各级中小学营造了浓厚的科技创新氛围，为孩子们走进科技、体验科技、热爱科技打造了更加广阔的平台。在研支团志愿者的帮助和培养下，参与各项比赛的学生树立了不断创新的观念，点燃了无限创造的科技梦想，锻炼了思考研究能力、合作探究能力、动手实践能力以及创新创造能力，同时也在心中播撒了一颗勇于探索未知、追求真理的种子。

◎ 场馆建设：打造科技实践基地

经过多年各方的共同努力，东南大学研究生支教团在服务地建设了一批技术先进、设备齐全的科技实践基地，较大程度改善了支教服务地科技教学的开展条件。江西省共青城市西湖小学乐高机器人实验室、南华思源实验学校"奥秘探究"至善科技馆、南华民族中学"机器人"至善科技馆、南华县龙川小学"航天航空"至善科技馆等的建立都为当地的青少年提供了科技实践的场所，让他们在创新思维的天空自由翱翔。

其中，由东南大学援建的东南大学—南华思源实验学校"至善科技馆"被团中央确定为2021年度"小平科技创新实验室"。同时，该"至善科技馆"作为楚雄州唯一代表，成为云南省获团中央表彰认定的八所"认定授牌"类实验室之一，为丰富南华中小学科技科教资源及图书阅读资源提供了精准帮扶。一方面，"至善科技馆"将电磁加速器、飞行模拟器、编程控制机器人、穿越摇杆无人机等科学研究仪器或智能机器设备融入中小学日常相关课程中，注重知识性、实践性、趣味性、实用性、安全性的结合，引导中小学生在趣味探索与动手实践中掌握物理、数学、信息技术等基础学科知识；另一方面，以"至善科技馆"科普教育活动实践基地为依托，研支团志愿者开设科技创新课程，举办科技节活动，激发学生对科学的兴趣，锻炼学生大胆想象的思维，训练学生学习科学的方法，培养学生动手实践的能力。

图 2.21　东南大学—南华民族中学至善科技馆开馆仪式

江西省共青城市西湖小学的"乐高机器人实验室"提供了让孩子展现想象力、创造力、合作能力、学习乐趣与获取新知识能力的开放空间，从而培养孩子解决问题的能力，孩子们循序渐进地从接触世界到探索世界，逐步全方位了解世界。乐高机器人实验室活动的开展主要依托东南大学研究生支教团每周的集善之家活动,研支团志愿者们为西湖小学一至六年级的留守学生们讲解有关机器人的背景故事和基础知识。通过这些科学性、知识性、趣味性有机结合的科普活动,以多种方式培养孩子们对科学的热爱。

图 2.22　西湖小学乐高机器人实验室教学场景

科技,是创新的课堂,是梦想的舞台,是成长的摇篮。在支教服务地范围内形成浓厚的爱科学、学科学、用科学的科技氛围,全面推进素质教育,是研支团科技帮扶的重中之重。东南大学研究生支教团不断规范并加强校地合作,建立交流机制,着力打造东大品牌。积极对接当地教体局,开展科技创新项目的交流活动,培养学生的创新意识和创新能力,让科创项目在支教服务地的热土生根开花,有效打造了科技夏令营、云上科技桥、科技图书馆、校地科技节等诸多教育科技帮扶品牌,大力弘扬科学精神,将科技创新的种子播撒于希望的田野。

三、点亮文体之光

德智体美劳"五育并举"、全面发展,是党和国家的希望,也是社会的期盼。以美育人、以文化人,可以提升学生的审美和人文素养,与此同时,特色化体育课程的设置同样发挥了增强体质、健全人格、锻炼意志的重要功用。丰富的第二课堂活动少不了文体项目,多才多艺的研支团志愿者已然成为支教地相关活动开展的中坚力量。

至善西行 廿念不忘

◎ 课堂内外,建设文体育才栖息地

首先,在美育方面,研支团志愿者充分发挥自身技艺技能,全方位参与相关文化活动的筹办组织,取得了良好的成效。为了丰富学生的课余生活,培养学生的兴趣爱好,内蒙古分队在负责准格尔一中棋艺社团的日常运营与教学时,在校园文化艺术节期间举办了棋艺大赛活动,让同学们了解了象棋的艺术魅力。新疆分队在一五〇团中学与东南大学人文学院合作举办了"两地同声——'中国赞'经典诵读大赛",比赛以"同心战'疫'·鸿声颂九州"为主题,意在赞颂抗疫期间屹立不倒的中国力量,表达对祖国人民的崇敬之情,传扬中华优秀传统美德。少年学子怀着一腔热血和无上敬意,重现了一幅幅团结一致、感人至深的抗疫画卷。铿锵少年之音,掷地有声,满腔赤子之情,喷薄而出。学生将热情注于颂词之中,展现出昂扬的精神面貌。为了适度缓解学习压力,丰富学生的周末校园文化生活,从影片中领悟到人生哲理,研支团志愿者积极推动"周末影院"活动,带领学生们观看积极向上、青春励志的高分影片,旨在开阔学生眼界,引发学生对于人生和社会的思考。每一期"周末影院"活动,都引起了同学们的热情关注,吸引着百余名学生前来观看。同学们在欣赏精彩电影的过程中,拓宽视野,提高了艺术审美情趣和艺术鉴赏能力,在潜移默化中推动了心理健康的发展,树立了正确的价值观。

图 2.23 新疆分队组织"中华赞"经典诵读大赛

图 2.24　研支团志愿者积极推动"周末影院"活动

其次，在体育锻炼方面，研支团志愿者以所学所长为依托，大力开展特色体育训练，促进学生课堂外的全面发展。在江西省共青城，东南大学第十七届研究生支教团成员杨雪晴充分发挥自己打乒乓球的特长，不断培养学生们的体育兴趣，在支教的一年中组建了共青城市首支青少年乒乓球队，并将共青城西湖小学发展成为"全国乒乓球基点校"；在云南省南华县，东南大学第二十一届研究生支教团成员秦晓阳、曹晶组建了当地第一个跆拳道社团，支教老师讲品势、讲腿法、讲实战，并利用适当的时间指导学生进行仰卧起坐、俯卧撑、蹲起跳等力量训练以提高身体素质，学生们仔细观察示范动作，认真听讲动作要领，"攻气"蓬勃，展现出披荆斩棘、勇往直前的磅礴气势。

图 2.25　共青城市西湖小学乒乓球队合影

图 2.26　云南分队成员训练学生跆拳道

◎ 行万里路，筑就坚毅品格

每年一度的共青城马拉松中，来自国内外 6000 余名马拉松爱好者齐聚一起，共享共青城鄱阳湖畔最美赛道的惬意与壮美。江西分队成员同西湖小学的老师同学们一起参与到马拉松的奔跑中，在阳光下挥洒汗水，绽放青春。挑战自我，超越极限，坚韧不拔，永不放弃，这是马拉松精神，是年轻的精神，也是研支团志愿者身体力行，为学生们做出的榜样。

图 2.27　江西分队成员参加共青城马拉松

行万里路，同样也是公益捐善款的重要形式。研支团新疆分队举办的"荧光益公里"活动,旨在将运动和公益相结合,帮助师生们强身健体的同时通过运动为公益助力。疫情防控背景下,"众星云集·悦跑公益"公益跑活动在线上推出,所有参赛成员在活动期间的运动总里程数将兑换为同等公益善款作为"至善云端计划"对接学校的公益基金。活动刚一上线,老师和同学们立刻积极响应,报名参加。最终"众星云集·悦跑公益"线上公益跑活动报名人数达240人,总里程4552.813公里,以"一公里=一元"的兑换比例转化为公益善款共4600元,被全部用于支教服务地学生的教育活动,师生们以实际行动贡献了自己的力量。

第三节 第三课堂：社会平台，成长锻炼

生活即教育,社会即课堂。东南大学研究生支教团积极开发第三课堂,利用研学基地、爱国主义教育基地、劳动实践基地等,组织学生在大自然中、在社会中接受锻炼,健康成长。研支团成员们与支教地学生同吃同住同劳动,在实践一线上好别样课堂。

一、爱国教育，筑牢精神高地

家国情怀是一个人对自己国家和人民所表现出来的深情大爱,是与国家民族休戚与共的自觉担当,是对国家富强、人民幸福所展现出来的理想追求。东南大学研究生支教团将爱国教育作为思想引领的重中之重,依托爱国主义教育基地开展系列活动,讲好信仰故事,引导青少年们把实现个人梦、家庭梦融入中国梦之中,以振兴中华为己任,肩负起民族复兴的历史使命。

◎ 探访军垦前辈，体会戍边人的边疆情

石河子市作为军垦名城,"热爱祖国,无私奉献,艰苦创业,开拓进取"的军垦精神一直激励着每一个石城人。新疆分队积极参加"寻访身边老军垦故事"活动,前往一五〇团养老院寻访慰问军垦一代的老人们,倾听他们的军垦故事,学习军垦精神。在一五〇团团委的引荐下,新疆分队成员带领当地学生共同探访了第一代军垦前辈杨建安老人和刘瑞森爷爷。刘爷爷向大家展示了"光荣在党50年"纪念章。刘爷爷近七十年的党龄见证和参与了中国共产党带领全国各族人民矢志不渝、艰苦奋斗,从站起来、富起来到强起来的伟大飞跃。他向大家介绍了开垦莫索湾的艰苦岁月,军垦战士们跨越艰

险、排除万难才有了今天的发展。

图 2.28　新疆分队成员探访军垦老兵

第一代军垦前辈怀着朴素的愿望来到石城开荒拓土，白手起家，在苦干实干中使荒漠变新城、黄沙成沃土，乐于奉献，始终保持苦中作乐、积极向上的生活态度。研支团志愿者们作为新时代支边青年，来到八师石河子市，虽不曾与前辈们一起披荆斩棘，却在此刻沐浴着同一片光辉，军垦战士的事迹精神与胡杨精神、兵团精神、老兵精神同样成为当地学生团员宝贵的精神财富。

◎ 开展国防教育，增强护国卫边使命感

全民国防教育是建设巩固国防和强大人民军队的基础性工程，其中，加强青少年国防教育是开展全民国防教育的重中之重。在支教地，研支团志愿者大力营造学习国防、宣传国防、热爱国防、建设国防、保卫国防的浓厚氛围，利用红色主题教育基地，弘扬革命精神、传承红色基因。

2019年9月21日是我国第十九个全民国防教育日，东南大学研究生支教团内蒙古分队协助支教地学校组织了丰富多样的国防教育系列活动，活动分为"请进来"和"走出去"两部分。"请进来"是通过全体师生在操场集会举行国防教育主题升旗仪式，在嘹亮的国歌声中，在飘扬的红旗下，以庄严的仪式唤起大家的爱国热情。来自北京航空航天大学、服役于武警准格尔旗中队的战士为全校师生讲解国防知识，分享自己对国防的深刻理解和投笔从戎参军入伍的报国热情。"走出去"则是组织少先队员和团员前往武警中队驻地慰问武警官兵，大家走进营房体验营地的日常生活，观摩战士们的训练，并在战士们的指导下完成了叠军被、拆装枪械等一系列体验活动，以写信的方式表达着自己对军人的崇敬和对军营生活的向往。

图 2.29 新疆分队"请进来,走出去"国防教育活动

少年军校是共青团、少先队组织在全国少年儿童中开展思想意识教育、社会主义核心价值体系教育、国防教育和综合素质教育的品牌活动与重要载体。东南大学研究生支教团新疆分队所在的一五〇团中学积极响应号召,组建少年军校队伍,培养青少年树立"兵"的意识,强化"兵"的观念,练就"兵"的本领,增强学生国防观念和屯垦戍边意识。研支团志愿者陪同学生参加八师石河子市第七届少年军(警)校检阅式,为孩子们加油打气,负责摄影录像等后勤保障工作,一五〇团第一中学少年军校方队最终以两个第一名的成绩获得一等奖。

图 2.30 一五〇团第一中学少年军校

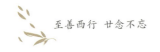
至善西行 廿念不忘

◎ 祭扫耀邦陵园，寻访英烈红色足迹

胡耀邦是久经考验的忠诚的共产主义战士，伟大的无产阶级革命家、政治家，我军杰出的政治工作者，长期担任党的重要领导职务的卓越领导人。他生前曾两次亲临共青城视察，三次为共青城题名，与共青城有着特殊的关系和感情。

每年的清明节，东南大学研究生支教团江西分队成员都会跟随共青城市西湖小学师生前往耀邦陵园进行庄严的祭扫追忆活动。以清明节为契机，以寻访英烈红色足迹为主线，研支团志愿者充分挖掘其中蕴含的传统文化内涵和爱国主义情感，开展了"清明祭英烈，共筑中国梦"主题教育活动，引导学生慎终追远，缅怀先辈，铭记历史，学会感恩，继承先烈遗志，珍惜幸福生活，不断增进热爱祖国、热爱人民、热爱中华民族的情感，立志为实现中华民族伟大复兴"中国梦"而努力学习、成长成才。

图 2.31　江西分队成员祭扫耀邦陵园

二、多彩假期，丰富课余生活

秉持着"短期支教，长期帮扶"的理念，东南大学研究生支教团在各个支教服务地举办了丰富多彩的夏令营活动，帮助学生在了解外面世界的同时，培养对学习的热爱，找到自己的梦想，并希望通过更广的覆盖、辐射与宣传，强化社会大众对祖国中西部教育的关注，提升研支团的影响力。

在云南南华、内蒙古准格尔旗、江西共青城、新疆石河子市一五〇团等东南大学研究生支教团支教地,"长期短期相结合""线上线下相结合"的共建模式实现了支援扶贫品牌的创新。研支团志愿者们与来自东南大学的学子合作,依托于各自的学科特色与学科优势,精心设计了文艺、体育、文史、科普、手工、实验、实用技能、心理健康等八大模块的课程活动,在丰富多样的支教活动中结合当地发展实际,以东南大学的科学理念与人文情怀为导向,帮助支教服务地学生树立家国情怀和民族认同感。一节节"膳食平衡""建筑结构""诗词格律"等趣味课程,一次次"篆刻绘画""VR眼镜拼装"等实践操作,东大学子用青年话语向当地学生讲述红色故事,传授理论知识,共促动手能力的提高,使校地间的互联互建互通渐为常态化,让孩子们在实践中磨炼毅力、增强本领,为孩子们带来了一场场知识盛宴。

为强化夏令营的培养效果,研支团志愿者根据学生的课堂表现和出勤表现,为优秀营员代表颁发了奖状和奖品,鼓励他们拓宽知识体系,发散创新思维,培养严谨求实、追求真理的科学精神,实践"止于至善"的创新理念,成为对国家、社会有用的新时代人才。

图 2.32 云南南华县"至善科技"夏令营

图 2.33 江西共青城拾光夏令营

图 2.34 内蒙古准格尔旗至善科技夏令营

图 2.35 新疆石河子无线梦想夏令营

三、课外研学,培养实践能力

"纸上得来终觉浅,绝知此事要躬行。""双减"政策实施后,孩子们有了更多的时间和空间。为开阔学生们的眼界,丰富学生们的知识,激发学生们探索自然的欲望,体验农耕劳动的艰辛与快乐,同时让学生了解革命前辈的光荣历史,感悟坚韧不拔、艰苦奋斗的革命精神,东南大学研究生支教团江西分队带领西湖小学的学生们开展了为期两天的研学实践活动。

在研学之旅中,同学们尝试将科学、生命、劳动、合作、运动有机融为一体,收获了欢乐、感悟与成长。孩子们在行走中见闻,在体验中思索,让梦想与欢乐在思索与行走中得到最完美的实践。组织研学活动的研支团志愿者因为马不停蹄地处理一件又一件孩子的琐事而筋疲力尽,但两天一夜的随行也迅速拉近了他们与孩子们的距离,更加了解了这群孩子的小小世界。在和孩子们同吃同住的两天一夜中,研支团志愿者们更好地了解了孩子们的内心,在陪伴中共同成长,将课外研学实践转化为课堂上更加精准的学习帮扶。

图 2.36 江西省共青城西湖小学课外研学合照

第三章 倾心育人

三尺讲台，勤耕不辍；倾心育人，用心履职。二十年来，研支团的志愿者们始终坚守做一名好老师的初心，坚定对教育事业的信念，不断改进教学方法，磨炼教学技能，为支教地的孩子们亮灯引路。他们不仅仅是在传授知识，更是在向支教地的孩子们展示大千世界的众多可能性，放飞孩子们的梦想。在志愿者们的小心播种、细心呵护和一代代的浇灌下，贫瘠的土地上终开出希望的花朵。

　　心中有绿，脚下留青；支教一年，自教一生。短短一年，从相遇到离别，都让研支团的志愿者们终生难忘。在这一年普通却不平凡的时光里，志愿者们不仅仅是完成了身份上的转变——教书育人，还完成了心灵的蜕变——磨砺品性。在面对理想与现实的差距，面对生活中的种种难题，他们总有重新出发的勇气。在这一年里，他们见过了更加广袤的世界，有天苍苍野茫茫，也有余霞成绮；有山清水秀，也有繁星满天。他们还感受到了小城独特的淳朴和人心之温暖，收获了深厚的情谊。最重要的是，经过一年的支教生活，研支团的志愿者们更加坚定了"到祖国最需要的地方去"的使命感，将其从时代召唤的口号变成他们心底最深切的认同。

　　廿载耕耘，薪火赓续。二十年支教接力，一代又一代的研支团志愿者们怀着一颗热忱的心去往祖国需要的地方，立足岗位，尽一分力，发一分光，激扬青春之底色，照亮祖国之西部。

第一节　支教成效

成为有理想信念、有道德情操、有扎实学识、有仁爱之心的新时代"四有"好老师任重而道远。研究生支教团志愿者在一年教书育人的工作中以"四有"好老师为标准，认真履行教书育人职责，注重启发式教育，在第一课堂、第二课堂和第三课堂中都发挥着积极作用，帮助学生树立正确的世界观、人生观、价值观，改善学习方法，提高学习成绩，拓宽梦想眼界。研支团志愿者以身作则、扎根讲台，充分结合自身、东南大学与当地资源优势。他们给当地孩子们带来的不仅是知识，更多的是认识世界、了解世界的渠道。在实际工作中，研支团志愿者和学生们亦师亦友，他们与学生心贴心，静待花开，共同回答了"培养什么样的人"的问题。

一、学习成绩提升

执一支粉笔，两袖清风，用心教学；立三尺讲台，四季耕耘，潜心育人。研支团的志愿者们始终坚守做一名好老师的初心，坚定对教育事业的信念，不断改进教学方法，磨炼教学技能，为支教地的孩子们亮灯引路。孩子们的成绩是他们最放不下的事情，无论面临怎样的教学困难，他们都努力奋斗，将对孩子们的谆谆教诲化为缕缕春风，而孩子们成绩的提升是他们品尝过的最为甜美的果实。

第十四届研支团内蒙古分队志愿者苏玮，其所教的两个班级的学生第一次月考成绩分别为全校倒数第一第二。对此，他对问题学生格外关注，认真检查作业，经常提问问题，他说："怀着最大的细心和耐心，我可以带着孩子们一起进步！"最终两个班的成绩都进入了中上等。此外苏玮还有一个"养狼计划"。390班小燕和小帅化学成绩很好，但是不拔尖。于是他见到小燕就说"小帅上课记笔记比你用心多了"，见到小帅又说"人家小燕课后问问题比你多多了"。在苏玮的激励下，两个孩子你追我赶，良性竞争，最终在八次考试中各拿了四次化学单科年级第一。

图3.1 苏玮与他的学生们

图3.2 沙俊在给学生辅导

第十五届研支团云南分队志愿者沙俊，所教的班级在开学第一次考试时数学成绩排名倒数，很不理想。孩子们在总结里很自责。有个孩子甚至在作业本上写满了"沙老师，对不起"。那天上课的时候课堂气氛低沉得有些可怕。沙俊看着满课堂低着脑袋的孩子们，竟一下子不知道说什么好。他坚信从哪里跌倒，就从哪里爬起来。于是他和孩子们一起分析这次考试失利的原因，最后达成了"上课讲课慢一点""作业精一点""课后补一点"的共识。等到下学期全县期末考试，孩子们交出了一份堪称完美的答卷。满分100分的试卷，68人中90分以上的58人，全班平均分91.5分，在全县排第6。

第十七届研支团内蒙古分队志愿者常成说："我知道我所教的学生，父母文化程度不高，对教育也不是很重视，甚至离异家庭也不少，许多学生就是不喜欢学习。"他一次次听到别的老师说："小常，你无法改变孩子六年所养成的坏习惯。""小常，初一地理难，这群孩子不会做的题目你不用着急。"而当地老师的固有看法并不能改变常成的态度。"但我仍然坚信每一个孩子都值得我去拼尽全力，他们的人生才刚刚起步，我不愿意否定这些年轻生命的可能性，我宁愿去做那种又盲目又倔强的傻瓜，倔强到不放弃任何一个孩子。"于是，为了提高自己的教学水平，他想了很多办法，也向身边有经验的老师和同事请教。他给自己和学生制订了一套套的方案，并在方案旁标注着六个大字——"坚持就是胜利"！渐渐地，新的计划终于有了一些成效，孩子们的成绩也终于有了明显提高。

图3.3 常成和他的学生们

图3.4 姜琦在课堂上

第十八届研支团内蒙古分队志愿者姜琦也遇到过相同的难题。第一次月考，他所教的学科班级均分在十二个班里排名倒数第四。他收到了来自班主任的信，班主任委婉地向姜琦表达着对物理成绩的担忧，一句"尽力吧"，让他备感压力。姜琦恍然明白，支教，并不仅仅是去实现自己的热情和梦想，还担负着关乎孩子们未来的重大责任。他发现煤炭资源能够让准格尔旗经济腾飞，但无法让人们的精神世界跟上经济发展的步伐，富裕的生活让孩子们安于现状，迷恋小镇安逸的生活，大多数孩子对学习缺少动力，对未来也没有太多的追求。他尽力想要改变些什么，于是更用心地为每堂课准备导学案，为了提升课堂效果，生动的PPT和视频都派上了用场。终于，月考时还是倒数第四，一个月后便来到正数第四，到寒假已经是年级第二了。

　　六个班的课程，对于第十九届研支团云南分队志愿者胡园来说是一个不小的挑战。每个周末，她都在备课中度过，研读课本内容、查找相关资料、搜罗合适案例，坚持每一个课件都由自己设计和制作，她把课本知识融进案例中，力求把枯燥的课堂变成生动有趣的交流分享会。然而随着月考成绩的出炉，她所带班级的平均分和其他老师带的班级差距还是很大，不及格率也是最高的。即便是花了如此之大的心血投入教学，成绩还是如此不理想，胡园开始怀疑非科班出身的自己是否真的能够担得起老师的职责。期末考试后离开南华一个多月，正在家中准备开学的她，收到支教地学校老师的信息："胡园，今早成绩分析，看到七年级你教的'道德与法治'平均分，学校第三，全县第四，优秀率第一。"原来那些努力没有白费，那样的用心没有被辜负，一切都是慢慢浸润。

图3.5　胡园与学生们　　　　　　图3.6　胡辰璐与孩子们

　　第二十届研支团江西分队志愿者胡辰璐为了能让每节课更加充实高效，和队友们开始学习怎么去上好在别人看来非常简单的小学课程。江西分队的杨雪梅坚持在每个学生的试卷上写评语；张娜威自己制作了很多食物和动物的模型教具；刘佳檬经常放弃自己的午休时间为基础薄弱的学生单独辅导；林夏自己录了26个字母和单词的发音给孩子们听；兰威坚持每周给学生出卷子并成功押中了期末考题。三年级7班，本来是胡辰璐带的3个班中最让她头疼的一个班,第一节课,用了整整20分钟才让全班安静下来,而最后一次期末考试,孩子们没有让她失望,平均分90.74,及格率100%,在全年级13个班中位居第一。

作为新手老师初入课堂,研支团志愿者们总会遇到一些困难。第二十届研支团云南分队志愿者姜牧笛上完第一堂课后,有同学主动来找到她说:"老师,您语速太快了,我有点跟不上,可以慢一点吗?"姜牧笛内心有点愧疚和无措。她开始思考解决办法。下课后,她主动找了3个水平不一的学生,询问他们哪些地方听不懂。经过交流,姜牧笛找出了问题的共同点,开始思考这个难点怎么讲能够让他们接受,并在后面一节课再次讲解给他们听。她反复思考和改进自己的教学方法,当第一次月考成绩出炉,姜牧笛所教班级的物理稳坐第一时,同学们开始相信她的教学能力。在这一学年,各场大型考试中,姜牧笛所教班级的物理平均分均为年级第一名。

图3.7 备课中的姜牧笛

图3.8 刘彦豪和学生们

第二十一届研支团内蒙古分队志愿者刘彦豪在支教的一年中完成了3个班级的生物授课,制作了七年级生物一整套教学PPT。同时他还整理了整个七年级的复习知识点,分发到了每个学生的手中。此外他每周会给学生出一套试卷,认真批改每一个题。虽然每天工作很忙碌,但是看着学生们的成绩一点一点地进步,他感到由衷的满足。因为只有忙碌起来,才对得起最初的选择,对得起孩子们的信任,不会让一年的时间留下遗憾。辛苦的付出总会有回报,当第一次期中成绩出来时,刘彦豪带的3个班的生物成绩,分列全年级的第1、第5、第6名,在整个初一年级引起了不小的轰动。其他老师都不理解为什么一个刚毕业没有任何经验的新手老师能够在短短的时间里取得这样的成绩。对于刘彦豪来说,答案其实很简单,因为孩子们不仅是学生,更是朋友和家人,是他生命不可或缺的一部分。

二、学习习惯改变

常言道:"授人以鱼,不如授人以渔。"研支团志愿者不仅关注学生学习成绩的提高,更注重帮助学生树立正确的学习意识,培养良好的学习习惯,掌握有效的学习方法。英国的培根曾说:"习惯真是一种顽强而巨大的力量,它可以主宰人的一生。"具有良好的习惯的人,大则成才,小则成人。因此,帮助支教地的学生们养成良好的习惯,会使他们受益终身,这也是志愿者们责无旁贷的使命。

第十七届研支团江西分队志愿者蒋烨琳在支教中途就遇到阻碍:这里的学校是大班制教学,学生学前教育基础落后,学习习惯差。面对这些问题,看着小朋友们天真无邪的脸蛋,蒋烨琳想要改变。她教孩子们每天背诵一首古诗,开展古诗背诵比赛。班上的学生小可每次课前都会兴冲冲地跑来问她:"蒋老师,今天又要学哪一首古诗呀?" 一年下来,她已经记熟了近百首古诗。蒋烨琳还坚持给每个孩子的作业本写生字范例,帮助他们纠正不良的写字习惯,鼓励孩子们把字写端正并展示优秀作品。她坚持每周六带基础差的孩子到家里义务给他们补习,她欣喜地发现很多孩子通过一对一的指导,进步特别大。培根说:"读书足以怡情,足以傅彩,足以长才。"为了鼓励孩子们多阅读,在班里形成良好的读书氛围,蒋烨琳还通过朋友们的帮助募得200多本新书,建立了一(5)班"漫天星光"图书角,鼓励孩子们多读书。一年过去后,当她看到借书登记册上满满的借书记录,心里洋溢着欣慰与骄傲。

图 3.9 蒋烨琳和孩子们

图 3.10 蔡星和她的学生们

第十七届研支团云南分队志愿者蔡星班上有个叫小福的学生,开学还没几个月,就已经成了班上公认的"睡神",成绩一下子落到了倒数。一次放假回来,小福的位置空了。蔡星找他谈话,他说:"老师,我差了半学期,跟不上,不想读了。"从此蔡星坚持

至善西行 廿念不忘

晚自习的时候给小福补习，逐渐地，小福的眼里有了些亮光。然而最终小福还是退学了，且每次放假回来，班级里总会有位置空了。在这里，"读书无用论"根深蒂固，在这种复杂的"贫困"状态下，蔡星所追求的不光是上课和得高分。对于蔡星来说，这一年作为一名普通老师，哪怕能多让一个孩子继续完成高中学业，那也算是值得了。于是她和其他志愿者积极争取社会各方的助学金，让孩子们首先不因经济问题辍学。在学校的支持下，一家企业资助了一中近20名贫困生3年的全部费用。为了培养他们的学习兴趣，课堂上蔡星会给他们讲各种科技故事，还在高一年级开展了数次有关大学生活的班会课。这一年，以一名普通教师的身份，蔡星站上了三尺讲台；以一名普通教师的身份，她尽力让每一个孩子都能坚持完成学业，虽然微不足道，却是给自己最大的慰藉。

第二十三届研支团云南分队志愿者在向老教师请教教学方法时收获了"背默三连"的答复。这令他们陷入沉思，真的要如此简单粗暴地来强迫着他们学习吗？虽然南华县已经于2019年彻底脱贫摘帽，但是过去的长期贫困和师资老龄化，使得教学模式简单、教法单一的问题依然在当地的各个中小学校中存在，即使是龙川小学和民族中学这样的领头羊，也很难摆脱它们的影响。而这时候，或许就正需要他们这样"初来乍到"的年轻老师，来给这两所学校注入些许新的活力。因此，云南分队的6位老师共同做了一个决定——背弃"背默三连"的"规矩"，转而去试着做一些那里的老师们所没有尝试过的事情。在张恒的历史课上，他把自己变成历史人物，把一个个历史故事和它们的前因

图 3.11　第二十三届研支团云南分队成员合影

后果演给学生看。王立博也会在他的数学课堂上组织各种各样的活动，而其中最经典的就是他的"一二三木头人"。在认识"角"这一节课上，他用不同的姿势和手势分别代表了锐角、直角、钝角、平角和周角，用"一二三木头人"的游戏训练孩子们识别角度的能力。面对号称"初中生噩梦"的道德与法治，袁典老师也有她的独门秘籍，黑板上画个圈，就把"人民代表大会""人大代表""人民"这几个孩子们傻傻分不清楚的概念理得一清二楚，并且孩子们也在她"图解道法"的影响下慢慢学会了自己画结构图来归纳知识点。就这样，靠着政治老师教画画、数学老师教体育、历史老师讲相声这类别致的教学方法，他们在龙川小学和民族中学渐渐站稳了脚跟。孩子们越来越喜欢他们的课堂，作业和成绩也终于有了看得见的进步。

三、人生理想转变

对于支教志愿者们而言，比教授课本上的知识更重要的是，他们能展示外面的一切可能，帮助支教地的学生摆脱周遭环境的思想桎梏，放飞自己的梦想，去往更美好、有更多可能性的大千世界。研支团的志愿者们是这个小小角落眺望偌大世界的望远镜，他们传承的就是这样一份撼动心灵的事业。他们是播种的人，而经过一代又一代的支教人不断地去努力，去浇灌，最终会开花结果。

在第十四届研支团内蒙古分队志愿者姜军支教期间发生过这样的故事。在姜军生日那天，学生们准备了蛋糕和饮料，给了他一个大大的惊喜。当时大家都很高兴，一起分蛋糕一起唱歌。可是突然姜军发现班里一个很内向的男生一直趴在桌子上，像是在哭。于是晚自习的时候，姜军把他叫到操场跟他聊天。一开始无论姜军问他什么他始终沉默，直到最后他告诉姜军，就在他12岁生日的那天，爸爸给他买了一个大蛋糕和他一直以来最想要的礼物，他过得很开心。可是就在当天晚上，爸爸却不幸遭遇车祸，从此以后他再也没有过过一次生日，再也没有参加过任何人的生日聚会，从那天起，他的性格就变了，变得不爱和其他同学交谈，变得不爱笑，变得像如今这样沉默寡言。听了学生的话，姜军一方面心情很沉重很难过，另一方面尽自己所能地开导他，给他分享一些乐观向上的故事。在以后的日子里他也会更多地关心这个孩子，但姜军不知道这对他到底产生了多大的影响。直到他要离开准格尔旗上最后一节课的时候，当下课铃响起，孩子们没有一个人离开座位，教室里是从未有过的寂静，直到大家唱起了那首《祝你一路顺风》："当你背上行囊，卸下那份荣耀，我只能让眼泪留在心底。面带着微微笑，用力地挥挥手，祝你一路顺风。"那天，姜军在讲台上放肆地流下了最难过也是最幸福的泪水。而那天晚上,他也收到了这个男生的留言,他说:"姜老师,今天的最后一课所有的同学都哭了,但是我没有哭,不是我不难过,我只是想告诉你,我学会了坚强。"一年的付出与努力,姜军对孩子们的爱和善良,终浇灌出了他们对未来最美好的希望。

图3.12 姜军在课堂上　　　　　　　图3.13 王维正在上课

　　第十五届研支团内蒙古分队志愿者王维班上有个男孩叫小强,是王维最得意的学生,为人热情坦诚,幼年丧父,家境贫寒,却历练出他坚强的品格。有一次谈及梦想,他告诉王维:"老师,认识您之前我没有梦想,遇到您之后,我才找到了梦想的方向。有朝一日,我一定通过自己的努力,考入东南大学。也许我也会选择支教,但无论去哪儿,我都会带着妈妈,一直坚定地走下去。"第二年,他成为九中当之无愧的自强之星,来到南京参加了"蒲公英圆梦计划"。在临别之际,不舍得花两元钱买一瓶水的小强花光攒的所有钱送给了王维一支钢笔,并嘱咐他记得用这支笔给他写信。

　　第十六届研支团陕西分队志愿者张晓田带的班上有一个叫小鹏的孩子。刚接手班级的时候,校领导就特意叮嘱,这个孩子情况特殊,让张晓田少管他一些。16岁的小鹏抽烟喝酒,满口脏话,经常打架,所有认识他的人都认为他没救了,认为他是一个不折不扣的坏孩子,但张晓田额外关注这个特殊的孩子。也就是这样一个孩子,他会在张晓田感冒的时候悄悄把自家的苹果摆满他的桌子,会为了班里的同学和比自己高两个年级的学生大打出手,会在下雨的时候把伞留给没带伞的女生自己头也不回地跑走,会主动帮班上瘦小的同学提水虽然态度还是那么蛮横。就是这样一个孩子,还能说他是个坏孩子吗?后来经过了解张晓田才知道,小鹏的母亲在他一岁的时候抛弃了他,父亲常年在外打工,每年只有在过年的时候回来。幼时的他因父母不在身边,经常成为被欺负的对象,他也因此练就了一身打架的本事。他说那时候大家都欺负他,但他从来不哭,因为他父亲告诉他男子汉要用自己的拳头去解决事情。就是这么一个倔强的孩子,他说他最羡慕的事情是别的孩子回家可以看到爸爸妈妈。小鹏并不是个例,在张晓田所在的河道乡,留守儿童已经成为一种现象,他们不应该是亲情疏离后心灵脆弱的一代,也不应该是从童年开始就独自面对世界孤寂的一代。为此，张晓田和其他队员们一起建起了留守儿童之家，在课余和周末带他们学习、玩耍。他们还建起了亲情视频室，帮助这些留守儿童定期和父母视频。张晓田发起了"外面的世界"明信片漂流活动，希望通过明信片把外面的世界带给孩子们。慢慢地张晓田和其他队员们发现，孩子们眼里多了一些闪光的东西。小鹏告诉张晓田，他有座右铭了——"止于至善"，字不多却意义深刻，他说："老师，我以后也想像你一样。"

图 3.14　张晓田与学生们

第十九届研支团新疆分队志愿者王晨表示："很多时候，仅仅教学就显得那么无能为力，这里的人们早就脱离了上一代人屯垦戍边的艰苦日子，新疆如此地广人稀，一个普通家庭拥有几十亩甚至几百亩地都是常见的事情。没错，教室宽敞了，桌子新了，屏幕更大了，物质的问题可以靠经济的腾飞解决，而精神上的苍白却只有靠我们来填补。"所幸第一次来到新疆的第十八届研支团的志愿者们已经在孩子们的心里撒下了希望的种子，这让第十九届的志愿者们可以通过继续浇灌来让他们心中的种子发芽。这一年里最令王晨欣喜的莫过于小霞。第十八届研支团的志愿者黄敏婕曾是小霞的班主任，而王晨则是她八年级的物理老师。小霞的家庭环境一般，父母的关系也不甚融洽，王晨和黄敏婕都了解过这些情况，尽管在物质上可能帮助不多，但他们尽可能地在精神上激励她。王晨在给她的信中这样写道："你是一个很可爱的女孩，不要被自己的家庭环境所困扰，对你负责任的人终究是你自己，不论面对什么，都要学会坚定，都要学会微笑。"就这样，在两代研支团人的播撒与浇灌之下，属于小霞的心之花终于抽出了新芽：在被问及理想是什么时，和很多孩子眼神里的迷茫空洞不同，她的理想却出乎意料地坚定。小霞告诉他们自己想做一名外交官，因为外交官可以调和国与国之间的关系，一定也可以调节好父母的关系；她说自己想走出这座大山，想考东南大学，想去童话王国丹麦。

图 3.15 王晨正在上课　　　　　　图 3.16 陈建润与学生们

如果有人问起新疆小朋友的生活状态,第二十二届研支团新疆分队志愿者陈建润说:"在我支教生活的前一个月,我会回答他们是这个世界上最快乐的一群人之一。每天总能看到他们互相在走廊打打闹闹,见面的时候满脸挂着的也都是笑容。但如果现在让我回答这个问题,我可能会说,他们中的很多人其实生活得并不容易,甚至总是在承受着这个年纪小孩所不应承受的压力。"在德育处统计校服数量的时候,陈建润就听到德育主任在一旁叹气,"今年又只有十套免费资助的校服,但是还有很多人领不上",接过一摞贫困生校服申请表,数了数,足足有 30 张,翻看着每张表格的申请理由,"没有爸爸妈妈,从小跟着爷爷长大""父母离异,母亲生病,没办法照看弟弟妹妹"……原来面前那些活泼可爱的孩子们,需要面对这样残酷的生活,嘻嘻哈哈的笑容背后,竟有着如此艰辛。正好研支团的许德旺学长联系到了陈建润,说有一个南京的企业想提供一点捐助,这对陈建润来说简直就是雪中送炭,很快他们便收到了 24 箱冬衣的捐助,东南大学信息学院帮助孩子们实现新年愿望的活动也如期而至。看着孩子们拿到衣服和礼物后脸上的笑容,陈建润的心里又开心又难过。他说:"我希望他们能够坚强快乐地成长,我希望未来有一天他们也能将自己内心深处的温暖传递给其他需要帮助的人。我看到了东南大学研究生支教团的火炬在一代又一代地传承,就像寒冬里的炉火,温暖着孩子们一个又一个冬天,我相信这仅仅是一个开始,我也相信这些可爱的孩子们可以度过人生的寒冬,拥抱他们独有的温暖。"

四、兑现诺言:"希望下次再见是在东南大学"

二十年来,有数名支教地学子考入东南大学,兑现了和支教老师许下的诺言。现在,"止于至善"的种子飘扬了千里,也在东南大学的校园里生根发芽。准格尔旗第九中学毕业生、东南大学电子科学与工程学院 2021 级学生温正凯就是东南大学研究生支教团内蒙古分队志愿者所教的学生。

初中的两年，温正凯和4位东大研支团志愿者相识，志愿者在温正凯眼中是一群能力出众、积极向上、充满热情的青年。积极投身于支教工作，认真负责，不管任务多么困难繁杂，他们都努力做到最好。研支团志愿者在温正凯心中的关键词就是：活力、热情、认真。

在准格尔旗第九中学，先后有两批东南大学研究生支教团的老师辅导过温正凯。2015年，第十七届研支团庄莹老师曾担任他的科技课老师，常成老师负责当时六个班级的地理课、两个班级的科技课，同时也会在其他老师有事时代课。在温正凯的印象里，辅导

图 3.17 温正凯

过他的4位支教老师身上都有一个共同的品质：尽职负责。大到科技比赛，小到管理学校诚信驿站，支教老师们全都尽心尽力做到最好，平日里还要备课、代课、做宣传、做团委工作。但不管事务大小、繁忙与否，他们总会尽力把事情做好。"这也让我联想到老师们常说的那句'止于至善'，这是他们的校训，也便成了我的人生格言。"温正凯说道。

图 3.18 温正凯和支教老师参加市级青少年科技创新比赛

温正凯回忆道:"支教老师对我的最大影响可能就是教会了我'知识就是力量',常老师当时要带全年级一半班级的地理课,而他带的班每一个都是成绩排名靠前,没有知识的沉淀又哪来这样的成绩?庄老师是信息专业的学生,她当时帮助我完成科技创新比赛的作品设计。有一幕我记得特别清楚,老师为了完成一个作品,一边写代码,一边焊电路,就是这样的情景让我着迷了,或许很多人觉得这没有什么,但对我一个之前从未接触过电路和代码的学生来说意义非凡,这是一次汇集知识、思想和眼界的启蒙,自那以后我便希望也能成为那样的人,可能这也是我后来选择电子信息类专业的原因之一吧。"

在准格尔旗第九中学,炫酷而又极具特色的科技社团是由研支团志愿者主要负责的,温正凯参加了科技社团并在庄老师和常老师的启发与指导下设计出自己的作品"新型节能环保空调",后来参加了科创比赛。2016年,新一任支教老师、第十八届研支团姜琦和刘瑶老师继续帮助他参加后续的比赛,最终,温正凯在市级比赛中获奖。温正凯这样回忆支教老师:"他们亦师亦友,更是我的榜样。"给温正凯留下最深刻印象的还是至善科技夏令营。温正凯表示:"当时的活动充实而精彩:既有我们从未涉猎过的课堂科普、电焊操作、'水火箭'等充满科学气息又不乏趣味的科技活动,又有班级文化宣传、才艺表演比赛、知识竞赛等文艺活动。很佩服研支团学长学姐们的组织能力,同时又被他们的多才多艺、认真上进所震撼。我本以为学习是一件枯燥的事情,而在夏令营中的体验让我至今回想都觉得津津有味,在学习过程中也可以快乐地汲取知识,我受益匪浅。"

图 3.19　温正凯同学与姜琦老师、刘瑶老师　　图 3.20　温正凯与第二十三届研究生支教团成员

温正凯被东大研支团志愿者的精神力量深深感染着。研支团支教老师们激发了温正凯对知识的向往和学习的热情,让一个出生在边陲小镇的孩子看到了外面的世界。他不再只是一个沉默寡言、闷头苦学的学生,青春洋溢的运动场上,灯光闪烁的舞台上,都

会看到他的身影。临别时温正凯和研支团的志愿者们约定"希望下次再见是在东南大学"。2021 年，温正凯以 631 分、全自治区排名 630 名的高考成绩被东大电子信息专业录取。当初梦想的种子在沃土中生根发芽，温正凯说："这一切都是最好的安排。"

谈及选择东南大学和东南大学电子信息专业时，温正凯说："因为我的支教老师专业是电子信息类的，我在科技竞赛中从耳濡目染到身体力行体验各种电子信息技术，所以选择电子类的专业成为我的初心，于是以此为出发点，选择适合自己的大学。一开始的志愿研究很让我迷茫，因为拥有电子专业的大学有很多，网上的评价更是五花八门，我一时不知如何选择。在高考之前我从未想过自己能够考上东南大学这所梦想中的学校，研究志愿时我偶然间看到各个大学电子信息类专业的实力排名，然后便看到了那个既熟悉又陌生的东南大学，熟悉的是它的名字早已刻在我的心底整整六年之久了，而陌生的是我却未曾踏进过它的校门。于是我抱着试一试的心态查找东南大学的相关信息，发现不管是学校整体实力还是电子信息专业实力在全国都是非常强劲，查询东大在内蒙古往年的录取情况，我又惊喜地发现往年的录取名次和我的排名相近。我也向以前的支教老师们求助，在他们的引导下我明白了各个大学在教育资源、地理优势上的真实情况，并且也借助第四轮学科评估等权威性的信息对各个学校的专业有了一定的了解。最后我认识到东大电子信息专业的实力绝对是一流的，于是东南大学成为我的心中首选。然而纠结还是有的，高中三年其实没有太多关注过大学，也缺乏对于自己的认知，不知道自己能干好什么，爱干什么。高考之后才开始研究选报志愿的方法，很多大学都是在选择志愿的那几天才第一次了解到，我当时面对近十个与我排名相近的志愿不知如何选择，而我还是抛却一切杂念，毅然决然选择了东南大学，那个曾经陪我读书写字，陪我科创娱乐，让我魂牵梦萦的地方。"

让温正凯如此坚定地选择电子信息这个专业，不仅仅是研支团老师的启蒙，更是高二时他看到一篇文章讲述中国当前芯片领域人才缺口大、"卡脖子"问题突出等，再进一步地搜集资料后，发现未来的芯片行业确实需要大量年轻人涌入，强化中国制造。科技强国、人才报国的思想便在那一刻刻在他的心里。因此，他在被心仪的大学和专业录取的同时，也有很多对于大学生活的憧憬与展望。温正凯表示："真的十分感激研支团来到家乡做出的支教工作，如果以后有能力、有机会，自己也会参加这样的活动，将志愿的火炬接力下去，做出自己的贡献。"在大学期间，温正凯热心投身志愿服务和社会实践活动，学习成绩也很突出，他也在不断努力，继续书写着自己别样的青春。

在温正凯之前和之后，也有数名准格尔旗支教地的学子考入东南大学。2013 年考入东南大学能源与环境学院的吕旭便曾是第五届研支团内蒙古分队志愿者刘睿的学生,刘睿曾在他的最后一课中这样说道:"希望我们下次相聚,是在东大的校园里。""刘老师,我没有失约",吕旭承载着刘老师的殷切期望,如约而至。

和他们一样在东大支教老师的激励下共赴"蒲公英的约定"圆梦东南大学的还有准格尔旗第九中学毕业生、东南大学电气工程学院2022级学生赵喆,准格尔旗民族中学毕业生、东南大学交通学院2022级学生勾通、王政芜等。

五、接力传承:"长大后我就成了你"

弦歌不辍,薪火相传。东南大学研究生支教团志愿者用坚定的脚步丈量祖国大地,持满腔热情浇筑教育事业,以志愿服务精神为炬,把爱的火种撒向中西部大地。二十年来,研支团志愿者所教的学生大都如愿实现自己的人生价值,在无数个岗位上发光发热,在成为更好的自己的同时,也会把爱的火炬继续传递下去。东南大学第十四届研支团志愿者苏玮老师的学生贾润月就接过了研支团的接力棒,加入了研究生支教团。贾润月2012—2013年就读于内蒙古准格尔旗第一中学苏玮所教的班级,后考入中国矿业大学。2019年加入研究生支教团,担任中国矿业大学第二十一届研究生支教团团长,服务于广西百色地区。他先后担任中国矿业大学研究生会执行主席,院研究生党支部书记、兼职辅导员等职务,曾获"全国优秀西部计划志愿者""广西壮族自治区优秀团干""江苏省三好学生""江苏省大学生年度人物入围奖"等多个荣誉,支教期间所组织参与的"不苟解乡愁"项目荣获全国挑战杯大赛金奖、全国志愿服务项目大赛金奖、2020年志愿者扶贫案例50佳等荣誉。

在贾润月眼里,苏老师是个阳光开朗的人。对任何同学都不会有什么偏见,无论学习好还是坏,他都会热情地帮助大家,课后总有一大堆人在他身边凑着。谁的手表不会调了,去找苏老师;谁买了mp3不会下载音乐,去找苏老师;谁语文题数学题不会做,也去找苏老师……虽然由于班级重组,贾润月几个月后被分到了其他班级,但

图 3.21 苏玮和贾润月

他还是喜欢去跟苏老师聊天。"苏老师每次帮我们解决了什么问题都会笑得很开心,露出一口大白牙,我们私下还会问他用的什么牌子的牙膏,怎么刷的牙。""苏老师还喜欢学我们的方言,总是学的怪怪的,我们经常纠正他。"说起苏玮的趣事,贾润月的话匣子一下打开了,一段段的温暖回忆徐徐展开。

在苏玮来到准格尔旗一中之前,贾润月没有见过名校大学生,准格尔旗一中能够考上重点大学的也很少。苏玮来了之后,贾润月才知道,原来世界上还有这么全能的人。刚开始同学们考试考得不好,苏玮想了个法子激励大家,向同学们许诺,要是成绩进步就给他们唱个歌,最后大家真的进步了,苏玮就履行承诺,学了一首内蒙古当地的歌曲,在同学们面前一展歌喉。苏玮在东大时是一位经验丰富的校园活动主持人,曾主持东南大学跨年演唱会、东南大学新生文艺汇演等活动。于是到了准格尔旗一中,一年一度的文化艺术节、校园歌手大赛、毕业晚会等,苏玮不仅负责组织策划,还给同学们指导主持。"当时就觉得他太厉害了吧!不仅成绩好,还会唱歌、会主持……感觉就没有他不会的!"贾润月如此评价当年的苏玮。

图 3.22 支教期间苏玮在上课

让贾润月印象深刻的,还有与苏玮同届支教的姜军老师和第十五届研支团的尹婷婷老师。姜军老师本科专业是信息工程,还是个英语高手,课后总是为大家补习英语,贾润月的英语也因此进步了许多。而关于尹婷婷老师,贾润月曾经问她:"老师,你读研之后还会继续学习本科的专业吗?"尹婷婷老师说不会,她想学点更感兴趣的、没有涉猎过的专业。这刷新了贾润月的认知,原本他以为人哪方面有优势就应该去学什么,像他自己,就是擅长体育而选择了当体育生,而没想到东大支教老师们则是什么不会就去

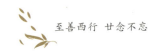

学什么！苏玮在支教期间发起了"蒲公英圆梦计划"，选拔准格尔旗部分品学兼优家庭困难的优秀学子，赴南京游览东南大学及名胜古迹，让第一次离开内蒙古的孩子们感受知名学府的科技魅力与人文情怀，感知江南文化与生活，开阔眼界，追寻梦想。虽然贾润月因时间冲突未能加入，但他却依然对东南大学、对江南水乡满怀憧憬、念念不忘，那颗蒲公英的种子已经在他心里扎根，只等长成，飞向更广阔的天涯。

高考结束，贾润月的成绩还不错，但是在选择志愿时有点犯难，作为一个体育生，他有点纠结是报综合性大学还是体育专业类大学。在这个关键节点，苏玮与贾润月聊了聊二者的区别，给他提供了一些参考。贾润月不禁想到了他认识的东大人，总是在拓宽自己的边界，止于至善。最终，他选择了中国矿业大学并成功被体育学院录取。他想要像苏玮、姜军、尹婷婷那样，学好专业之余，能够走出舒适区，拓宽眼界、全面发展。

成为苏玮老师那样的人——这是贾润月埋在心底的一个愿望。"其实一开始不敢想我能不能和苏老师或者其他的东人研支团老师一样优秀，真没敢，就想着低头先把身边的事情做好就行了。""不过梦还是要有的，万一实现了呢？"贾润月眨了眨眼，微微一笑。进入大学时，贾润月发现比他优秀的人太多了。农民家庭出身的贾润月，也继承了父辈吃苦耐劳的品质，面对差距，贾润月本科时抓紧一切时间，勤学自己的专业知识，苦练自己的专业技能，专业成绩连续三年第一，发表学术论文 2 篇，主持国家级 SRTP（大学生科研训练计划）项目一项，参与校级 SRTP 项目两项。

贾润月也没有忘记曾经苏玮对他的教导，不断地拓宽自己的边界，不会的就去学，坚持全面发展。即使一开始摸不着头脑，但靠着恒心和上进心，贾润月啃下了一块块"硬骨头"，在学生工作、志愿服务、社会实践等方面样样不落，带领班级同学参与各类文体活动，获得全国大学生"三走"户外挑战赛二等奖；主持"助力在行动，筑梦到基层"等 3 项社会实践项目，获评"江苏省社会实践优秀团队"称号。"我到现在依然很感谢苏老师，"说到这里，贾润月真诚中多了一丝郑重，"谢谢他带给我的，走出家乡努力求学、增长才干的渴望和勇气。"

大三时，贾润月也思考起了未来的去向。贾润月的父亲希望他回家乡做一名老师："回来吧，回来做个体育老师也挺好的，周一到周五上上课，周六周日跟我干点农活。"但贾润月却另有想法。他想起来曾经问过苏老师：当时为什么要去支教？苏玮告诉他，研究生支教团是无数高校学子在祖国西部的志愿接力，在东大如"我的讲台我的娃"等活动中，苏玮多次为前辈们的支教故事动容不已，加入研支团的队伍是他一直以来的向往。"人嘛，总是想为社会做点有意义的事儿的，"当时的苏玮说道，"去基层看看,锻炼一下自己的本领,把青春写在祖国大地上,这不是一件令人热血沸腾的事吗?"

贾润月想起了高中时苏玮执教的那段日子,看似波澜不惊,却早已有向上的种子种在自己心里;想起了聆听宣讲时那些研支团前辈从一年支教中汲取的奋进力量;想起了东大、矿大乃至全国高校无数为西部教育扶贫前赴后继的高校学子,在实现共同理想时代洪流中渺小却坚定的身影……贾润月觉得胸口有一股传承的温热力量在涌动,这股力量曾轻轻托他一把,当他也在变得越来越优秀时,他是否要接过接力棒,成为和苏玮老师一样的人呢?答案就这么呼之欲出了。

在广西支教的这一年里,贾润月所带学生平均成绩大幅提高,他走过田东县的10个乡镇27个村,下乡走访慰问贫困学子家庭80余户,共资助学生64人,帮农户销售了118吨水果,帮助14户贫困家庭成功脱贫摘帽,组织各类公益志愿服务活动70余次,个人志愿服务时长达4000余小时,联络社会公益组织11家,获得外部捐赠物资60余万元。贾润月走的时候,班级那个最调皮的学生,偷偷地从乡下赶到车站,历经一个多小时的山路只为了见他。当踏进车站的那一刻,那个孩子哭着喊道:"贾老师,我一定会努力学习的!"贾润月的眼泪顿时夺眶而出,眼前孩子的身影逐渐和当年送苏玮走时的自己重合。当时苏玮拍了拍他的肩膀,但他只是眼角有点红。那年拼命憋住的眼泪,到了今天终于落下。

图 3.23 贾润月在家访

那股当年托他一把的力量,也终于被他传递了出去。这是一个"多年后我就成了你"的故事,也是对于研究生支教团的育人成果的最好的证明,是支教意义的最美注脚。

筚路蓝缕,玉汝于成。一代代东大支教人用自己的汗水与热血,将爱的火种传递到每一个角落。走上三尺讲台,教书育人;走下三尺讲台,为人师表。登高远望那至善的征途,支教所传递的力量,远远不只是知识本身,还传递着孩子们希望的星火,承载着一代代志愿者燎原的决心。

第二节 自教成效

支教的意义不仅在于"助人",更在于自教。一批批东大研支团志愿者扎根基层,在中西部地区体悟国情民情,感受发展脉搏,在脱贫攻坚和乡村振兴第一线锤炼意志、增长才干、明晰责任。支教一年,自教一生。与其说是支教团的队员们陪伴了孩子们一年,不如说支教这段经历陪伴研支团志愿者们漫长的一生。一年的陪伴、一年的成长不仅是帮助孩子们走出深山的累积,更是研支团志愿者们跨过心中那座大山的历程。

一、完成华丽的蜕变

支教让志愿者们重新审视自己。从一名学生到教师再到学生,角色的转变让他们有了更多的人生体验,学会了换位思考,去审视过去的自己,去面对现在的自己,去畅想未来的自己。在教学生的过程中,他们会不断从中得到启发,在激励学生的时候,也激励着自己要勇于突破和超越。支教的日子,研支团志愿者们既有被孩子们的天真烂漫打动的治愈时刻,也有为孩子们懂事老成感到辛酸的时刻,但更多是离开了象牙塔后,逐渐懂得了身上的责任与使命。

第十届研支团内蒙古分队志愿者熊鑫回顾自己支教一年的经历,他说:"我发现在和学生的相处过程中,自己从他们那里学到很多,明白了看似简单的事其实并不简单,要细心地考虑可能出现的疏忽,要设身处地考虑别人的感受,也学会了耐心。可以说,这一年我不仅在教书,也是在学习。一年的经历让我从懵懂的大学生蜕变成善解人意的中学老师,其中的收获和我的成长对我以后的生活和学习非常有帮助。"同时熊鑫还收获了很多情谊。回来后的教师节他还经常收到孩子们发来的短信,祝福他教师节快乐。

对于熊鑫而言，支教是教书更是学习，是奉献更是收获，是经历更是磨砺，是激情更是一生挥之不去的思念。

图 3.24　熊鑫

第十二届研支团内蒙古分队志愿者孙文昊在支教心得中写道："回想这一年，我最大的收获是一颗平和的心。如今的我胸中更多了一分自信与坚定。这一年的经历，让我远离了急功近利的浮躁，为我抚平了内心冗杂的起伏，也帮我擦亮了看世界的眼睛。流星划过黑夜，留下瞬间的美丽，告别星空的灿烂，我将继续自己的旅行。"

图 3.25　孙文昊

李炫国支教期间任第十三届研支团团长,赴内蒙古准格尔旗第一中学支教并挂职准格尔旗一中团委副书记。李炫国表示:"这一年,是付出更是收获。"支教使他获得了一次特殊的经历,一个特别的舞台。这段宝贵的支教经历让李炫国在做校级活动的时候有了组织和决策的能力,而不单单是参与。这一年也让李炫国深切体会到内蒙古之大、祖国之大,各个地区的文化、经济、风俗、生活习惯有很大的差别,这也让他学会了站在更高的角度去思考今后人生的路。"人生苦短,我们要把更多的时间放在想去做、值得去做的事情上。我希望能有更多有志之士加入志愿者的队伍中,给自己一个机会,给西部那些需要良好教育资源的孩子们一个机会!"

图 3.26　李炫国和他的学生

对于第十三届研支团内蒙古分队志愿者马美蓉来说,支教一年,生活的重心总离不开一个"教"字。一句话总结这一年——"教学相长,斗智斗勇,亦师亦友"。最开始去往支教地,马美蓉亟待完成从学生到教师角色的快速转变。意识到自己一站上讲台,将担负起讲台下所有莘莘学子的求知路,马美蓉不由地产生一种强烈的责任感。也正是这种责任感驱使马美蓉在课前全方位地备课,只为课上能简明易懂地把知识传授给孩子们。马美蓉说:"他们专注求知的神情、他们紧锁的眉头渐渐松开,成为我这一年最大的追求。现在想来,其实这过程本身也是一个自我约束、自我磨砺、自我成长的过程。"

图 3.27 马美蓉和学生们

相较于共赴江西支教的其他志愿者,第十三届研支团江西分队志愿者张宾分配的学校条件最为艰苦。他住的地方离学校有十多里,每天起早贪黑从住所到学校很不方便。后来他便把租的房子退掉搬到学校里住。在学校里,饭仍要自己做,厨房里没有排水管道,张宾用一个桶接着洗过菜、碗的废水,等桶里的水满了便搬到门外倒掉。厨房里没有灯,晚饭时便拿个应急台灯里里外外走。他的房间,狭小的房间,空空如也,两张课桌一拼、被褥一铺就是一张床。对于其他队友的关心,张宾永远只会说:"没什么,没有关系,也蛮好的,支教本来就应该这样。"也许张宾体会到了支教的真正含义,不是一时冲动的好奇,不是新鲜,不是舒服享乐,不是炫耀,而是持有一种平和的心去奉献,持着一种坚韧的精神力量去坚持,迈着一种沉稳踏实的脚步去实践。

图 3.28 张宾正在上课

第十四届研支团江西分队志愿者陶涛在支教的一年中与 75 个孩子相遇、相知。因为这些孩子们,陶涛的生活也变得更加丰富多彩、充实快乐。课堂上这些孩子是爱折腾老师的"小鬼头",下课后他们又是笑口常开、天真烂漫的"小天使",与他们在一起的点点滴滴,他们的一哭一笑、一打一闹都成为陶涛这一年记忆中最美好的点缀。在这一年里,陶涛既在讲台上传道授业,教书育人,同时也在学习做人做事的道理。孩子们既是他的学生,也是他的老师。对陶涛而言,这一年的支教生活是他生命中非常重要的一次洗礼。

图 3.29　陶涛正在上课

第十六届研支团江西分队志愿者杨炅宇说:"在付出的同时,我也收获了课本以外更丰富的情感,懂得去奉献,去感恩,我也更加坚定地相信,支教的一年是幸福无悔的一年。"到了支教地杨炅宇才发现,原来她也可以把音量从细声细语提高到能镇住全班 80 个叽叽喳喳的小家伙们。她说:"正是共青城所承载的对青春力量、对爱与奉献的理解,让一批又一批的东大支教人在这里找到了生命的价值。"他们用自己的年少时光,给大家呈现了"恰同学少年,风华正茂,书生意气,挥斥方遒"的精神风貌,也诠释了当代青年所应有的使命和担当。

图 3.30　杨炅宇正在上课

当支教生活走向平淡过后,研支团的志愿者们也终于体会到了当老师最真实的矛盾——自身的理想与复杂的现实之间的矛盾,看到了老师的焦虑与两难。当抱着满腔憧憬与热情而来,却被现实一盆又一盆的冷水迎头浇下,这或许是所有支教人的坎,但他们依然一次又一次地收拾自己,整装待发,因为他们知道破碎重拾才能成长,裂缝才是透过光亮的地方。

第十六届研支团内蒙古分队志愿者尹浩浩在支教期间父亲因伤住院。挂了家里打来的电话以后,他一个人从民族中学走回三中。在这个漆黑的夜晚,孤独和想家的情绪达到了顶峰。此刻,尹浩浩第一次对支教这个选择产生了怀疑,同时也感到肩上的重担快要将他压垮。但他想起了他的138位学生,想起了他们天真的笑脸,他突然感觉到对肩上沉重的担子无惧无畏。当一切事情都变得无比艰难的时候,除了坚持,还能做什么呢?于是尹浩浩回到办公室,更加脚踏实地。对于尹浩浩来讲,这一年就是做了对的事,教了对的人。政府和学校的接纳与支持、学生努力靠教育改变自身的强烈愿望使他们看到了在此支教的意义。他们努力挖掘教育存在的更大潜力,也得以将自己的热力发挥到极致。

图 3.31　尹浩浩和他的学生们

当被问到支教到底是伪理想还是真情怀时,第十七届研支团江西分队的蒋烨琳回答道:"我做过很多志愿者,但是没有做过支教老师。我希望生命中可以有一年,一心一意做好这一件事情。如果在可以选择的时候不去支教,也许我一辈子都会后悔的。"所以当看到小朋友们学会横竖撇捺,把字写得越来越好,当看到小朋友们下课了还会坐在座位上看课外书,当看到小朋友们争相比赛背诵唐诗三百首,当听到口齿不清的小朋们大声唱着《我爱你，东南》，当听到小朋友们舍不得的声声呼唤，当听到小朋友们说要考东南大学、要为国争光，这样的支教怎么会是伪理想？当他们为了上好第二天的课一遍又一遍地反复练习，当他们下课的时候被孩子们团团围住，当他们每天坚持带乒乓球队的孩子们训练，当他们面对支教地的现状不放弃自己的努力，当他们把爱心公益事业代代相传，当他们在离别的时候热泪盈眶，这样的支教怎么不是真情怀！选择这条路，蒋烨琳从来都没有后悔过。蒋烨琳说："这一年与其说想改变不如说想守护。想守护孩子们的笑脸，想守护孩子们最单纯的童年。而我，一步一步，陪着孩子们往上走，抛开一切功利主义，用心享受孩子们的每一次成长，享受他们带给我的每一次感动。多年以后，再回想生命中这一段特殊的时光，也许我想守护的是这一年最单纯的自己。"

图 3.32　蒋烨琳与学生们的班级合影

对于第十八届研支团江西分队志愿者蒋憎澄来说，支教的一年是勇敢蜕变的一年。最初面临短缺的教师资源、艰巨的教学任务以及身体的不适，蒋憎澄也常怀念东大，甚至想回家、想放弃。但蓦然想起曾经在出征仪式上，她承诺"愿用一年不长的时间，做一件终生难忘的事"，如果现在就此放弃、碌碌无为，那么这一年有何意义呢？身后东南大学研支团的责任又如何承担？于是蒋憎澄暗下决心：既然选择了支教，就应当风雨兼程。逐渐蒋憎澄发现她没有那么柔弱，那么不堪一击，她还可以是一个班级的顶梁柱。期末考试，蒋憎澄所带的四（1）班取得了年级第一名的好成绩。知道成绩的那一刻，她内心的感动再一次翻涌，久久不能平息。蒋憎澄忍不住拿起手机发了一条朋友圈："曾经以为自己坚持不下去了，曾经以为自己软弱，经不起风雨，但是支教让我重新认识了自己。这一年，我克服了所有意想不到的困难，比看到孩子们进步更开心的是看到了自己的蜕变和成长。支教的魅力，在于一种真切的情感体验，一次让生命变得坚韧勇敢的心路历程。"

图 3.33　蒋愔澄和学生们

第十八届研支团云南分队志愿者聂文伟经常会面临朋友的提问："你为什么要花费一年时间去支教呢？"来到南华的这一年，聂文伟看见过的、经历过的，让他有了答案："对于支教，不能说这是一件多伟大的事，但却是我们有责任去做的事，而能陪伴孩子们成长，却变成了最让我幸福的事。"从大城到小城，从东大到民中，从陌生到熟悉，这一切都是因为人与人之间架起的桥梁才有了联系，也是因为人与人之间注入了情感，城与城、人与人才变得越来越有温度。

图 3.34　聂文伟与学生们

有人说，人的一生，应当这样度过，当你回首往事的时候，不会因为虚度年华而悔恨，也不会因为碌碌无为而羞愧。第二十届研支团内蒙古分队志愿者何祥平说："我不知道等到暮年，我会有怎样的遗憾。但支教一年朝夕相处的点点滴滴，仿佛溶进血液，只要一呼吸、一闭眼，便一幕幕地在脑海里重现。那句一年前曾说过的'信守不渝，不忘初心'，那些出发前的顾虑和疑惑，那些一年中曾遭遇的失落和迷茫，在这支教之旅落下帷幕时，我想我心中早已有了答案。世间所有的相遇，都是久别重逢。使人成熟的，并不是岁月，而是经历。"23岁这一年，何祥平遇见了准格尔旗，遇见了纯真可爱的孩子，遇见了欢快坚强的内蒙古"八小只"。多年后，当他回首，依旧会热泪盈眶，会一直记得那座令他魂牵梦萦的西部小镇。

图 3.35　何祥平和学生们

王敏是第二十二届研支团江西分队志愿者，她一年的经历可以看作一个进阶老师改弦更张的奋斗史。最开始，王敏通过不断学习教学技能、询问有经验的老教师、和队友互相学习等方式，渐渐找到了适合自己和学生的教学模式。但当王敏把课前小演讲制度引入语文课堂时，她才发现自己和好老师的距离，道阻且长。在家访时王敏深入了解才发现：共青城大部分家庭都是三个孩子起步，很多父母都外出务工，孩子由爷爷奶奶在带，只能负责温饱，重视教育的家庭少之甚少，所以班里大部分孩子其实都很内向，不敢表达自己。面对如此窘境，王敏主张进行有温度的教育，目的不仅仅是分数，更是爱，是智慧，是教会他们拥有创造幸福的能力。于是，在班级内，王敏带孩子们开展诗词大会、朗诵比赛、演讲比赛等活动，鼓励孩子们展现最阳光自信的自己。虽然系列活动让王敏和队友们忙得不可开交，但是看着孩子们幸福的笑脸，王敏顿时觉得一切都是值得的。

图 3.36　王敏正在上课

第二十二届研支团内蒙古分队志愿者朱迪表示在支教期间他的身份发生了多次转变，而一次又一次身份的转变都给他不一样的体验，让他得以从多个角度去体会支教的意义。在加入研支团后，朱迪的身份还是一名学生，从未像老师一样，驻足讲台执笔板书，俯首案前阅卷备课。支教中，他担任七年级 7 班、11 班和 12 班共三个班的地理老师，传授一些学习方法或者记忆手段去帮助学生理解知识点；他是科技辅导老师，在科技社团带学生们一起探索科学的奥秘；他是班主任，与学生保持着亦师亦友的关系。回到东大，朱迪从一名老师重新变回一名学生。而与一年前还是学生的自己相比，现在的

图 3.37　朱迪正在上课

朱迪更加自信，更加热爱生活，更加珍惜现在，这都是支教一年给他带来的改变。朱迪说："很多人都怕自己日复一日地过一样的生活，我也一样。幸运的是支教的每一天都带给我不一样的感觉，带给我快乐，带给我充实。因此我珍惜支教这件事，珍惜支教这一年，我将我自己走过的路不管是直路还是弯路都和孩子们分享，既希望他们沿着我的路避开不必要的弯路，也希望他们能走出自己的路，看更美丽的风景。临别时，学生的留言'你好好发光，我好好努力，你光芒万丈，我努力跟上'，有这句话，我想，我一年的付出，是值得的。"

二、去往最朴素的远方

支教让志愿者们认识广袤的世界。各个地区的文化、经济、风俗、生活习惯迥异，有的志愿者在条件极其艰苦的环境下仍然坚守初心。那一座座小城也让志愿者们感受到了中国之博大，文化之丰富，人情之温暖，心灵之净化。

第三届研支团内蒙古分队志愿者白桦在准格尔旗第一中学支教。白桦说："支教这一年的时间，无论对支教的志愿者还是对内蒙古当地的学生来说，都是人生中特殊而难忘的一年。在这一年中，志愿者与学生们建立了深厚的感情。这不仅仅是简单的师生情，更是一种难以割舍的情结。"

图 3.38　白桦的告别班会

在支教的这一年里，第十一届研支团内蒙古分队志愿者宋云燕的假期很少。但是只要有机会，她就会背起行囊出去走走。在这一年里，宋云燕第一次见到了有着绿草蓝天的大草原；第一次觅到了广袤无垠的沙漠；第一次看到了塞外高原上深深的沟壑；第一次接受哈达礼，喝了银碗里的白酒；第一次盘腿坐在热炕上吃饭唱歌；第一次独自坐火车 40 多个小时……在这些行走中，她深切地体会到了内蒙古人的热情与豪爽，感受到了西北民族的淳朴与善良。然而，宋云燕也看到了中国西北地区和东南沿海发达地区的差距。虽然支教服务地准格尔旗已经甩掉了贫困县的帽子，经济得到了跨越式发展，但是这里需要改进的东西还很多很多。飞速发展的经济与落后的科教文化事业之间的巨大差异越来越突出。作为志愿者，宋云燕感到简单的物质援助已经远远不能满足当地的需求，而是应该在精神援助和文化援助方面做出更多的努力。对于宋云燕来说，支教，不仅仅是用一年时间去体验一段终生难忘的经历，也是用一年的时间去培养一份亘古不变的情感，更是用一年的时间去挥洒青春的激情，去打开崭新的人生篇章。

图 3.39　宋云燕与孩子们

在内蒙古的这一年，第十三届研支团内蒙古分队志愿者马美蓉深深感受到了北方人的豪爽和浓浓的人情味。一年的朝夕相处，留给马美蓉的不只是回忆。当地老师这一年对马美蓉的照顾，温暖着她，给她一生的行事作风产生了深远影响——勇敢表达自己，不求回报地付出。回到东南大学，马美蓉梦境里总会出现他们的影子：强哥、老李、小云、小慧、柠宁、肖姐、侯姐、老谭、鑫哥、尚老师、任书记、文校长……还有支教伙伴孙文昊和吴婵……这群人见证了马美蓉这一年的成长，见证了她这一年的喜怒哀乐，给了她无限的支持与力量，无论是在教学上还是在工作上抑或是在生活上，都给予了她最热忱的帮助。生活细微处关怀的点点滴滴汇成涓涓细流永不息。

图3.40 马美蓉和学生们

　　支教之旅充满着未知，漫漫长路也许是一次惬意的行走，也可能是一次突如其来的惊险之旅。第十五届研支团贵州分队志愿者孙若斌在贵州平坝县支教期间突遭特大暴雨。对于孙若斌来讲，突如其来的洪水固然难忘，但洪水退去后发生的故事更让他感到暖心。洪水后留下一个满目疮痍的学校，墙面破损，厕所倒灌，操场上积了厚厚的一层烂泥浆。为了不给整个县城混乱的秩序添麻烦，孙若斌和当地老师用了整整一个星期的时间完成了清理工作。虽然老师少，但是非常团结，甚至有热心的家长也过来帮忙。天灾无情人有情，只要齐心协力，再烂的摊子也能收拾好。短短一个星期的时间，校园又恢复了窗明几净，孩子们又可以快乐地在操场上玩耍，在教室里上课，就像什么都没发生过一样。孙若斌感慨："学校一年来的变化非常之大，如果没有初来时恶劣的环境，也不敢想象临走时校园会变得这么美。陪伴着它从满眼黄土到绿意盎然，这份同甘共苦的特殊感情让我的回忆更显弥足珍贵。"

图 3.41　孙若斌与学生们

南华是个小县城，物价很低，没有人会匆匆忙忙赶公交、赶地铁。这种慢节奏的生活是第十九届研支团云南分队队长胡园来南华以前从来没感受过的。逃离了大城市的喧嚣，优哉游哉地在麻雀虽小五脏俱全的南华县城徜徉，胡园仿佛感觉到空气都是微甜而自由的。支教回来后，胡园很感激自己做出支教的这个决定。如果没有亲身支教，没有生活在这里的一年，或许胡园只能通过媒体的宣传和自己的想象来"认识"她脚下的这片土地。一年的时间，这样的一座小城，蕴含了胡园最珍惜、最宝贵的东西，这里有她最爱的孩子们，有她最宝贵的青春，也有她为之自豪的情怀。

图 3.42　胡园在汇报工作成果

当第十九届研支团内蒙古分队志愿者华壁辰走出车站，踏上准格尔旗这片土地时，他看到的是蓝蓝的天空和宁静的街道。街上的行人看到他和队员们穿的东南大学文化衫,都面带笑容地问:"你们支教教师今年这么早就来了啊?"是的,虽然他们素未谋面,但是简短的问候却那么温暖、熟悉。离开东大,才知道自己已经深深烙上了东大的印记。对当地人来说,支教志愿者并不陌生,他们知道每年都会有一批有理想、有抱负的东大青年来到这里。在他们心中,这些教师就是他们的家人,今天,他们又回家了。这一年,他们时刻都记得自己带着母校的嘱托和希望,记得自己作为东大学生的责任和使命。这是东大给他们的荣誉,也是数年来东大研支团志愿者们的积淀传承。

图 3.43 华璧辰在指导学生

第二十届研支团新疆分队志愿者彭思伟说:"直到今天,我依然会不时想起新疆的羊肉串、大盘鸡,想起大漠戈壁、塞上江南、草原牧歌和雪山高原,想起沙海老兵屯垦成边、建设家园的事迹,想起学校可亲可爱的老师们,还有那群我的孩子们。"回首这近一年的时光,新疆给彭思伟留下了太多回忆,"新疆对我来说意味着夏天拂过人漠的风沙,冬天厚重宁静的白雪;意味着假期里巴音布鲁克草原上的驰骋,赛里木湖畔水天一色的澄澈;意味着深夜月色下的独酌思索,节假日老师们热忱的关怀;意味着团场孩子们纯真的笑脸和吃苦耐劳的憨直;意味着兵团人如白杨般挺立在沙漠边缘的兵团精神。"一代又一代支教志愿者们前往边疆,前往大漠,前往大山深处,践行着自己的誓言,把知识和友爱带到了祖国的偏远地区,用爱与责任浇灌祖国的花朵。这一年的时光,让彭思伟记住了这个三面环沙的团场,找到了一些原本存在于历史课本中的岁月痕迹,认识了新疆,认识了兵团,感受到"热爱祖国、无私奉献、艰苦奋斗、开拓进取"的兵团精神。千里黄沙曾遮天蔽日,千万亩棉田则改变了戈壁荒滩。正如艾青诗言,一草一木都由血汗凝成。这里的一草一木都在诠释着兵团精神,一草一木都在诉说着先辈们屯垦戍边的历史和自力更生的故事。

图 3.44　彭思伟与学生合照

在支教的一年时间里,第二十二届研支团新疆分队志愿者陈建润被问到最多的一个问题就是:"花一年的时间去支教,值得吗?"这一年的时间里,陈建润第一次真正站上讲台成为一名老师,第一次收到了写着自己名字的请帖,第一次穿上冰刀鞋,第一次拥有了属于他的孩子们。"也许我再也不会有这样的一年,不畏困难地拥抱自己热爱的事,再也不会有一群像父母般的长辈,记得我爱吃的菜,每天嘘寒问暖。就是这么一座夜不闭户的小镇,里面的每个人都能和善地和你问候,在璀璨的繁星下,承载了我对支教所有的爱。我想无论是半个月,还是一年,还是东南大学研究生支教团的 18 年,我们就像日益长大的孩子,逐渐成熟,逐渐茁壮,我们肩上的担子逐渐沉重,但我们依然年复一年地跨过万水千山。对我来说,'用一年不长的时间,做一件终生难忘的事'这句话也许已经说了无数遍,但我依然希望用它来描述我一年的支教生活,为孩子们,千千万万遍。"

图 3.45　陈建润课间辅导学生

至善西行 廿念不忘

支教这一年,第二十三届研支团新疆分队志愿者吴泽辉带领队员们为团场的孩子们大大小小办了不少的活动。在每次活动结束的时候,吴泽辉总是告诉孩子们,希望未来我们能够在东大相遇。当吴泽辉离开的时候,他细细盘算,给这个地方留下来的东西很少很少,但是当孩子们在课堂上问他考多少分能上东南大学的时候,吴泽辉知道他们的内心萌生出了渴望,这便是他留下的最重要的东西。这一年来,吴泽辉还和队友们一起克服了工作生活中的种种困难,也一起相伴走过大半个新疆,他们见识了茫茫大漠白沙如雪,领略了万亩棉田无边无垠,欣赏过空中草原牛羊成群,也体验过少数民族兄弟们的热情豪迈载歌载舞。站在新疆兵团的土地上,脚下还残存着盐碱的痕迹,兵团垦荒那段厚重的历史无时无刻不在激荡着他们的心灵。60多年来,一代代兵团人心怀着对祖国深深的热爱扎根边疆、艰苦创业,把戈壁变成良田,把荒漠变成绿洲,在屯垦戍边的历史使命中形成了"热爱祖国、无私奉献、艰苦创业、开拓进取"的兵团精神。虽然现在已经离开兵团,但八师石河子市仍是他们心系着的故乡。兵团精神已经在他们的骨子里留下了深深的烙印,老兵们"敢教日月换新天"的英雄事迹也会一直激励着后辈踔厉奋发,勇毅前行,继续讲述好兵团故事,弘扬兵团精神,传承兵团基因。

图 3.46 吴泽辉正在上课

从2019年8月6日踏上南华这片热土,到2020年8月10日真正离开,第二十一届研支团云南分队志愿者秦晓阳在南华用整整一年的时间,做了一件终生难忘的事,他的身上从此也刻上了南华的烙印。初到南华，平静、闲适、远离烦恼，是这座西南小城给秦晓阳的第一印象。他本以为未来一年的生活也会一直像这样平淡而惬意。然而，面对当地老师严重不足的情况，秦晓阳承担了大量的教学任务，语文、数学、英语、科学、道德与法治、班主任、教务员、德育员等等，虽觉有赶鸭子上架之意，但秦晓阳仍硬着头皮上了。课上秦晓阳不吝啬自己的鼓励，课间被孩子们围着、给他们讲故事讲大学讲外面的世界，训练鼓号队，陪练跆拳道，陪着他们吃饭、写作业，教他们打扫卫生、收拾床铺，背着水箱给他们宿舍消毒，深夜领着生病的孩子看病……秦晓阳一下子成为47个离家在外孩子们的家长，他想要尽自己最大的努力将他们变为更好的自己。于是，他和47个孩子——这所学校的新成员，在同一时刻，一起站在了崭新的人生旅途的起跑线上。欣慰的是，孩子们也和秦晓阳一起发生了显著的改变。习作课上一个小小的建议，他们都能立刻听进去、用起来；平时课上时不时的一些爱国主义教育，他们都能马上写在作文里；生活习惯、学习习惯越来越好，对比入校时发生了翻天覆地的变化，也得到了年级主任的不断夸奖。孩子们奋力向上的那股劲，让秦晓阳对他们充满希望。在这一年里，秦晓阳和孩子们互相陪伴，一起奔跑，一起成长。

图3.47　秦晓阳和学生一同跑操

2021年9月2日，第二十一届研支团内蒙古分队志愿者谭泽宇和队员们第一次来到了准格尔旗薛家湾的小镇。单丝不成线，独木不成林，谭泽宇表示，内蒙古分队的成绩离不开团队中每一个人的努力，也离不开当地特别照顾他们的师长——准格尔旗第九中学的武秀江老师的支持。武老师被历届东大研支团志愿者亲切地称呼为"武妈妈"。

从支教老师的宿舍分配到当地的饭菜是否合胃口，从教授的课程是否满意再到支教的补助是否够生活，武妈妈总会无微不至地过问，解决各种困难。她总是神采奕奕地和他们讲述她十多年来和东大研支团的点点滴滴，每到这时研支团志愿者们都能看到她的眼里的光，而他们的眼里，也被她照亮。

图 3.48 "武妈妈"与研支团成员合影

三、到祖国最需要的地方去

支教让志愿者们更加认同"到祖国最需要的地方去"的时代召唤。实践证明，研究生支教团为培养知国情、讲奉献、高素质的复合型青年领军人才做出了有益探索。一年的支教经历提升了青年学子对国家和民族发展的情感认同、理性认知和奋斗自觉，真正让"到祖国最需要的地方去"成为他们内心最深切的认同。

第十二届研支团内蒙古分队志愿者吴婵说："如果我不去支教，不去内蒙古，也许我永远都不会懂得，这世界上有一个最戳人心窝的词汇，叫'我的孩子们'；也许我永远都不会发觉，经济和教育的共同发展原来是这样严峻的课题；也许我永远不会明白，原来穷有很多种，内心的贫瘠才最需要救济；也许我永远不会看到，因为自己的力量，点燃孩子们渴求知识的火焰，那火光，熊熊发亮！"梦想可以很远，梦想也可以很近。西部教育是支教人的梦，也是千千万万有理想有力量的中国青年人的梦。

图 3.49 吴婵和学生合影

第十四届研支团陕西分队志愿者颉宇川分享说:"这段对于困难与失落的认知成为我支教生活里最重要的收获。"首先恶劣的生活环境向他们发起挑战,干旱的气候让队员们接二连三地生病。在生活的困难面前他们犹豫过、难受过甚至哭过。颉宇川暗下决心:"你该有自己的坚强,你不可以哭,不可以疲惫,你的学生、你的队员不许你输。"可当面对别人的质疑时,他开始怀疑当初的选择。在冯庄,始料未及的压力同样让他和队员们陷入困境。由于缺乏老师,支教志愿者们便是哪里需要去哪里,英语、语文、美术、音乐、数学常常是轮番上阵。那段时间,在一篇日记里颉宇川留下这段文字:"我们当初的梦想也许和现实差距很大,可无论如何我们都在尽力为我们的孩子做到最好,用一年的时间改变自己,改变身边人对于我们这个群体的看法,让他们真正了解支教团的意义。"

图 3.50 颉宇川和学生

很多人都问过第十五届研支团云南分队志愿者沙俊:"当初你放弃保研资格选择这样一条支教的路,你觉得值吗?"沙俊也曾迷惑过,思索过,可是当他结束支教收到那么多离别信件的时候,他觉得是值得的;当他看到因为他的努力,山区的孩子们有了新的书包的时候,他觉得是值得的;当他看到QQ空间里、短信里孩子们对他说"老师我想你了,你什么时候再回来"的时候,他觉得是值得的。支教的意义不仅仅在于传授知识,更重要的是它会传达一种信念,传递一种渴望,传播一种希望。它会引领孩子们认识一个更加真实广阔的大千世界,让孩子们拥有更多美好、纯真、勇敢的梦想,让孩子们勇敢地相信自己也可以成为一个拥有大大力量的人。而这,对沙俊来说,也就够了。

图 3.51 沙俊和他的学生

面临"支教这一年,最大的收获是什么"这样的提问,第十五届研支团内蒙古分队志愿者王维说:"我想,是一种对生命一丝不苟的态度。学生们会时刻把我当做成长的标杆,而我也会更坦然地面对生活。因为我知道,我的背后还有他们,他们是我的学生、我的朋友,更是另一个我自己。"虽然日常烦琐的工作会占用王维大量的休息时间,但他却乐此不疲,因为只有忙碌起来,才对得起最初的选择,才不会让一年的时光留下任何的遗憾。支教老师对于王维而言,不仅是一种职业,更是一种生活,是他生命不可或缺的一部分。当质疑、抨击支教成为网上的一个潮流时,王维也在扪心自问:"支教,对于准格尔旗的学生、对于我到底意味着什么?"当语文作文中超过半数的学生都在讲述着他们与支教老师发生的故事时,他想支教是有意义的;夜深人静时,手机传来孩子们的信息,遥远的准格尔旗竟也有人在思念着他时,他想支教是有意义的;当问及孩子们的梦想,他们告诉王维有朝一日一定通过自己的努力考入东南大学,成为和他一样优秀的志愿者时,王维坚信,支教一定是有意义的。教育的本质不是谋生,而是唤起兴趣,鼓舞精神,只有一代代支教志愿者不断地坚守与传承,才能收获累累硕果,才能让更多的孩子飞得更高,走得更远。

图 3.52　王维指导学生

在去往支教地之前,第十七届研支团内蒙古分队志愿者常成一直不明白前辈们所说"在支教这项事业上,我们都是一名传承者"这句话的意义,不明白究竟多年来的耕耘不辍在准格尔大地上发挥过什么作用。直到他接触到孩子们的内心世界,他发现孩子们的思想被周遭的环境束缚住了,读书无用论在这里根深蒂固。因此在做好教学工作的同时,常成想尽办法开展各项活动,努力培养有见识、有主见的学生。常成和队友们组织科普宣传进校园活动,为孩子打开一扇扇窗,放飞一个个梦想。结合自身专业特点,借助母校的帮助,举办结构创新模型展、建筑模型展等,让孩子们领略建筑的魅力,不少孩子甚至萌发了将来要当结构工程师的梦想。常成想,研究生支教团就应该是这样一群带着梦想与激情的团队。一届又一届的支教人,如春雨般"润物细无声",从2005年准格尔旗一中的"东南大学希望班"到2014年开始的"蒲公英圆梦计划",再到暑假的准格尔旗"至善科技"夏令营,传递的是科技兴邦、大胆创新的探索精神,传递的是东大人百余年来脚踏实地的实干精神。这一年的青春,经得起时间的推敲,更配得上时间的沉淀。对于常成而言,已经足够美好。

图 3.53　常成正在上课

当第十八届研支团新疆分队志愿者张少卿平常地喊了一句"上课"的时候，40多个孩子齐刷刷地站起来，大声地向他喊道："老师好！"站在讲台上的张少卿一下愣住了。第一次，他真正感到了人民教师肩上的那份责任、那种分量。作为一名青年志愿者，张少卿认为："我们并不想做什么大事儿，能找到一个适合自己的服务岗位，发挥自己的力量，其实就是我们的初衷和愿望。"这种被需要、被支持的感觉，就像冬日里的阳光一样温暖而又充满力量，这也是像张少卿这样的志愿者最大的幸福。列车沿路的风景不会总是壮阔，日子也不是每天都有激动人心的时刻。张少卿和队友们走上了教学工作的正轨，也过上了平平淡淡的人民教师的生活。他们每天都在重复着日常的工作，每天却都会和学生们有新的故事，这种波澜不惊的生活让他们感到踏实。因为他们深知教育其实也正是靠着千千万万人民教师平凡的工作在一点点进步。润物无声，静水

图 3.54　张少卿和学生们

流深。张少卿说:"我们相信,西行的列车不会停下,一批又一批的志愿者会接过我们手中的火炬,继续传递这份青春的力量。我也相信,很多年后,祖国西部的教育一定会有更大的改变。而这历史的长河里,有你,有我,有我们青春的印记。"

总有人问第二十届研支团江西分队志愿者胡辰璐:"你为什么要去支教?"她说:"其实,当我们把支教从精致的利己主义下剥离,它的意义自然就呈现出来了。支教的生活就像一杯清茶,没有华丽的色泽和醇厚的味道,淡淡的清香却让人回味无穷。支教一年,自教一生。实现很多孩子的梦想,就实现了自己的梦想,这是一件非常幸福且有成就感的事情。"生命的意义并非只存在于轰轰烈烈的大事之间,更在于平常的日子里有所思考,有所收获。但我所在,即为东大。研支团志愿者们在外始终以"嚼得菜根,做得大事"的态度激励自己,在孩子们心中埋下真善美的种子,扣好人生的第一颗扣子。这一年支教留不下的是讲台,是孩子们,是纯粹的支教生活;留下的是感情,是回忆,是平凡的故事。但胡辰璐想,东南大学研支团的支教理想永远不会变,它将由一届届的东大支教人来守护传承。

图 3.55　胡辰璐在辅导学生

"志不立,天下无可成之事,虽百工技艺,未有不本于志者。"第二十届研支团云南分队志愿者姜牧笛认为,扶贫并不是生活设施硬件升级这么简单,"贫"的是"人",改造就应该从"人"开始。于是,她努力调动孩子们的学习积极性,使他们有改变命运的奋斗劲头,从而在潜移默化中改变家乡,建设家乡。姜牧笛想,这就是支教人应当给这座小城的孩子们带来的精神营养,也是支教扶贫的目的所在。

图 3.56　姜牧笛与孩子们

在去往支教地真正地了解那些孩子们后，第二十一届研支团新疆分队志愿者于路港发现很多孩子从以前的"不能学"变成了现在的"不想学"，经济条件的改善，反而让他们失去了通过学习改变命运的动力。与此同时，于路港逐渐明白了来支教的意义：怎样让孩子们拥有学习的动力。于路港说："是他们触动我内心最柔软的地方，是他们给予我最坚强、最坚韧的精神支持和最纯真的爱。这群天真可爱的孩子，出生在祖国边陲，但他们和我们没有什么不同。他们也有自己生命的意义，他们也渴望知识，渴望走出去，渴望插上翅膀自由翱翔。我们来支教，就是为了能引导孩子们找到自己的目标，让每一个祖国的花朵快乐而富有光彩地绽放！"

图 3.57　于路港与学生交流

在共青城支教的这一年,第二十一届研支团江西分队志愿者陈静怡真正深入基层、深入教育第一线,第一次如此深刻地体验了在象牙塔中不曾见过想过的社情民情,设身处地站在孩子和家长的角度去思考,重新认识这片土地。不再过多地去纠结何谓"支教的意义"、何谓"成长"、何谓"带给他们梦想与希望",那些最初的设想,不过是陈静怡站在成人的角度想要看到的,是她急切渴求的支教的最终目标,是她对自己的选择的过分拔高与美化。回到支教的本质,是给孩子们传授扎扎实实的知识,不因为自己的经验不足而让他们感到遗憾;是每一天的相处和陪伴,是将心比心、以心换心。发现不同、承认不同、认可不同,也正是这些不同,成为陈静怡来到这里的原因。

图 3.58 陈静怡在进行教案学习

都说西部和基层是青年人的锤炼场,面对这个全新的挑战,第二十三届研支团云南分队志愿者张恒和队友们共同立誓,要用这一年,在南华大展一番拳脚。但当他们真正了解了所要服务的学校之后,一股莫名的压力感油然而生。南华民族中学,是南华县最好的初级中学,即使在地市范围内也具有强大的影响力。且南华县是东南大学定点帮扶县,母校在身后给予他们的底气,也让他们肩头上的责任更重了一分。他们会在走下讲台后转身扎进田间地头,走访调研南华的产业发展情况;走进南华县最远乡镇——兔街,并为那儿的半坡绿茶打一次广告;借着东大的百廿华诞,向校友们推送南华产业信息,为彝绣展览亮相东大做好铺垫。这一年,张恒和队友们把对孩子们的爱,也寄托在了这片土地上。东大人的身份,让他们不再只是一名普通教师,而是一群真正为祖国中西部的乡村振兴发展流过血汗奉献过青春的年轻人。

图 3.59　张恒进行演讲

四、助力一流领军人才培养

岁月不居，时间如流，一年的支教时光匆匆。比起付出，支教人认为这一年更多是收获。"镜以淬而日明，钢以炼而益坚"。在支教生活中遇到的各种困难磨砺了研究生支教团志愿者们的意志与品性。二十年来，东南大学研究生支教团已成为东南大学一流领军人才培养的平台，涌现出如"全国优秀共青团员"白桦，"江苏省优秀共产党员"李波，"中国大学生自强之星标兵"许德旺，"中国青年志愿者优秀个人"陶涛，"江苏省优秀志愿者"苏玮，"江苏省优秀志愿者"尹浩浩，"江苏省十佳青年志愿者""江苏省学雷锋典型"聂文伟，"全国优秀共青团员""中国大学生自强之星"于路港，"全国抗击新冠疫情青年志愿服务先进个人""中国大学生自强之星"陈佳龙，"江苏省十佳青年志愿者"王敏等优秀榜样，他们影响着一批又一批东大学子加入志愿服务的洪流。

白桦，东南大学第七届研究生支教团团长，服务于内蒙古准格尔旗第一中学。白桦于2006年被评为"鄂尔多斯市级优秀志愿者"，曾获评2008年度"全国优秀共青团员"、2011年"江苏省大学生年度人物"等称号，曾赴北京参加纪念五四运动90周年暨五四表彰大会，并作为全国唯一的学生代表向中央领导汇报工作。支教期间，白桦曾多次利用休息时间，先后联系了十个团支部和个体，对十个品学兼优的贫困学生进行"点对点"的长期资助。为了加强支教团队间的沟通与交流，在他的倡议和组织下，首创"希望之星"班，与在内蒙古鄂尔多斯市内支教的其他高校支教团建立了全国首个支教联盟，并取得了良好的效果。他还以交通学院JOIN话剧团为依托，根据他本人西部支教的经历，创作了小品《选择》，在江苏省第一届大学生艺术展演活动戏剧小品比赛中荣获二等奖。回校后，他组织东南大学茅以升班同学在全院及全校范围内发起了"爱·春蕾"关注西部留守女童的活动，让更多的师生了解到西部留守女童的教育情况，让更多人参与到资助女童教育的活动中来。2009年8月，白桦随东南大学"茅以升爱心实践团"远赴甘肃天水，寻访留守女童，关心她们的教育状况，并结合支教经验提出宝贵建议，为女童做力所能及的事情。他策划建立了东南大学30个团支部与甘肃省天水市秦安县王尹乡30名初一留守女童"一对一"的帮扶平台，撰写相关调研报告及论文，为全校性的"爱·春蕾"活动的开展奠定了基础。由他参与策划的一系列爱心活动在东南大学陆续开展，在全校范围内掀起了一股又一股爱的热潮。

图 3.60 白桦

翟人伟，东南大学第九届研究生支教团内蒙古分队成员，服务于内蒙古准格尔旗第九中学。在校期间，曾任东南大学研究生会主席。作为准格尔旗第九中学迎来的东南大学第一位研支团志愿者，翟大伟带两个班的物理课，他对工作非常认真，经常加班到很晚。然而，翟大伟对生活的要求很低，几乎所有的时间都用来学习和工作，因此，他带的两个班的物理成绩也都非常好。他说："我有三百多个孩子，哪怕每天只有一个孩子带给我惊喜，这些快乐都是享之不尽的。"在支教团去之前，九中老师很少使用电教设备，多媒体教室形同虚设。后来在翟大伟的影响下，这些设备渐渐有了用武之地，也为学生的课堂学习增添了不少乐趣。翟大伟还在学校举办了很多活动，丰富了校园文化，如物理竞赛、首届科技创新大赛、首届校园文化艺术节等等，得到了同学们的热烈响应，并取得了很大成功。在之后的几年，这些活动都得到了很好的延续，而且越来越丰富多彩。毕业后，翟大伟常常会回到九中看望孩子们，教过的学生会排成长长的队伍夹道欢迎。"其实，我们都是带着一颗奉献的心去服务的，但是，相比付出，我们得到的更多。"如今已经投身工作岗位的翟大伟仍然认为，教书让他得到了较为全面的锻炼，最重要的是，让他对生活有了更深入的了解，变得更加的自信从容。

图 3.61　翟大伟

熊鑫，东南大学第十届研究生支教团团长，服务于内蒙古准格尔旗第一中学。在校期间曾担任东南大学研究生会副主席，曾获"2012年江苏省三好学生"等荣誉。熊老师教授的是高中英语，孩子们对枯燥的词汇和语法不感兴趣，他就想方设法把知识点和他们感兴趣的事件、人物结合起来讲。孩子们听得进去了，他教起来也轻松了。熊鑫还会用孩子们熟悉的《士兵突击》里的话安慰他们——"不抛弃，不放弃"。于是，接下来的考试他们一次比一次进步。除了教学，熊鑫还负责一中团委的相关工作，主要是组织学生活动。一年里，他先后组织策划了校园主持人大赛、校园十佳歌手大赛、英文演讲比赛、拔河比赛、黑板报手抄报大赛、才艺表演、雷锋月活动、第二届"东南大学希望之星班"开班仪式等一系列活动。各项活动深受学生欢迎，他们积极参与，展示自我，释放青春活力，熊老师和孩子们也走得更近了。

图 3.62　熊鑫

李波，东南大学第十一届研究生支教团江西分队成员，服务于江西共青城西湖小学。在校期间曾担任东南大学校团委实践部、志愿工作部副部长，法学院团委副书记等。曾获"共青城先进青年""东南大学优秀共产党员""江苏省优秀大学生共产党员"等称号。李波在西湖小学任教期间以"疯狂"著称，除了每天早上早早到教室看着孩子们早读外，每天中午还提前半小时到教室为学生或听写词语或读记英语，自己批改作业也比任何老师都勤快。一分耕耘一分收获，正是有了平时的辛苦，才有了最后的丰收。第一学期期末考试孩子们就摆脱了戴了三年的倒数第一的帽子，第二学期排名已经到了年级第三，更喜人的是不及格人数降到了史无前例的 2 人。学生家长给李波发短信，说："李老师，你真是孩子们的救星，不光救了他们的成绩，更是救了他们的人生，让他们这么小就已经懂得了这么深刻的道理，而且是通过自己的努力去明白的。"李波谦虚地自认没有这么伟大，他说，他只是做了一件对得起自己的事。

图 3.63　李波

至善西行 廿念不忘

许德旺，东南大学第十四届研究生支教团内蒙古分队队长，服务于内蒙古准格尔旗第九中学。曾任东南大学研究生会主席、东南大学土木工程学院研究生会主席、南京青奥会东南大学管理团队负责人。曾获"2014年度中国大学生自强之星标兵"（全国仅10人）"江苏省百名好青年""江苏省优秀共产党员""江苏省优秀学生干部""江苏十佳青年志愿者"等荣誉称号。2012年8月3日，许德旺来到准格尔旗支教，将对学生的爱播撒在广袤的西北大地上，成为深受支教地学生欢迎的"旺旺老师"。为了配合学校的多媒体工程，许德旺在8个月里完成了生物七年级上下册总共40个课时的课件，单单生物教学资料这一个文件夹就有6.35个GB；手写教案两本，电子教案122页……支教结束时，许德旺又将一年的教学资料汇编成书，将电子资料刻录成光盘，供后来的生物老师使用。他还将自己的教学成果以及一年来生活的点点滴滴，凝结成了一本小书——《青春飞扬的一年》，共120余页，每一页都珍藏着一份美好的回忆。他将它放在每个班的图书角，供孩子们翻阅。2014年夏天，许德旺成为第二届夏季青年奥林匹克运动会志愿者，担任东南大学青奥管理团队的负责人，并因为卓越的表现被誉为"志愿者的二次方"，被大赛组委会授予"青奥会明星志愿者""行政精英"等称号。在科研学术方面，许德旺也有不俗表现。许德旺曾写下这样的话语："东大的校训是'止于至善'，'至善'虽然是一个永远无法到达的彼岸，但无论是在学业上，还是在学生工作上，我都会克服一切困难，朝着'至善'的方向努力。"

图 3.64　许德旺

陶涛，东南大学第十四届研究生支教团江西分队成员，服务于江西共青城西湖小学。曾担任东南大学交通学院学生会主席。2014年参与南京青奥会志愿服务工作，担任东南大学志愿团队队长，并作为火炬手参与青奥会实体火炬传递，获评"江苏最美青奥志愿者"称号。2015年获得"江苏省大学生年度人物"称号，2016年获得"中国青年志愿者优秀个人奖"荣誉。用所学回馈社会是陶涛志愿服务的另一种形式。本科时期，他所负责的项目获得了全国交通科技大赛二等奖。研究生期间，他作为负责人带领团队完成了一系列研究课题，为社会解决了交通领域的诸多难题。支教期间，陶涛积极联系母校东南大学，为西湖小学的孩子们设立了"爱心图书室"，他每周末都会组织支教队员们去当地的儿童福利院，辅导孩子们功课。在陶涛的努力下，这两个活动成为东大支教团长期开展的品牌活动，前后帮扶的学生人数超过千人。因支教期间的出色表现，陶涛被评为"江苏省优秀青年志愿者"。青奥会期间，陶涛先后作为尼日利亚和卢旺达代表团的NOC（National Olympic Committee，国家奥林匹克委员会）随团助理，帮助教练查阅各种信息，担任翻译，陪同运动员到场馆比赛，陪同官员参加会议，带着代表团游览南京等。由于他在青奥会上的突出表现，被评为"NOC助理之星""行政精英"，并因此被评为"江苏最美人物"。江苏电视台等数十家媒体多次报道了他的先进事迹，将他称为"最亮丽的青春名片"。

图3.65　陶涛

至善西行 廿念不忘

王维，东南大学第十五届研究生支教团内蒙古分队成员，服务于内蒙古准格尔旗第九中学。2014年，王维荣获内蒙古准格尔旗"五四青年奖章"，成为当年准格尔旗16名获奖者中唯一的非准格尔旗青年，也是东南大学首位在准格尔旗获此殊荣的研究生支教团成员。在九中支教的一年期间，王维完成了90多个课时的地理授课，制作了初一地理全套PPT，也为孩子们留下了40多页自己总结的地理知识点题集，分发到每个人手中。此外，他的课堂上还设立周考制度，方便学生们查漏补缺。虽然烦琐的工作会占用大量的休息时间，但他却乐此不疲，只希望不让一年的时光留下任何的遗憾。终于功夫不负有心人，第一次期中考试他的班级地理成绩包揽年级前6名，均分达85分以上，一个非师范专业毕业的支教老师能够在短暂的时间内将班级成绩提升到如此的高度，这在当时的教研组引起了不小的轰动。2014年7月14日，时隔一年，"蒲公英圆梦计划"再次在东大拉开帷幕。王维和内蒙古分队的队友们共带领28名准格尔旗贫困学子踏上追梦的征程。对于孩子们而言，南京的一切充满着新奇与未知，第一次离开家乡，第一次乘坐火车，第一次走进大学的校园，第一次聆听大师的讲座，第一次在集体中衡量自身的价值。看到他们在活动中收获友谊、重拾快乐，一年的耕耘成果让王维无比欣慰。

图 3.66 王维

尹浩浩，东南大学第十六届研究生支教团内蒙古分队成员，服务于内蒙古准格尔旗第三中学。曾获得"东南大学优秀共青团干部""东南大学优秀研究生干部""江苏省优秀青年志愿者""东南大学优秀研究生共产党员"等多项荣誉称号。尹浩浩是东大研支团派往准格尔旗第三中学的第一批支教老师。他努力促成至善科技夏令营在三中成功开营,让东南大学的校歌第一次在三中报告厅回响,让东南大学英文名简称 SEU 的 Logo 图案第一次呈现在库布奇沙漠中。除此之外,尹浩浩发现这里的学生除了学习,很少有机会接触到人文与思想的碰撞。于是,他和队友们创立了"新视界讲坛"。他希望站在这个讲坛上的人给台下的学子带去一抹新的视界,告诉他们在薛家湾这个安逸的小镇外面还有更广阔的天地,告诉他们除了内蒙古的大学之外,还有更多更优秀的大学,告诉他们除了学习,还要有兼济天下的胸怀。

图 3.67　尹浩浩

杨雪晴,东南大学第十七届研究生支教团江西分队成员,服务于江西共青城西湖小学。作为国家一级乒乓球运动员,她于西湖小学支教期间创立了西湖小学校乒乓球队,实现了共青城市青少年乒乓球队零的突破。校乒乓球队成立后的短短两年时间里,曾获得九江市团体亚军、江西省团体季军。从东南大学交通学院研究生毕业后,心系着这群孩子们的她重新返回了当年的支教地,进入南昌大学共青学院工程系任教,创立了"雪晴乒乓球俱乐部"。从最初的"西湖小学乒乓球校队"到如今共青城唯一的青少年乒乓球训练营——"雪晴乒乓球俱乐部",由特长爱好到个人事业,从南京到共青城,从汗如雨下到热泪盈眶,她将人生中最美好的年华献给了共青城,献给了她最最热爱的孩子们和乒乓球运动。

图 3.68　杨雪晴

聂文伟，东南大学第十八届研究生支教团云南分队队长，服务于云南南华民族中学。他曾获"东南大学三好学生""国家励志奖学金""南京长江都市奖助学金""大学生志愿服务西部计划优秀志愿者""江苏省十佳青年志愿者""江苏省学雷锋志愿服务先进典型优秀志愿者""'正·青年'东南大学优秀研究生"等荣誉。本科期间，聂文伟曾3次担任"全国青少年高校科学营"东南大学分营志愿者，2014年成为南京青奥会通用类志愿者。从志愿者到支教老师，他从未停止奉献的脚步。支教期间，聂文伟担任初一一个班的数学和三个班的历史老师。200多名学生，每天除了陪他们上课，就是陪他们谈心，偶尔还会去生产基地劳动作业。课堂上，传授着科学文化知识，给学生们讲述外面精彩的世界。课堂后，陪着学生们一起说笑，一起看电影，或是一起在球场上欢快地奔跑、呐喊。一年的支教生涯让他邂逅了一群可爱的孩子，种下一颗颗梦想的种子。除了正常的支教工作外，聂文伟还为山区里的孩子募捐爱心物资，辅导留守儿童写作业，组织开创"彩云至南"文化体验营活动，带着南华当地的高中生深入体验了南京的高校文化和历史底蕴。

图 3.69　聂文伟

何祥平，东南大学第二十届研究生支教团团长，服务于内蒙古准格尔旗第九中学。在校期间曾担任东南大学校团委宣传部助管及中心主任、东南大学唐仲英爱心社副社长、东南大学土木工程学院研究生会主席等，曾获评东南大学优秀共青团员、优秀共青团干部、三好学生等称号。支教期间曾担任准格尔旗大学生西部计划志愿者团支部副书记，获评内蒙古自治区"大学生志愿服务西部计划优秀志愿者"、准格尔旗优秀科技辅导员。作为物理老师，何祥平是101个孩子的大家长。为了在教学上尽快成长，他一有空便端着小板凳去旁听其他老师的课，并埋在各种各样的教辅书中，反复地向当地老师们认真请教，只为备好每一节课。支教也不仅仅停留在教学，何祥平和队友还忙于学校的各种活动：主题板报评比、大合唱比赛、主题摄影展、科技创新比赛。他们运用各自的本领，尝试从未接触的领域。他说："回忆中最具分量的片段，大抵是在美妙的年华里邂逅了刻骨铭心，这段永远闪光的日子，就是我人生的黄金时代。"

图 3.70　何祥平在上课

于路港，东南大学第二十一届研究生支教团团长，服务于新疆生产建设兵团石河子市一五〇团中学。曾任东南大学团委学生（兼职）副书记、东南大学学生科学技术协会常务主席、土木工程学院科技协会主席、东南大学研究生会主席等职务。先后荣获"全国优秀共青团员""江苏省优秀共青团员""江苏省优秀学生干部""江苏省社会实践先进个人""中国大学生自强之星""江苏省大学生抗疫先进个人""新疆生产建设兵团大学生暑期社会实践优秀个人""阿克苏诺贝尔中国大学生社会公益奖铜奖""中国西部计划优秀志愿者"等30余项荣誉。"但行善事，莫问前程"，这是于路港初入大学时写下的座右铭。大学期间，于路港参加了近百场志愿活动，既有敬老院慰问活动，也有地铁站引导服务，他还利用寒暑假数次前往祖国中西部地区开展志愿服务，在云南南华县、内蒙古准格尔旗组织开展暑期夏令营，开设科创实践类课程30余门，受惠学生近300人。加入研究生支教团后，于路港担任一五〇团中学七年级三班数学老师，在教学过程中，他采取设置学习组别、设立优生帮扶、制定进步奖励等多种教学方法，因材施教，学生成绩逐渐提升，期中、期末考试班级平均分都位列年级第一。他的教学能力也稳步提升，获得说课评比二等奖、年度优秀教师等荣誉。教学之余，于路港不忘志愿者的初心，他与分队成员在传承无线梦想夏令营、圆梦行动、温暖包计划等品牌的基础上，积极创新活动形式，开创了寄雁传心、英语配音大赛、未成年人普法教育、寻访军垦故事等新活动，取得良好效果。2020年，面对突如其来的新冠肺炎疫情，他筹划召集东南大学志愿者们开展"与抗疫一线医务人员家庭手拉手专项志愿服务"，于路港筹备了41个课件、12个编程作品、37个视频，手把手为孩子们开展语文作文、知识科普、Scratch少儿编程等辅导。他说："严峻疫情形势下这场跨越山海的连线，也让自己更加坚定地站在医护人员的身后，承担起当代青年义不容辞的责任。"

图3.71　于路港

陈佳龙，东南大学第二十二届研究生支教团团长，服务于云南南华思源实验学校。曾任东南大学团委学生（兼职）副书记、东南大学学生会主席、第三届校长学生事务特别助理、东南大学研究生会主席。荣获过"中国大学生自强之星""江苏省优秀共青团员""江苏省社会实践十佳使者"等荣誉。担任校学生会主席期间,陈佳龙组织数十次校级大型活动,大力推进组织改革,成果被《中国青年报》头版、共青团中央、中华全国学生联合会报道。担任校长学生事务特别助理时,陈佳龙通过这一平台,按照建言献策、搭建桥梁、协助落实的履职要求,充分发挥好"智库"作用,为东大贡献出自己的一份力量。2020年,在抗击疫情关键时期,他对接抗疫驰援医务人员子女开展课业辅导和关爱陪护近30次,组织团队打造精品课程10余门,制作教案课件近200份,建立教学视频资源近100个、音频80余份。支教期间,陈佳龙担任南华县思源实验学校三年级一班的数学、英语、科学、体育、音乐的教学。在此期间,他创造出了"三三制逐个突破""双规制分层教学"等原创教学模式和方法,在学校的微课制作竞赛中获一等奖,在期末考试中他所教的班级数学均分在6个班中位列第二,英语、科学高分率、优秀率、均分均为年级第一。他在教育扶贫上传承创新,组织云南分队设立"至善南华"专项奖助学金,开展红色圆梦捐助活动,一年内累计引流爱心捐赠5.5万元,他组织开创了"云上科学桥"品牌活动,为校地共建志愿服务开创新的载体。

图 3.72　陈佳龙和孩子们

第四章　品牌印记

东南大学研究生支教团在创新校地共建、服务国家战略、投身脱贫攻坚与乡村振兴的伟大事业中，形成了一系列富特色、重实际、高质量的东原品牌活动。助梦圆梦，东大研支团长期坚持开展筑梦研学活动，举办"蒲公英圆梦助学计划""爱在共青城"等活动，用实际行动传递东大温度。育人育心，东大研支团结合烈士纪念日、国家公祭日等重要时间节点，紧密围绕支教地蒙古马精神、共青精神、兵团精神等，在支教地中小学开展主题活动百余场。筑台搭桥，东大研支团充分发挥自身桥梁纽带作用，密切校地合作，先后在支教地开展"至善科技夏令营""无线梦想夏令营""筑梦彩云夏令营""拾光夏令营""云上科学桥""至善云端"等品牌活动，形成了"长期帮扶＋短期服务"的支教新模式，不仅让支教地学生开拓视野，更为东大学子在西部志愿实践中增长才能搭建平台。传递传承，东大研支团深度挖掘支教故事，举办"我的讲台我的娃——讲述支教背后的故事"等品牌活动，为研支团成员搭建了讲述支教故事的舞台，他们分享自己的基层见闻和奋斗历程，将家国情怀和大爱仁心根植于东大青年的血脉中，将支教的接力棒不断传递下去。

第一节　准格尔旗·"蒲公英圆梦助学计划"

"蒲公英圆梦助学计划"是在东南大学团委、准格尔旗教育体育局和共青团准格尔旗委员会共同支持下，由东南大学研究生支教团与东南大学自动化学院等学院志愿者合作完成的志愿服务项目，通过引进社会公益资源，凝聚青年志愿者的爱心，为西部贫困学子点亮求学之路与梦想之路。该计划选拔准格尔旗部分品学兼优、家庭困难的优秀学子，赴南京参观体验支教教师的母校——东南大学，游览南京名胜古迹，让内蒙古的孩子们感受知名学府的科技魅力与人文情怀，感知六朝古都的风雅古韵和文化遗存，在游学中开阔眼界、追寻梦想。蒲公英圆梦助学计划已经成功举办了四期，是东南大学研究生支教团影响较为深远的特色项目之一。

图 4.1 "蒲公英圆梦助学计划"合影

一、项目简介 ｜ 梦想从来不会晚

2012 年，秉持着"把青春写在祖国大地上"的信念，东南大学第十四届研究生支教团成员苏玮从南京出发，来到一千公里外的内蒙古准格尔旗，开始了一年支教之旅。学生口中一碗"驴肉碗饦"的梦想，让他意识到当地经济和教育之间的增速差距。因地处山区、环境闭塞，这里的一些孩子甚至从未想过去了解外面的世界，去探寻梦想的真正意义。于是，一颗蒲公英的种子在苏玮的心中悄然埋下，带领学生走出千沟万壑，成了他最大的心愿。2013年7月，苏玮发起了第一期"蒲公英圆梦助学计划"，他在微博上集聚社会力量，并在东南大学团委的支持下，带领5个贫困学生畅游古都南京。活动取名为"蒲公英"，是希望孩子们像蒲公英的种子一样随风飞翔，饱览祖国多姿多彩的风貌，让这次充满爱心的旅行赋予孩子们走出家乡、在广袤大地游历成长的勇气和力量，让爱与梦想之花在他们的心中绽放，希望他们未来也能成长为像蒲公英一样的人，将爱与梦想传递给身边的人。

图 4.2　带孩子们参观陈列馆与体验模拟驾驶

二、项目特色 ｜ 以爱之名，助力圆梦

蒲公英圆梦助学计划分别于2013年、2014年、2018年、2019年的暑假举行。经过四期的探索与发展，蒲公英圆梦助学计划的活动内容由原来单一的畅游古都南京演变成全方位的游学之旅，包含先进实验室近距离观摩、大学生活沉浸式体验、金陵古都多角度探索等多个内容。蒲公英圆梦助学计划一直坚持不断创新游学之旅的活动形式，提升内蒙古孩子的游学体验，同时注重活动反馈与现实反响。

一是活动筹备两手抓。一方面，东南大学研究生支教团内蒙古分队成员通过班级推荐、班主任谈话、实地家访等方式精心选拔当地学校品学兼优的贫困学子参与蒲公英圆梦助学计划。与东南大学联动，在微信平台上招募学院志愿者、整合校内资源，充分做好前期的活动筹备。另一方面，东南大学研究生支教团成员悉心完善活动方案、制定活动预算、安排活动行程，并向东南大学团委、准格尔旗教育体育局和准格尔旗团委等三方申请经费支持。

二是活动效果强保障。蒲公英圆梦助学计划充分利用东南大学各类学生兴趣社团、学院国家重点实验室、校史展览馆、学科特色竞赛活动等优质资源，基于孩子兴趣，给内蒙古孩子带来近距离、沉浸式的大学生活体验。同时，挖掘南京标志性、特色化、深内涵的旅游资源，让内蒙古孩子从多个角度认识古都南京，对南京形成立体化印象，更加坚定走出家乡、追逐梦想的信心与志向。

三是活动初心重传承。蒲公英圆梦助学计划精心设计了破冰游戏、集体生日、寄语赠书、感悟分享等特色环节，由活动创始人、东南大学第十四届研究生支教团成员苏玮向参加游学的内蒙古孩子赠书致信，勉励他们不枉此行、砥砺逐梦。破冰游戏让不同年龄、不同学校的内蒙古孩子尽快互相熟络，集体生日为游学之旅画上了圆满的句号，希望借助短暂的游学之旅，让孩子们建立起深厚的情谊，在未来的日子中也能互帮互助，共同成长。

三、项目成果｜早期播种，御风而行

2013年至今，蒲公英圆梦助学计划已成功举办四期，累计募集社会爱心捐款近30万元，共资助90余名西部学子来到南京、来到东南大学游学体验。该项目曾获得第二届全国志愿服务项目大赛银奖等荣誉。活动覆盖学校数量由最初的1所（准格尔旗第一中学）增加到5所（准格尔旗第一中学、第三中学、第九中学、民族中学和第十中学），覆盖学子数量由最初的5名增加到30名。第二期蒲公英圆梦助学计划的参与者、准格尔旗第九中学2016届毕业生闫玉娜，在2019年高考中以677分荣获内蒙古自治区文科状元。

十年来，已有包含东南大学研究生支教团志愿者在内的30余位志愿者参与到蒲公英圆梦助学计划当中，其中以苏玮、王维、华璧辰、何祥平同学为代表的东南大学研究生支教团成员在蒲公英圆梦助学计划结束之后，继续保持着对蒲公英圆梦助学计划孩子们发展的关注，充分体现了东大青年的担当。

图4.3　计划参与者们参观南京博物院

四、成员感想 | 播撒梦想的种子

◎ 东南大学第20届研支团志愿者 田植政

希望每个准格尔旗的学生的心里都能埋下一颗"走出去"的种子,并不一定是要成为北漂或者扎根长三角、珠三角,而是去大城市接触到更先进的知识和文化,获得更多的机会,极大地提升想象力,然后通过自己的成长和进步,回到家乡、建设家乡。生活不只眼前的作业、自习、跑操,在内心深处,还应该存有诗和远方。

◎ 东南大学第三期蒲公英圆梦助学计划成员 王舒祺

从这里出发,我希望我所得到的抑或是我想要收获到的,是满满的动力,是对优秀大学、优秀地区的向往,而这些向往将支撑我度过高三时光。同样,蒲公英圆梦助学计划的研学之旅将会成为我的高中生活中一道亮丽的风景线,也必将成为我的生命中一道"绚丽"的彩虹。

◎ 东南大学第三期蒲公英圆梦助学计划成员 李佳睿

当陪你的人要下车时,即使不舍,也该心存感激,然后挥手道别。我很庆幸,世界如此之大,我却能幸运地遇见一些人;我很庆幸,我有一次这样的机会,去深入地了解一个大学。希望我们能像蒲公英的种子一样,带着梦想飞向更加精彩的世界,同时也希望把这种奉献和友爱的精神传递给更多的人。大学,是一个人梦想开始的地方,这次游学,我会终生难忘。

◎ 东南大学第四期蒲公英圆梦助学计划成员 马之宝

蒲公英到底是什么?就是梦想和远方。我希望学弟学妹们,从此刻起努力学习,发愤图强。明年争取可以参加蒲公英圆梦助学计划,让自己梦想的种子飘向远方,将这颗种子培育长大,把爱心和温暖送给更多的人。送你一朵蒲公英,愿你也成为一朵蒲公英。

◎ 东南大学第四期蒲公英圆梦助学计划成员 马蓉豆

这次东大研学,我跨过网络,真实地去感受了大学生活,虽然炎热但依旧快乐且充实。能去文化底蕴这么深厚的大学中参观学习,这段经历令我终生难忘。它时刻提醒着我:我们应该力争做一个道德完善的人,追求最高境界的人,志存高远的人。

"自由行走的云,住在山间的风,落入谷底的雪,轻舞飞扬的蒲公英,你和他们一样,心是自由的。"这一段旅程结下的,是一段南京与内蒙古的情谊,是一段大学与中学的情谊。在未来,蒲公英圆梦助学计划将在更多的"小蒲公英"心中播下阳光的种子,所有支教人与志愿者们愿做他们梦想的翅膀,助他们在未来展翅翱翔,奔赴心中的诗和远方。

第二节 准格尔旗·"至善科技夏令营"

"至善科技夏令营"活动是在东南大学团委指导下,由准格尔旗教育体育局,共青团准格尔旗委员会,共青团东南大学计算机科学与工程学院、软件学院、人工智能学院委员会主办,准格尔旗各学校,东南大学计算机科学与工程学院、软件学院、人工智能学院青年志愿者协会,东南大学研究生支教团承办的志愿服务项目。该活动是东南大学与准格尔旗进一步深化合作的成果,希望通过一系列的科技活动培养一批拥有科技创新思维、兼具实践动手能力、富有积极向上心态的优秀青少年学生,同时丰富东南大学研究生支教团的课余教学形式。"至善科技夏令营"活动举办了7年,在2019年6月13日,东南大学计算机科学与工程学院、软件学院团委与准格尔旗第九中学签署合作协议,在准格尔旗第九中学建立东南大学暑期实践基地。

一、项目简介 | 点亮科技微光

为深入学习贯彻习近平新时代中国特色社会主义思想,培育和践行社会主义核心价值观,促进当代大学生了解社会、服务社会,引导和鼓励大学生到祖国最需要的地方建功立业,至善科技夏令营以东南大学"止于至善"的校训为基本价值理念,提出"智汇科技,创享未来"的口号。夏令营活动地点位于鄂尔多斯市准格尔旗,是一个从2004年开始依托煤炭等能源的开采大力发展煤炭化工产业从而促进经济快速发展的地区。然而,当地教育事业的发展,却如同周边的植树造林工作一般,任重而道远。为了拓宽青少年学生的科技视野,培养学生明辨笃实、追求真理的科学精神,同时在丰富的文化活动互动中,传播积极向上、自信博爱、深厚广博的人文情怀,2014年以来,夏令营先后

图 4.4 "至善科技夏令营"活动现场

在准格尔旗第三中学、准格尔旗第九中学开展了文学、手工、心理、科普、生态、算法、竞赛、能源、历史等十数门课程,为超过1000名中小学生带来了科技感十足的夏日活动。

二、项目特色 ｜ 以科创促发展

至善科技夏令营在关爱教育的基础上,以"科技创新"为主题,坚守由简单到复杂、从概念到实物的原则,发挥东南大学以理工科见长的特色,结合中小学生愿意动脑思考、动手实践的特点,精心设计深入浅出、形式多样的课程内容,将文化、科普等丰富内容浓缩到一周的课程中,以便适于中小学生学习;以结构力学竞赛、智能车竞赛、机器人竞赛以及SRTP项目为基础,衍生出结构力学趣味加载竞赛、多才多艺的机器人、智能车漫谈等多个形式的科技活动。至善科技夏令营助力教育扶贫,填补准格尔旗当地科技教育的缺口,为当地的文化科技创新建设提供支持,让中小学生真正入门"科技创新",养成科学的学习方式,为之后的学习打下良好的基础。

至善科技夏令营结束后,研支团成员强化科技创新素质培养,在校内创立科技创新社团,设置科技创新课程。研支团成员指导中学生制作的科技创新作品,推动了准格尔旗科技创新教育的迅速发展,准格尔旗各中学的科技创新作品在各级创新竞赛中脱颖而出,东南大学"以科学名世"的追求深入青年人的心中,孜孜不倦、严谨求实的科学精神影响着一批批青年。

图 4.5 参加夏令营的学生们

三、项目成果 ｜ 涓涓细流汇入海

至善科技夏令营活动覆盖了准格尔旗九中、准格尔旗十中、准格尔旗民中、准格尔旗三中、准格尔旗二中等学校的1000余名学生。截至目前，至善科技夏令营已获得科学网、中国青年网、内蒙古共青团、中国社会科学网、青春准格尔、准格尔报社、准格尔教育等媒体的报道，总浏览量超过20万人次。至2014年，至善科技夏令营已经拥有100余位志愿者，在夏令营结束之后，部分志愿者也完成了从夏令营成员到研究生支教团成员的转变，继续为准格尔旗的教育事业贡献东大力量。至善科技夏令营活动曾获得江苏省大中专学生志愿者暑期文化科技卫生"三下乡"社会实践活动优秀团队等荣誉。

四、成员感想｜扬起理想的风帆

◎ 东南大学2019年至善科技夏令营志愿者 孙天琪

这次活动给我印象最深刻的就是与学生相处的经历。作为副班主任，我有更多的时间可以陪伴学生，看着他们青春洋溢的笑脸，仿佛自己也回到了初中时代。与我同行的同学分别来自不同的年级，正式授课的第一天，大家与孩子相处得相对拘束，但是到了最后，心底深深埋藏的童真已经被全部激发出来。

在这一周里，至善科技夏令营团队就像是一个大家庭，每个人在各司其职的同时相互支持，也正因如此，我们结下了深厚的友谊，拥有了属于这个团队的独一无二的默契。最后一晚，我们走在路上，一起交流这几天的经历，感慨万千。走着，说着，笑着，就在这笑声中结束了。

◎ 东南大学2019年至善科技夏令营志愿者 黄开鸿

夏令营带给了我什么？或许是准格尔旗7日游，吃遍了准格尔旗的美食，走遍了准格尔旗的大街小巷，看遍了内蒙古的草原与山峰；或许是遇见的一群可敬的老师们和一群可爱的孩子们。我常常在班会上说："知道大家一开学就会忘了我们，也很难记住讲过的课，但希望这七天能带给大家的不只是知识，更是埋在心中的一粒种子。"对于我自己又何尝不是这样。说到底，夏令营只是一段七天的经历，马上就会被正常生活节奏淹没在记忆的深处。但每一次当我站上讲台，被人称作老师时，我真的感受到，身上多了些什么，又少了些什么。或许，我的一部分已经留在了内蒙古，占据着那些稚嫩心灵的一角，等待着有一天我去取回来。

◎ 东南大学2019年至善科技夏令营志愿者 王文虞

在和准格尔旗教育者交流的过程中，我看到了他们对于支教团乃至整个东南大学的信任，这样良好的关系是建立在前辈努力的基础上的。我们希望，我们所带过去的，除了先进的思想和技术，还有对于孩子们人生方向的引导，告诉他们人生有很多种可能，

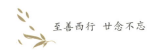

而他们有无限的潜力让自己拥有灿烂的未来。从感情层面来讲，支教结束后，我们很荣幸能成为孩子们的树洞，他们有开心或者难过的事，都会和我们分享，称呼从老师变成了哥哥姐姐，身份从陌生人变成了朋友。孩子们的反馈对于我们来说至关重要。

能为内蒙古准格尔旗的教育事业添砖加瓦，是我的荣幸。单单凭借我们几个人的力量，是不可能完全填补教育缺口的，依然有很多的孩子无法接触先进的思想和技术，但我们可以号召更多的志愿者老师来到这里，贡献自己的力量。在这样的一方热土上贡献自己的青春，是一件何等值得骄傲的事！

◎ 2020 线上至善科技夏令营志愿者 张心睿

从大一刚入学时听了"我的讲台我的娃"的讲座开始，我就一直对支教怀着深深的向往，研究生支教团的学长学姐们讲述的支教故事，总是深深地打动我，我一直希望能够有机会像学长学姐一样，去到学生们需要的地方，为孩子们传授更多的知识与技能。受疫情影响，今年没能到内蒙古准格尔旗去和孩子们线下交流，但这并没有浇灭我对此次夏令营活动的热情。线上夏令营对于授课来讲，是挑战，同样也是充分利用线上资源的机遇。一遍遍的试讲、磨课、修改，虽然累，但一想到这堂课可能会让一个内蒙古准格尔旗的孩子成为未来人工智能领域的科学家，我就充满了斗志。如今，视频已经传递到了内蒙古准格尔旗孩子们的手中，我期待着这些视频能为他们带来有益的影响。同时，我也很期待在未来的某一天，能够有机会亲自到内蒙古准格尔旗，见一见那些曾经只能隔着电脑屏幕见面的孩子们。

第三节　石河子·"梦想夏令营"

"东南大学—石河子梦想夏令营"是在东南大学团委指导下，由东南大学信息科学与工程学院团委与东南大学研究生支教团深度合作的志愿服务项目。夏令营及其他志愿服务项目由梦想支教团主要实施，支教团希望通过一届又一届队员们的努力，引导当地孩子树立远大理想，传承并弘扬优秀的文化，承担责任和使命，真正成为祖国的希望与未来。梦想支教团已与东南大学研究生支教团相伴了 10 年之久。

图 4.6　参加"梦想夏令营"成员合影

一、项目简介｜携手筑梦　砥砺前行

"携手筑梦，砥砺前行"是梦想支教团的口号。自 2012 年组建以来，梦想支教团先后来到贵州平坝齐伯乡小学、关口民族小学，陕西延安文安驿小学、新疆石河子一五〇团中学，将趣味与欢乐带给了超过 3000 个孩子。在新疆石河子一五〇团，支教学校位于边疆地区，教育资源匮乏。为了有效开拓边疆孩子的眼界，培养边疆学生的综合素质，同时给留守儿童送温暖，解决偏远地区落后的教育、文化、科技问题，梦想支教团共计开展文学、绘画、舞蹈、音乐、国学、手工、实验、航空、科普、历史、体育、播音等数十门课程，累计服务时长达数万小时。

图 4.7　学生参加"梦想夏令营"的活动

二、项目特色｜创新模式，不断优化

梦想支教团不断创新支教服务新模式：暑期，梦想支教团开展短期夏令营；正常上课期间，梦想支教团联合东南大学研究生支教团在服务地开展梦想微课堂、"红五月"

线上云团课等活动。梦想微课堂利用线上视频平台的优势，以支教团成员们进行短课、创意拍摄的形式，将知识浓缩在十几分钟之内，学生足不出户就可以享受丰富课程带来的体验；"红五月"线上云团课以线上方式给孩子们带来形式多样的党史学习教育主题团课，将东南大学优质的红色教育资源传递给边疆的孩子们，助力国家教育扶贫，让边疆孩子们感受到建党百年来新中国的变化，为祖国西部大开发战略贡献东大青年的绵薄之力。

梦想支教团深入打造梦想课程，优化志愿服务内容。课程设置基于学生兴趣，以国学、专业实验、素质拓展等内容开阔学生们的视野，提升学生们的文化修养，拓宽青少年学生的知识体系，发散学生的创新思维，着力培养学生严谨求实、追求真理的科学精神，与当地的教学安排相辅相成。

图 4.8　学生参加"梦想夏令营"的课程

三、项目成果｜循梦而行，向阳而生

自成立以来，梦想支教团已入选中国科协 STEM（Science, Technology, Engineering, Mathematics）教育计划，荣获共青团中央大中专学生"三下乡"暑期社会实践"千校千项"优秀团队案例、团中央"七彩假期"志愿服务全国示范团队、"为爱上色"中国大学生农村支教奖、全国远洋之帆一等奖、江苏省大中专学生暑期"三下乡"社会实践活动先进团队等三十余项奖项。截至目前，梦想支教团已获得《人民日报》《中国青年报》《新华日报》、团中央中青网、"三下乡"官网、大学生"知行计划"、当代大学生在线、凤凰网、中国青年志愿者协会、团学苏刊等平台的报道，总浏览量达 100 多万人次。

四、成员感想 ｜ 用爱耕耘，逐梦远方

◎ 东南大学第 8 届梦想支教团志愿者 上官圣垚

看着镜头下的绿色一点点变淡，平原拔出高山，长江流成天山山脉，终于定格在了石河子市一五〇团中学孩子们的笑脸上，这是我为孩子们拍的第一张照片。我和其他的老师一样，也想用自己的特长教会孩子们一些有趣的技能，于是我开设了手机摄影课程，希望他们去发现和记录生活中的美。结课时，我把孩子们拍摄的照片做成了签名墙，看到他们拍摄出的优秀作品，我觉得我做到了。

离别的大巴发动时，孩子们在车旁迈开飞奔的脚步，我再也控制不住自己的眼泪。我知道，我们真的分别了。我把相机举到窗口，按下了最后一次快门，想永远留住和孩子们在一起的最后一刻。我知道镜头下的故事到这里已经结束了，但属于我们的故事才刚刚开始，路还很长，我真诚祝愿每一个孩子的未来，桥都坚固，隧道都光明。

心栖梦归处，不负韶华年。梦想支教团和研支团一直坚持长短结合的支教模式，持续创新支教服务新方法，在暑期，由梦想支教团开展短期夏令营，正常上课期间，由东南大学研究生支教团在服务地继续支教，传递爱与梦想。在未来的征途上，东南大学研究生支教团将继续和梦想支教团携手同行，一路追寻星辰，一路播撒我们最深沉的爱意。

第四节 共青城·"爱在共青城"

自 2009 年起，东南大学研究生支教团在共青城西湖小学已走过第 13 个年头，每一届支教队员都把自己最美好的青春记忆留在了共青城，在共青精神的激励下继续在这片红土地上挥洒青春汗水，新老传承，以身心参与着、感受着这里历史性的变化，为共青城的发展注入青春热情。同时，也正是薪火相传的江西研支团提供的紧密纽带，让东大学子有机会走进这座城市，与共青城结下越来越深的渊源。

图 4.9 江西研支团支教回访照片

一、项目简介 | 爱心帮扶，情真意切

"情系至善子，爱在共青城"是东南大学土木工程学院研究生会于 2012 年起针对东南大学研究生支教团支教地共青城西湖小学开展的爱心公益活动，在东南大学团委、土木工程学院等部门的指导和帮助下，在共青城团市委、西湖小学和历届研支团成员的大力协助下，至今已连续开展十余年。它带给西湖小学一代代学生无数的欢乐和激励，也绘制了东大一代代支教人在共青城的奋斗长卷；它给西湖小学的学生种下了希望的种子，也留下了东大支教人在共青城拼搏的痕迹。

东南大学研究生支教团江西分队以该活动为载体，发挥引领作用，为品牌活动注入青春活力，打造形式多样、影响深远的志愿服务平台，吸引更多东大学子发挥青年能动性，延展公益志愿活动内涵与创造力，在志愿行动中勇担时代责任，让公益洋溢青春风采。

◎ 爱心义卖，点亮梦想

习近平总书记在给"郭明义爱心团队"的回信中写道："雷锋精神，人人可学；奉献爱心，处处可为。积小善为大善，善莫大焉。当有人需要帮助时，大家搭把手、出份力，社会将变得更加美好。"为了让更多东大人加入共青城活动中，将爱心传递给需要帮助的小朋友，东南大学研究生支教团江西分队每年联合土木工程学院研究生会、东大纪念品商店，在东南大学四牌楼校区和九龙湖校区组织开展爱心义卖活动，将全部义卖所得用于西湖小学教育事业的发展。"支教十年，爱在共青"，每年爱心义卖累计参与人数达千人，善款累计高达万元，随着互联网热度走高，活动影响力也日益提升。无论是学生、老师还是社会人士，都对此给予了高度的肯定与支持。东大人不断用行动践行和弘扬新时代中国特色社会主义核心价值观，为创建更加美好的社会，贡献自己的爱心力量。

图 4.10 爱心义卖活动照片

◎ 团支部结对帮扶

为了让更多的东大学子加入践行和弘扬社会主义核心价值观的队伍中，每年共青城支教回访活动前夕，东南大学研究生支教团会协助开展团支部结对帮扶活动，每一个东大团支部将与共青城西湖小学的一个班级结对，进行日常帮扶。每年活动中，各团支部的同学们都会以明信片的形式，手写对共青城小朋友的期许与关怀，将有限朴实的语言化为道不尽的关心和牵挂。除此之外，支部成员也以爱心募捐、物资捐赠的形式改善帮扶班级的学习条件，提供有力的物质支持。爱在共青城活动开展十年来，越来越多的团支部加入帮扶的队伍中，截至目前，参与活动支部数突破了 100 个，帮扶累计参与人数达万人。作为新时代的优秀大学生，东大学子在帮扶活动中努力发挥榜样的力量，鼓励共青城的小朋友不懈奋斗。

图 4.11 共青城的孩子收到捐赠的物资以及明信片

◎ 集善之家

"集善之家"是在东南大学团委、共青城西湖小学的指导支持下，由东南大学研究生支教团面向一至六年级在校精准帮扶学生开展的一项特色品牌活动。"集善之家"旨

在提供让孩子们展现想象力、创造力、合作能力的开放空间，从而培养他们的学习兴趣以及解决问题的能力。在历届支教回访活动中，东大学子为集善之家的留守孩子们捐赠了铅笔、橡皮、卷笔刀、笔记本及文具袋等文具，并颁发了一定数额的奖助学金，助力孩子们的成长。年复一年，一届届江西分队的支教队员们在集善之家完成爱心接力。每一学年，支教队员都在集善之家开展20余次特色课程，极大地丰富了孩子们的学习生活，提高了孩子们的求知欲、想象力和动手能力。"集善之家"不仅是一个教室、一个活动，更是孩子们梦想起航的地方。

图 4.12 "集善之家"活动合影

◎ 温情手牵手，共育至善子

2016年11月18日下午，东南大学研究生支教团的同学们与共青城团市委、共青城西湖小学校领导以及东南大学师生代表参加了共青城西湖小学"至善班"揭牌仪式及爱心助学金和教学物资的捐赠仪式。西湖小学朱德荣校长、熊南生副校长，东南大学人文学院党委书记李涛老师和研支团代表共同为"至善班"揭牌。"至善班"由东南大学团委和西湖小学共同发起、由东南大学第十八届研究生支教团成员具体落实并成立，以"豫章华冠，止于至善"为班训，旨在鼓励学生刻苦学习，奋发图强。

图 4.13 "至善班"揭牌成立

二、项目特色 | 深化思想引领，夯实信仰力量

共青城的故事是鲜活的理想奋斗史，秉承"坚韧不拔、艰苦创业、崇尚科学、开拓奋进"的共青精神，60 多年来几代共青城新老建设者们接续奋斗，见证了一座城市翻天覆地的变化。共青精神不仅激发东大学子的社会责任感，同时也使其在实践中正确定位自身，树立崇高的理想，并能够为之不懈奋斗。

三、项目成果 | 帮扶见成果，爱心筑善基

十年间，"爱在共青城"活动通过举办爱心助学募捐、爱心义卖等多种形式筹集资金，先后设立东南大学土木逐梦奖学金、东南大学土木爱心公益基金、爱心助学金、阳光体育基金等不同类别的奖助学金，数额累计超过 10 万元，帮助激励 200 余名西湖学子努力学习，全面发展；团支部结对帮扶活动采用募集善款、捐助物资、明信片通信等方式实现精准帮扶，十年间帮扶班级达到 100 余个，参与人数近万人。这些活动内容丰富，影响深远，先后被中新网、江苏网、《共青城报》《金陵晚报》《东方卫报》《现代快报》等诸多媒体报道。

图 4.14　第十届"爱在共青城"支教回访特别活动合影

爱在共青，十年相伴，这一活动持续为东大学子与共青城西湖小学的孩子们架起沟通交流、友好互助的桥梁，帮助西湖小学的孩子们树立成长成才的理想信念，引导孩子们将东南大学的"止于至善"精神铭记于心，为共青城教育事业发展积极贡献东大力量。

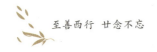
至善西行 廿念不忘

四、成员感想 | 播种爱心，收获希望

◎ 东南大学土木工程学院志愿者 张锡成

我们在回访中以东南大学120周年校庆与风筝为主线，为西湖小学"至善班"学子带来了一堂"张开梦的翅膀"公开课。生活明朗，万物可爱，看着西湖小学孩子们求知的眼神和快乐的笑容，我觉得我们所付出的一切努力都是值得的。从他们的欢声笑语中，我再次深刻认识到举办"爱在共青城"的意义，也找到了继续前进的动力和方向。前途似海，来日方长，明年我们再会。

◎ 东南大学土木工程学院志愿者 尹乐

少年强则国强，少年儿童是祖国的花朵，是民族的希望、国家的未来。因此我们支部开展了"情系共青城子，助力强国之梦"的主题志愿活动。2021年10月，寄往江西的43份明信片将我们团支部与共青城小学的304支部紧紧联系在一起，文字里承载着的是道不尽的人文关怀和殷切期许。在与研支团江西分队深入沟通、了解班级需求后，团支部成员募集善款、捐助物资，活动结束后还建立了与304支部的长期帮扶机制，定期线上线下回访，力争将帮扶常态化、精准化，给予孩子们最贴心的指导。

我体会到了奉献比索取更快乐的含义。当看到共青城的小朋友们单纯善良的面庞时，看到他们在全情投入做游戏时，无法不被这样的真心所打动。感谢"爱在共青城"帮扶活动，让我们与一群可爱的小朋友相遇，带给我内心纯真的触动。他们本是天使，各自有一颗温柔善良的心，他们用心与世界相处，感受世界，热爱世界，他们温柔美好，也是我们的老师。

◎ 共青城西湖小学"至善班"优秀学生代表 查启卓

与东南大学支教老师们相处的时间虽然很短暂，但对我们的童年来说却是浓墨重彩的一笔。研支团的老师们在西湖小学洒下辛勤的汗水，奉献无私的爱心。"随风潜入夜，润物细无声"，在支教老师无私奉献精神的感染下，我们纯真幼小的心灵中也播下了爱的种子。在一代代支教老师的影响下，现在我们班上很多同学都有了考上东南大学的梦想。

"爱在共青，情暖东南"。每一年都有来自东南大学的哥哥姐姐们为我们带来远方的关心与爱护，与我们在西湖小学留下欢乐美好的回忆。虽然不到半年我们就要毕业离开学校了，但我相信，东南大学的哥哥姐姐们勤奋、积极、自信、阳光的品质将陪伴我们继续成长，激励我们奋发向上。我们也将始终铭记"豫章华冠，止于至善"的"至善班"训，在今后的求学路上努力学习、超越自我！

第五节 南华·"至善科技夏令营"

"东南大学—南华县至善科技夏令营"是一项由东南大学和云南省南华县深度合作、以教育为主题的公益社会实践。活动旨在培养南华青少年的科技创新精神,通过亲身感受、实践和体验,在夏令营活动中掌握科技实践的基本方法和技能,激发营员的学习热情,增强团队合作精神,让营员探寻科学奥秘,领略科技之美。自2015年暑期开营以来,先后由东南大学机械工程学院、能源与环境学院、土木工程学院、电子科学与工程学院、物理学院、人文学院、化学化工学院等学院参与承办,至今已连续举办八届。

图 4.15 "至善科技夏令营"合照

一、项目简介 | 牵手彩云,筑梦南华

2015年7月,由东南大学与云南省楚雄彝族自治州南华县当地政府、团委深度合作的"至善科技夏令营"正式开营。自此,来自东南大学多个学院的老师同学们赓续接力,每年暑期定期前往南华县,先后在南华县第一中学、民族中学、思源实验学校等当地中小学开展暑期科技夏令营,与当地中小学生共赴一场"科技文化之约"。夏令营以"科技"为核心,结合各学院专业特长与特色,通过教授讲座、动手实践、素质拓展等多种形式带领当地学子全方位感受科技魅力、激发探索兴趣,在科技与文化领域进行深入互动和交流。此外,东大学子还深入南华县的乡镇,广泛开展家访调研和红色调研,

全面了解当地文化经济发展水平，助力脱贫攻坚和乡村振兴，接受红色教育，传承红色精神。

图 4.16　学生参加科技夏令营课程

二、项目特色｜科技文化，扶智扶志

至善科技夏令营针对南华县五至九年级学生的实际情况，结合主要承办学院的专业特色，策划了"大牛教授"学科普及讲座、电子设计作品展示、传统文化讲堂、科学艺术色彩鉴赏等系列课程，以及能源环保实践、土木结构竞赛、物理实验、教育机器人设计、方程式赛车设计、趣味电路搭建等系列科技实践，实现了土木工程、物理学、机械工程、电子科学与工程、能源环境工程、戏曲文化和艺术学等多学科领域全覆盖，为当地学生带去了一场科技与文化兼具、知识和实践并举的科技盛宴。这些课程寓教于乐，在提升学生学习探索积极性的同时帮助他们开拓视野、提高沟通交流能力及动手实践能力。

此外，夏令营还为学生们带去了班级团建、破冰活动、素质拓展、趣味运动会、校园寻宝、趣味手工课、团史团情知识竞赛等一系列活动，在学习实践之余让学生们团结合作、多样发展、大胆尝试、踊跃展示，拥有一个更加丰富精彩的"七彩假期"。

三、项目成果｜彩云之南，逐梦云端

自开营以来，"东南大学—南华县至善科技夏令营"获得了学校及社会的广泛关注，先后被人民网、中国青年网、东南大学新闻网报道。此外，在开营期间还通过"青年东大说""南华青年"等微信公众号及微博、抖音平台进行大力宣传，累计阅读量和观看量逾 100 万。

八年来，"至善科技夏令营"已经有近 300 名东大师生志愿参加，累计覆盖了当地700 余名中小学生。在实践交流中，东大志愿者用心做事，以爱为名，在彩云之南书写了独属于自己的青春奋斗篇章，展现了东大学子"止于至善"的精神风貌。

四、成员感想｜心心相系，携手前行

◎ 东南大学2017年"南华·至善科技夏令营"志愿者 王程

两个月前，当我得知能有机会来到南华县时，很是兴奋和激动。虽然我只做了5天的班主任，但是每天和孩子们的相处，让我真切地感受到了纯洁与童真。短短几天时间，我就和孩子们建立了深厚的情谊。慢慢地，他们已经不仅仅是我的学生，更是我的朋友和亲人，我已经爱上了这个地方。直到现在我依然想念着那一张张可爱的脸蛋。这次活动给我的收获颇深，我希望能有机会再次参加这种类型的活动，也相信那时候我会有更多的收获。

◎ 东南大学2019年"南华·至善科技夏令营"志愿者 方纪明

2个多月的准备，20多人的齐心努力，200多个南华的学生，2000多公里的路程。从东南大学到南华民族中学，一路走来，我们作为志愿者付出了很多，也收获了很多。尽管每天的会议会占用午睡时间，每天晚上也要处理各项工作到很晚，但我们收获的是孩子们天真的笑容，是他们参与这次活动的喜悦。在采访的过程中，我经常能听到"我想和老师们一样优秀""如果明年还有，我一定还来""我以后想去东南大学"这样的回答，我认为这便是对我们的努力最好的肯定。闭营仪式后的总结班会上，我们哭了，孩子们也哭了，我们在他们的衣服上与手中的卡片上，留下了最真诚的祝福。我真心希望南华的孩子们在未来的人生道路中无忧无虑，勇往直前！

◎ 东南大学2019年"南华·至善科技夏令营"志愿者 王成聊

由南京到南华，从东南到思源，暑期夏令营带给我的不仅仅是地理位置的变化，更重要的是心灵的收获，让我懂得了"润物细无声"的魅力。和孩子们相处的6天里，他们会为找到红色的纸飞机欢呼雀跃，也会因游戏失败而伤心难过，他们会为某一次的课堂的优秀表现受到奖励而喜笑颜开，也会因为自己表现不佳而暗自鼓劲……孩子们是最纯粹的，他们的心情就像南华的天气一样，一会儿酷热难当，一会儿凉风习习，一会儿晴空万里，一会儿大雨倾盆。与其说我们是他们的老师，还不如说他们是我们的老师。他们比我们更热爱读书，更会团结合作，更关心集体。有了这样一群朝气蓬勃的孩子，将读书上学视为唯一出路，我想南华的明天是光明灿烂的。

感谢学校给予我这次宝贵的机会，让我们相聚在南华。引用《楚门的世界》的台词作为结尾："如果我们再也见不到，祝你们早安，午安，晚安。"

以教育课程为本,以科技实践为枝,以文体竞赛为叶,"至善科技夏令营"在一位位南华学子心中培育出了一棵棵枝繁叶茂、茁壮成长的科技探索之树,其与东南大学研究生支教团相互配合支撑形成的"长短结合"支教模式更是为"科技探索之树"注入了源源不断的活力与生机。牵手科技、牵手南华、筑梦彩云、逐梦未来。今后,东南大学研究生支教团将继续携手"至善科技夏令营",不断创新方式方法,助力南华学子自由翱翔于科技文化之巅。

第六节 "云上科学桥"

"云上科学桥"聚焦支教地学生科技素养成长,是由东南大学研究生支教团发起组织,东南大学各学院配合开展的线上线下相结合的品牌志愿服务项目。"云上科学桥"依托支教地学校科学课、科技课、社团课及理化生等日常教学课程开展活动,是由东南大学老师、学生线上授课,研究生支教团成员线下合作,东大师生和支教地学生即时互动的线上线下相结合的教学模式,围绕趣味科普、科技前沿、科技制作等形式开展互动科学课堂,全面将东南大学的学科优势、科技优势转化为教育扶贫优势,深度融入日常教学,共同打造东西部地区科教金课,帮助支教地学子拓宽科学视野,培养科学兴趣,提高科学素养。

一、项目简介 | 三大课堂夯实科技之基,助力志智双扶

长期以来,东南大学研究生支教团队员充分利用自身优势开展日常教学和校地共建活动,矢志助力志智双扶。东南大学研究生支教团以校地共建的科技夏令营方式开展了丰富多彩的学生科技活动,极大地开拓了当地学生视野,为当地孩子打开了外面世界的大门,成为校地共建活动的品牌。"云上科学桥"项目获得2022年度江苏省十佳志愿服务项目称号,并获2022年江苏省志愿服务项目大赛二等奖,2022年新时代文明实践志愿服务项目大赛云南省银奖、楚雄州金奖等荣誉。

线上教学的普及和兴起为校地共建志愿服务提供了新的发展机会,为了拓展线上科学教育帮扶模式,建立线上科学校地共建阵地,探索线上校地共建志愿服务新品牌,东南大学第二十二届研究生支教团发挥东大特色优势,创建"云上科学桥"科普志愿服务

项目。成员们通过"云上科学桥"所建立的线上线下阵地，辐射影响支教地中小学科学教育，打造"带不走"的长效科教资源。

经过多年完善，"云上科学桥"项目里4个支教地齐聚云端线上相会，区域范围内多个学校共同参与，学生受众横跨小学、初中、高中三个学段，构成了"多支教地、多学校、多学段"创新志愿服务模式。

图 4.17 "云上科学桥"活动合影

经过多年发展，"云上科学桥"突破原有活动开展局限，创新多种科普教育模式，多维度带领学生探索科学奥秘。"云上科学桥"以"云上科技大讲堂""同上一门科学课"及"东大杯"中小学科技节暨科创竞赛这"三大课堂"作为主要支柱。

◎ 云上科技大讲堂

"云上科技大讲堂"活动重点面向支教地中高年级学生，定期邀请国内外院士，东南大学各学院青年首席教授、老师做客讲堂，以线上形式为支教地学生开展科普讲座，把大国工程和科技前沿带入中西部地区中小学课堂。

图 4.18 "云上科技大讲堂"

◎ 同上一门科学课

图 4.19 "同上一门科学课"

"同上一门科学课"活动在支教地服务学校的科学课、科技课、社团课、物理课等课程基础上开展，依托合作学院学科优势和支教地课程教学实际情况设计活动方案，相关东大志愿者以直播或录播形式在线上讲解、演练、展示，研究生支教团志愿者在线下组织学生进行具体操作辅助指导，通过相关软件平台实现线上线下互动，让相距两千多公里的东大师生和支教服务地学子"同上一门科学课"。

◎ "东大杯"中小学科技节暨科创竞赛

在两大传统活动之余，东南大学研究生支教团还在支教地举办"东大杯"南华县中小学科技节暨科创竞赛，邀请县域范围所有中小学校派出代表队参加。竞赛涵盖科普创新知识讲座、基础科普实践课堂、趣味科创比赛及机器人科技创新竞赛等多个方面，在有趣的赛事过程中提升学生的科学素养。

图 4.20 "东大杯"中小学科技节暨科创竞赛

二、项目特色｜广聚多方科教资源，创新科普活动渠道

"云上科学桥"志愿服务项目基于当代发达的互联网技术，通过线上线下相结合的方式创新科普形式，开创优质科教资源的流通渠道，联合多方力量克服困难，对于如何将高校优质教育资源引入中西部教育欠发达地区并高效利用这一课题提供了思路。

"云上科学桥"创新了科普志愿服务模式，通过"线上+线下""体验+教学"的互动科学课堂调动学生们的学习兴趣，让生涩难懂的科学知识更易被孩子们所接受。项目邀请名师大牛坐镇，联合海外知名学者，利用东大援建于南华的"1+N"信息化教育平台，实现了对南华全县中小学的同步辐射，留存下了所有的课程与活动音视频，为南华打造了第一套科教金课资源库。

"云上科学桥"不仅是云端之上的，更是落于实际的。项目依托东大援建南华的三个科技馆，将其作为线下活动科教基地，开展了一系列的科普教育活动。例如龙川小学第一届校园科技节，让船模、车模、航模走进龙小学生的校园生活当中去。

图 4.21 支教团成员线上线下相结合开展"体验+教学"的授课模式

三、项目成果｜科学点亮梦想，科教助力振兴

"云上科学桥"活动自 2020 年 12 月 25 日正式开课，至 2022 年 12 月，已在东南大学各支教地开展活动 30 余次，辐射支教地学校 30 余所，开展大型活动场次 50 余场，来自东南大学 25 个学院超过 200 名志愿者，累计提供志愿服务时长超过 1600 小时，服务当地中小学生 5000 余名，服务当地教师 1800 余名。

◎ 带来了一系列高峰科教体验

在"云上科技大讲堂"环节中，邀请到了数十位顶级专家教授为支教地学子做讲

座，东南大学智能材料研究院院长、首席科学家李全院士，全国"黄大年式"教师团队宋爱国教授，日本神户大学罗志伟教授，东南大学青年首席教授吕俊鹏老师先后做客"云上科技大讲堂"，为支教地学子带来启迪人生的高峰科教体验。

图4.22　全国"黄大年式"教师团队宋爱国教授讲座（左）和
日本神户大学罗志伟教授讲座（右）

图4.23　东南大学智能材料研究院院长、首席科学家李全院士讲座

在"同上一门科学课"环节中，东南大学师生志愿者与四地中小学生同上一门科学课，形式有趣味科普课、动手科技制作课等，既有抗震减灾、航空航天、垃圾分类等热点主题，也有芯片攻关、人工智能等重点领域，"同上一门科学课"共开展了精品课程20余次，共制作了简易磁悬浮列车模型、自制门铃等科技作品近10种。

◎ 打造了一种线上线下相结合的新型科普教育模式

"云上科学桥"科普志愿服务项目打造了线上线下相结合的新型科普教育模式，依托南华各乡镇中小学和东南大学的线上"1+N"远程教育平台，实现南华数学、物理、化学、科学等学科教师与东大专家教授的交流学习。

◎ 孵化了一个县域科教帮扶的育人全链条生态

项目推动建立了支教地的县域科教资源库。围绕"云上科学桥"项目，加速志愿成果转化，建立涵盖20多个学科门类、具有东大学科优势特色、具有探索性启发性的中小学科普教育资源库，长久辐射县域科普教育发展。

项目推动建立了一批影响广泛的科普线下阵地——活动基地。南华县思源实验学校奥秘探究馆更是于 2021 年获评团中央"小平科技创新实验室",该事迹被数家媒体报道,社会影响力广大。此外项目还推动建立了南华民族中学机器人主题科技馆、龙川小学至善科技馆等的建立。

图 4.24　获评"小平科技创新实验室"的南华县思源实验学校奥秘探究馆

图 4.25　南华民族中学机器人主题科技馆、龙川小学至善科技馆

"云上科学桥"科普志愿服务项目培养和表彰了一批"科技小明星",学生们制作了一批具有代表性的科技创新作品,在一些县、州层面的科技大赛中屡屡获奖。在南华县,一些具有辐射性的科技科普赛事如火如荼地开展起来,中小学科技社团、科技课程体系也随之完善,一套完整的全链条县域科教育人生态逐步形成。

"以科学名世,以人才报国"是东南大学的办学理念,用科技放飞学生的人生梦想也是研究生支教团工作和东大南华教育帮扶的重要思路。为了推进支教工作的高质量发展,东南大学与支教地共同调配资源,为课外科学教育提供土壤,创造条件。共同牵手,筑梦云端,把科学的种子播撒在中西部大地,相信有一天这些梦想与希望一定能生根发芽,结出累累硕果。

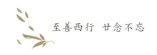

四、成员感想 | 把握当下机会，奔赴美好未来

◎ 东南大学志愿者 桂东升

本次"云上科学桥"活动我作为主讲人给同学们讲解了一些关于垃圾分类的知识。经过开课前的准备、调试和模拟，我们为同学们带来了一次生动的科普课程。在上课的过程中同学们也都十分积极，不论是回答问题还是做手工都踊跃参与，希望下次还能有这样的机会向同学们讲解一些科普知识。

◎ 东南大学志愿者 郝铭煊

我是此次负责手工指导部分的志愿者。虽然之前自己私下做手工垃圾桶的时候很顺利，但是在面对大屏幕的时候还是会很紧张。因为是远程教学，不能做到面对面手把手那么全面，在屏幕里看到小朋友们在老师的指导下还是手忙脚乱，担心他们会不会做不出来。但是小朋友的学习能力都很强，一会儿就做出来了，还加上了他们自己的创意，看到他们展示自己的成果我也成就满满。

◎ 东南大学志愿者 柳加文

回顾本次授课经历，从选题备课，到实验测试，再到成功授课，还是挺顺利的。课后看到九中的孩子们脸上挂满天真无邪的笑容，自己内心是多么的欣慰和温暖啊！通过本次线上支教活动，感受到做好一名教师的责任与担当，体会到偏远地区孩子们对知识的追求与渴望，也在同学们身上看到了曾经懵懂的自己和成为未来国之栋梁的希冀！

◎ 东南大学志愿者 安博

整个志愿活动下来，虽然耗费了很多时间与精力，但在我看来是一件十分有意义的事情，既能够对九中的同学们起到科普的作用，提升他们对学习的兴趣；对于我自己来说，这也是我人生中第一次尝试志愿支教活动，增长了自己的见识，也锻炼了自己的教学能力。如果以后有类似的机会，我也一定会积极参加。

第七节 "和抗疫一线医务人员手拉手"

2020年新冠肺炎疫情突如其来，东南大学团委积极响应江苏团省委向"最美逆行者"致敬的倡议，以东南大学研究生支教团为主要实施主体，在全国高校率先发起了

"和抗疫一线医务人员手拉手"专项志愿服务活动，招募100余位志愿者与驰援一线的医护人员家庭结对，为医护人员子女提供线上的学业辅导、心理陪伴等志愿服务。

一、项目简介｜您守护他们，您的孩子我来守护

　　自新冠肺炎疫情发生以来，东南大学附属中大医院、江苏省中西医结合医院、东部战区总医院等派出多批医护人员展开抗疫战斗，他们中有的刚吃完年夜饭，甚至还没来得及和家人告别就踏上了一线。他们没有丝毫犹豫，主动请缨，舍小家为大家，义无反顾地冲在第一线。岂曰无衣，与子同袍，医护人员们在一线挺身而出，青年志愿者们也不能"缺位"，能不能为他们的孩子做些什么？虽然能做的很微弱，但后方的青年突击队也希望能帮忙解决一些后顾之忧。

图 4.26　关爱东南大学附属中大医院抗疫驰援医护人员子女志愿服务计划在线招募

　　2020年2月6日，一则招募计划在东南大学研究生支教团的微信群里活跃了起来，这个计划就是"关爱东南大学附属中大医院抗疫驰援医护人员子女志愿服务计划"。"你们在前方一线抗击疫情，我们在后方为你们的孩子提供帮助。""希望可以减轻一线医生的后顾之忧，尽自己的一份力。""不能冲上一线，能够在后方为一线医护人员做点事，我们研究生支教团义不容辞。"支教团成员们纷纷表示，他们愿意担当起这份责任。

　　研支团队员们接到通知后，马上着手策划了课程体系，开始录制网课，他们拿出"看家本领"，借助微信、QQ等教育平台，采取线上对接的形式，以学业辅导、思想引领、心理辅导等为主，以亲情陪伴、自护教育、科普教育等为辅，提供有效志愿服务。

研究生支教团成员们根据支教时所教的课程和年级分组，采取"一对多"的形式，开展以学生为主体、针对性强的个性辅导，解答作业疑惑。同时志愿者还利用东南大学专业优势，开设线上的少年编程、乐高课程等科普实践活动。

图 4.27　研支团成员们辅导过程实录

共同的经历，擅长的学科，相似的性格，志愿者们与小孩之间高度匹配，一旦对接便与小孩们产生"化学反应"，让孩子们发现了学习的兴趣，也找到了学习的动力，成为一段有意义的成长经历。这些辅导成效来自东南大学志愿者对接工作机制的精心设计。本活动累计招募东南大学研究生支教团成员、在校学生志愿者共计 100 余人，将志愿者集中分组管理，成立志愿者库，线上培训动员；对所有医护人员家庭子女做详细调研，逐一沟通了解子女辅导需求、学科强弱、学习状况，根据各个医护家庭子女的不同情况针对性地分配志愿者，精准对接，确保成效；强化后续跟踪，实时反馈辅导效果，改进教学方法，使对接辅导工作入细入深。

二、项目特色｜这个寒假，我们帮您"带孩子"

备课全面，提供针对性教学。项目通过一对一、点对点的模式实现了个性化的教学设计。研究生支教团成员面对截然不同的课程体系，以教材为立足点，精读细读，从自身学科特长出发，通过查阅参考资料、自学相关知识、认真批改作业等方式，逐渐建立起有效的知识体系，并特别针对错题和作业中暴露出的粗心等问题，在备课时增加了相关题目的比例，以帮助孩子加深对知识点的理解。

关注多元，注重心理健康。课堂之外，孩子的心理健康更是研究生支教团成员关注的重点。学习压力以及对一线亲人状况的担忧使很多孩子感到焦虑，研究生支教团成员选择在晚上和周末进行辅导，在检查答疑、巩固复习的同时，通过轻松愉悦的音乐的播放、考试技巧的分享、生活趣事的交流，潜移默化地缓解孩子紧张的情绪，帮助他们保持良好的心态。

共同备战，是老师，更是伙伴。东南大学研究生支教团，针对对接的医护人员家庭中面临中考和高考挑战的特殊家庭，通过对学生辅导需求和学科需求权衡再三，对比志愿者的学科、高考省份以及高考成绩，最终在踊跃报名的十余名研究生支教团成员中挑选了 3 位对接辅导，在帮扶过程中亦师亦友，帮助考生一起度过一个关键的假期。

三、项目成果｜做别样的青年先锋突击队

东南大学研究生支教团的志愿者们通过线上辅导的方式帮医护人员们"带孩子"，减轻了一些医护人员的后顾之忧，而这段难忘的手拉手活动不仅给孩子们带来了欢乐，更为志愿者们带来了温暖和力量，让志愿者们成为抗疫斗争中一支别样的青年先锋突击队。此次东南大学"与抗疫一线医务人员手拉手"专项志愿服务活动被《中国青年报》、江苏广电融媒体新闻中心等媒体关注报道，受到了社会各界的广泛好评。

四、成员感想｜奉献青春力量

◎ 东南大学第二十一届研支团志愿者 唐诗

第一次上完课之后，我关了摄像头，瘫在椅子上，终于松了一口气，感受到了一对一辅导带来的疲惫。但是每每跟小思的家长沟通时，我都会对他们冲锋在一线的行为表达敬意和感谢，而他们总会说这是职责所在，应该做的。作为研支团辅导员，我们的职责就是好好备课，认真辅导好每一个 45 分钟，这一点点的疲惫与逆行的白衣天使们相比，实在不值一提。

◎ 东南大学第二十一届研支团志愿者 陈静怡

我没有想到二年级的小朋友会对军人、武器这类事物这么感兴趣，后来才知道原来孩子的父亲陆远医生曾是一名海军，所以他才会如此喜欢这些和爸爸相关的事物。从他身上，我看见了一个小男孩对爸爸的崇拜和自豪，爸爸就是他一直追逐的方向，还可以站在爸爸的肩上来了解这个世界。如果真的要选一个英雄，我想他一定会选爸爸。因为爸爸陪伴他成长，为他遮风挡雨，是最明亮的一束光。

第八节 "春风化羽，筑梦疆蒙"

"春风化羽，筑梦疆蒙"系列活动是由东南大学信息科学与工程学院团委以及各支教地校团委联合主办，东南大学研究生支教团以及信息学院团委实践部、学院研究生会实践部牵头承办。从最初的团支部磐石计划成长成学院精品项目，活动受到校内外人士的广泛支持，反响热烈。活动搭建起连通彼此的桥梁，帮助边疆学生完成新年愿望，写下给孩子们的祝福，将心意及温暖传递给孩子们。

一、项目简介│传播温暖，春暖花开

项目从 2018 年底开始，至今已举办 4 届。由支教地收集学生的新年愿望，汇总整理并发布，志愿者们认领心愿，并逐一实现，最终由负责人统一将愿望礼物寄回支教地。支教地成员分发愿望礼物给孩子们，并且在后期将孩子的感谢手抄报、明信片等寄回给志愿者。

"春风化羽，筑梦疆蒙"项目最初在新疆生产建设兵团石河子市一五〇团中学进行，在 2021 年又增加了内蒙古准格尔旗第三中学、第九中学、民族中学三个学校。项目帮助新疆与内蒙古支教地孩子满足自己的新年愿望。

二、项目特色│心愿传递，愿望匹配

该项目通过帮助边疆学生完成新年愿望，写下给孩子们的祝福，让孩子们感受到来自东大学子的丝丝暖意。

图 4.28　部分支教地孩子新年愿望手抄报

在收集到学生的新年心愿后，项目主办方通过推送发布、喷绘展示、摆摊等渠道号召更多志愿者认领心愿，并且一一满足需求。在约一周之后举办集体捐赠仪式，志愿者们集中前来提交相关礼物，并且在仪式上写下对孩子的真切祝福，祝福明信片由工作人员随同礼物一同寄往支教地。

图 4.29　圆梦计划摆摊

礼物寄往支教地后，由研支团成员们发放并收集孩子们的感谢信。同时主办方也会制作相应的感谢证书，感谢每一位志愿者对孩子的帮助和对活动的大力支持。希望孩子们能在冬天感受到来自东南大学的爱和温暖。

三、项目成果 | 新年圆梦，两地同心

项目每年约能收到 50 余个新年愿望，活动反响效果良好。2021 年项目收到了 68 个新年愿望，愿望发布三天就被认领完成。在圆梦计划的礼物接收仪式上，志愿者们纷纷带来自己的礼物，写下对远方的孩子们最诚挚的新年祝福。

图 4.30　圆梦计划捐赠仪式

2021 年，活动收集的心愿物资价值已超过 8000 元。四年累计收集到的物资价值总

计超 3 万元。授人以鱼不如授人以渔。圆梦行动的目的不仅仅是为了满足西部学生的小小心愿，更是希望在他们的心中种下一颗爱与感恩的种子，让他们感受到爱可以跨越山海，在他们长大以后，也能将这份爱与快乐传递给更多需要帮助的人。

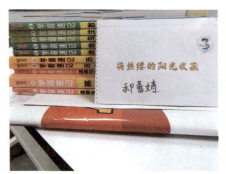
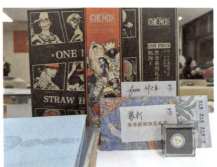

图 4.31　部分礼物和祝福语照片

四、成员感想｜情意绵绵，心意相连

◎ 小朋友甲

大家好，我今年 9 岁了，上四年级，我的性格活泼开朗。我在班里学习还可以。我今年想要的新年礼物就是下面那个铅笔袋。但是由于我的爸爸妈妈都很忙，又要管店，又要练车，还要想着我，所以我就没把这个事说出口。我希望我的爸爸妈妈不要那么辛苦，不要那么累，这几天妈妈出去练车，只有奶奶和爸爸陪着我，我一定要听他们的话。快要过年了，我希望我和我的家人都能快快乐乐、团团圆圆地度过这个春节。在新的一年里，我一定要好好学习，天天向上。谢谢大家！

回信：小朋友你好呀，众多的愿望中，我一下便被你的心愿所吸引，短短几行，却包含了令人心酸的体贴与孝顺，为你送上这个铅笔袋，希望能带给你一丝温暖，更加自信地面对接下来的

图 4.32　小朋友甲的新年愿望

学习和生活。

你的孝顺让我感到惊喜，同时，你的体贴也让我感到心疼，作为一个大哥哥甚至可能会是你未来的学长，我衷心祝愿你能在日后的生活中保持乐观，永远积极向上，希望你能保持自信，勇敢地面对接下来的各种挑战。

最后，快到新年了，祝你新年快乐，天天开心，万事顺遂！

第九节 "远方的书信"

一、项目简介 ｜ 共赴爱与理想，书写公益新章

"远方的书信"系列活动是在东南大学团委、东南大学党委研究生工作部的指导下，由东南大学研究生会志愿服务权益中心联合东南大学研究生支教团以及能源与环境学院、经济管理学院、交通学院等学院研究生会共同举办的志愿服务项目。在每年的 3 至 5 月，通过往来书信、绘画、视频等形式，东南大学研究生志愿者与来自内蒙古、云南、江西、新疆等地的孩子们结成固定的笔友对子，进行持续地、多次地、深入地分享交流。

二、项目特色 ｜ 用书信将灵魂相连

在数字化时代，人们习惯于在线交流，书信交流变得弥足珍贵。少年和大学生，"远方的书信"活动希望用书信连接不同的灵魂，以不同的角度来认识世界。2020 年，活动主要采用明信片与书信交流的方式，通过互换明信片进行简短的分享，通过多轮书信进行深入交流。2021 年，在书信交流部分新增了"模拟人生"环节，双方通过"模拟人生"卡片接力续写故事、创造无限可能，以期通过这一模拟活动为孩子们打开心扉，坚定努力的方向。在明信片和书信互动的基础上，活动还增加了绘画交流与视频沟通，为志愿者和支教地学生提供多渠道、全方位的交流沟通。

三、项目成果 ｜ 飞鸿潜鱼，尺素关情

2021 年，"远方的书信"系列活动一共发放和收回了 306 张明信片；在报名的 300

多名书信志愿者中筛选招募了85名志愿者与小朋友进行了三轮的书信交流。2022年,"远方的书信"系列活动经过3个月的书信、绘画、视频交流,累计招募4个党团支部、543名志愿者,志愿时长累计3650小时。

◎ 往来的书信传递真诚与童真

志愿者们与来自内蒙古、云南、新疆、江西的小朋友们,从身边小事谈到社会变化,从人际关系讲到个人发展,从学习方法聊到人文风貌,在交流过程中,结成了深厚的友谊。

孩子们寄来的信里有的展示了自己学校的样子,有的附上小卡片、贴纸和亲手做的植物标本,有的画了"眼里有你,你是花",有的装满礼物,营造惊喜,有的制作手作立体卡片。孩子们用心写信,精心设计信封,宛如一个个艺术品。

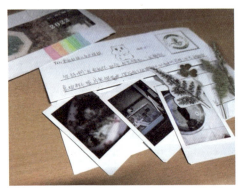

图 4.33 孩子们与志愿者的书信

面对这些充满心意的信件,东南大学的研究生志愿者们也都一一真诚回复。志愿者们有的在信中讲起了英语学习的建议,有的分享了初中文科的学习方法,有的用小零食和折纸表达对小朋友们的欢迎。

◎ 不同画风的碰撞见证着友谊

志愿者们与江西的小学生和云南的初中生进行了绘画交流。与江西小学生的绘画交流主题为"我眼中的未来世界"或"我长大的样子",与云南中学生的绘画交流主题为"我们心中的大学"。孩子们拿着画纸和颜料,小心翼翼地在卡纸上作画,手脑并用,偶尔还有一些小灵感,小小的画纸上,藏着孩子们的童真和梦想,大朋友们的绘画也为远方的孩子们描绘大学生活的丰富多彩。

图 4.34　江西小朋友们的绘画

◎ 视频交流会助力大小朋友"面对面"的交流

2022 年，在研支团的配合下，大学生志愿者们和江西共青城西湖小学的小朋友们开展了视频交流会。学长学姐们从日常生活、校园风景、美食地图等方面为小朋友们分享了东南大学的校园生活，镜头里的小朋友们既激动又兴奋，在提问环节，小朋友们踊跃提问，都得到了学长学姐们的耐心解答。

四、成员感想｜雁去鱼来，书不尽言

◎ 东南大学第二十三届研支团志愿者　周涛

作为西湖小学的支教老师，我们第二十三届研支团江西分队全程参与了"远方的书信"活动的策划、组织、回访等全过程。

活动前期，得益于历届东大研支团在西小的影响，这边的孩子们对东南大学已经有所了解并且有着浓厚的兴趣，学生的活动参与率几乎达到了百分之百。

活动过程中，孩子们都会精心准备自己的书信，有的小朋友在信里用画笔画出自己稚嫩的理想；有的小朋友向大哥哥大姐姐们倾诉自己成长的烦恼；有的小朋友甚至会把自己最为珍惜的"宝贝"藏在信封里，送给远方的大哥哥大姐姐们！

当然，孩子们最为开心的就是他们收到东大哥哥姐姐们回信的时候，他们雀跃着从我们几个支教老师手中接过书信，满怀期待地打开信封，然后认认真真去阅读自己收到的回信。有的小朋友会在这时皱巴着小脸过来问我们一些他们不认识的字，或者问一些他们还不能理解的"高深"词语，问了半天问明白了自己的问题，他们会蹦蹦跳跳回到

自己的位置上,和小伙伴们一起分享自己收到的回信。现在回想起孩子们收到回信时的模样和场景,当时整个教室洋溢的那种快乐,以及孩子们与远在南京的东大学子们一线相牵的联系,那感觉奇妙极了。

"远方的书信"活动采用书信的方式,以一种传统但不乏味的途径,连接起江西的孩子们和东大的学子们,让两个原本毫不相干的群体产生奇妙的交集。希望将来这个活动可以办得更好、更大,并且鼓励孩子们和东大的学子们保持更长时间的联系,让孩子们在东南大学志愿者们的陪伴下,更快乐、更健康、更茁壮地成长!

◎ 东南大学第二十三届研支团志愿者 张恒

我非常荣幸能够参与到"远方的书信"活动的组织和工作当中。在协助孩子们和母校志愿者的通信过程中,每当我抱着一大堆信件出现在孩子们面前时,那一张张稚嫩的脸上写满了激动期待和欣喜若狂。他们飞一样地奔向我,找着属于他们自己的那封信。课后他们会跑来告诉我:

"某某大姐姐给我送小礼物了!"

"某某大哥哥给我讲他的考试秘诀了!"

"某某大姐姐给我讲东南大学的故事了!"

…………

纸张、文字、视频通话,跨越千里的沟通带给了他们成长的激励和内心的疗愈。我非常欣慰地看到孩子们对待信件的那份真诚与用心,而志愿者们的信件也真的带给了他们一些改变。那几天,收到信的娃娃们,心情阴郁的重现了笑容,厌学多动的开始刻苦了。我不知道这样的影响是否能够持续更长时间,但我想这或许就是研支团一直追求的,去搭建一座沟通的桥梁,哪怕相距千里,也能给孩子们找到真正心连心的朋友。虽然作为这场鸿雁传书的中间人,我们对于信的内容不得而知,但是对这份相隔千里的情谊,我们相信那一张张心满意足的笑脸已经给出了最好的回应。

◎ 东南大学志愿者 张晓毅

与江西共青城西湖小学的小朋友一共通信三次,每一次小朋友的纯真善良都打动了我。小朋友讲起爸爸妈妈和自己在学校的情况,还为我制作了一个"东南大学"的立体卡片,让我非常感动。跟小朋友的书信交流也让我拿起好久没有拿起的笔,体会到了一笔一画中传递的真情。我希望自己的一些观念能够帮助小朋友解决疑惑,助她成长,希望能够通过纸和笔尖不断传递爱与希望,让她能够对学习产生兴趣,提高她的求知欲、想象力,在今后的成长道路中扬帆远航。

◎ 东南大学志愿者 纪萱容

一封信、一幅画，构建一座桥梁，连接了东南学子与支教地的孩子，薄薄的纸张承载着厚厚的情谊。有幸能够参与到"远方的书信"活动中，与我书信交流的孩子从一开始的拘谨到后来的敞开心扉，从询问学习问题到诉说心事，让我能真正了解这些身处彩云之南的孩子们。在几次书信交流中，我也尽我之能，向他传达一些我作为大学生的生活、学习经验，期盼着能够通过文字传递，对他产生一点点的影响。

作为"远方的书信"的东南大学校内活动工作人员，我既是一名活动的志愿者，更是活动的组织者，在与云南南华中学的妹妹交流时，她与我诉说了自己心中的烦恼，也向我询问了英语学习建议。从她的信里，我看到了孩子心中的好奇和求知欲，我愿意力所能及地给予我的想法和建议，希望对她有所帮助。

印象深刻的是，2022年的"远方的书信"活动举办之时我们因为疫情防控而不能随意出校，和我互寄信件的妹妹还及时关心南京的疫情情况，这份来自云南的慰问，让我也顿觉暖心。

第十节 "至善云端"

"至善云端"线上支教计划是在东南大学团委、东南大学党委研究生工作部指导下，由东南大学研究生会统筹，并联合东南大学研究生支教团以及东南大学能源与环境学院、网络空间安全学院、经济管理学院、生物科学与医学工程学院研究生会共同负责推出的一项志愿服务项目。"至善云端"线上支教计划促进了东南大学与支教地学校的联系与合作，也体现了东南大学对偏远地区留守儿童教育问题的重视。本活动意在通过线上平台为偏远地区留守儿童提供更适配的教育资源，并通过素质课堂教育使学生养成良好的学习习惯，进一步拓展中小学生的知识面。"至善云端"线上支教计划已经连续开展了3年，成功举办了5季活动，为近千名学生提供了良好的教育资源，并收获了较多认可与赞扬。

一、项目简介 │ 照亮教育梦想

为帮助解决偏远地区留守儿童和受疫情影响学生的教育问题，促进当代大学生进一步了解社会、服务社会，"至善云端"线上支教计划应运而生。留守儿童多由爷爷、奶奶或外公、外婆抚养，他们亟待获得学习、心理等方面的引导与帮助，渴望在课后能有人开展疑难点解答、作业辅导和精神交流。许多大学生都有一个支教梦，希望自己可以给孩子带来积极的影响，引导孩子们乐观地去追逐梦想，但时间、空间的阻隔，使他们很难真正到线下开展支教。线上支教不需要千里迢迢，只需要借助电子设备就可以实现。"至善云端"线上支教计划是一个持久而深远的活动，它可以让志愿者和孩子们长时间地联系和沟通，给孩子们送去更多的关怀，引导孩子们树立正确的价值观，激发他们对未来美好生活的向往。2020年以来，"至善云端"线上支教计划在新疆、云南、内蒙古等多个支教地区成功开展，授课内容不仅包含学科指导、疑难点解答，还包括素质课堂拓展教育。

图 4.35 "至善云端"授课实录

二、项目特色 ｜ 提素质促教育

"至善云端"线上支教计划是以解决教育问题为出发点，志愿者们秉承东南大学"止于至善"的校训，将学科文化教育与素质拓展教育相结合。研支团成员们的调研统计、沟通联系，志愿者们的热情备课、温馨教学与研究生会成员的后勤统计、多方咨询共同建立了一个比较完善的线上支教活动。正式授课前志愿者会对学生提出课堂纪律要求，课后志愿者们会对学生上课表现进行打分，指出学习方式的不当之处，引导学生们养成良好的学习习惯。每学期"至善云端"线上支教计划结束后，研究生会成员会组织全体志愿者开展优秀PPT、优秀志愿者的评选，进一步提升志愿者们的授课水平。

三、项目成果 ｜ 涓涓细流汇入海

目前，"至善云端"线上支教计划已举办五季，覆盖云南南华县龙川小学，新疆生产建设兵团第八师一四九团第一中学，内蒙古准格尔旗民族中学、第三中学、第九中学等多所中小学，辅导了近千名学生，受到了家长们的高度认可和赞扬。逐梦起航，"至善云端"线上支教计划仍在路上，提灯引路，爱心之光育梦成长。

如今，越来越多的志愿者加入这个队伍中，2022 年春学期第五季"至善云端"支教计划的志愿者人数增长至 234 人，累计志愿时长达 4550.4 小时。许多志愿者不仅仅参加一季活动，有的志愿者更是连续参加多季，他们为解决偏远地区留守儿童教育问题贡献了自己的一分力量。

四、成员感想｜传递梦想的力量

◎ 东南大学志愿者 蒲素兰

2020 年，在所有人意料之外出现了新冠疫情，由于防控形势严峻，我们没能按时返校，在家上了一学期网课。当时，一方面很希望疫情快快结束，想回到学校；另一方面也感慨于信息时代所提供的便利，网课打破了空间和时间的限制，在特定情况下，是一种很好的替代方案。我很喜欢小朋友，也很喜欢交流互动的过程。大一时曾参与绿光支教，定期前往宁燕外来工子弟小学，给孩子们开展科普教育；后来也一直有去更远的地方支教的想法，曾经了解过一些暑期支教的项目，但是由于时间冲突，没能安排上，一度觉得很遗憾。所以看到"至善云端"推送的时候，立马就报名了！时光飞逝，这一参加就是三年。超级感谢"至善云端"帮我圆梦。看到小朋友对数学知识的掌握越来越好，也越来越愿意在课堂上回答问题、说出自己的想法，我感到非常开心。有一次我看错了题目中的一个数据，小朋友也能及时地帮我指出来，在这个过程中，我们也建立了亦师亦友的关系，互相学习、共同进步。"至善云端"真的是一个很棒的活动，希望能够一直开展下去，未来覆盖更多的小朋友和志愿者。

◎ 东南大学志愿者 庄文楠

线上支教是一次全新的上课模式，通过视频架起了东南大学的哥哥姐姐和云南省南华县思源实验学校的弟弟妹妹间亦师亦友的结对桥梁。它的意义不仅在于对孩子们基础的作业辅导与复习巩固，更多的是通过线上支教，帮助云南的孩子们了解千里之外的南京、江苏，为他们带去对未来、人生的鼓舞与指导。

◎ 东南大学志愿者 俞庭

很感谢举办"至善云端"计划的小伙伴能够提供这么好的机会。一直很想去支教，去帮助那些小朋友们。在两个月的"至善云端"线上支教中，能够看到我的学生对数学有了新的认识，对物理不再胆怯，他们勇于挑战困难让我很欣慰，我终于把我的学习经验分享给了远方的小朋友。我不仅给他们讲知识，也会分享我成长道路上的故事，希望

他们能够不畏艰难,坚定目标,迎难而上。在活动结束的时候,我很不舍,所以跟小朋友们一直保持着联系,希望他们有困难的时候我还能够提供帮助。也希望这个活动能够一直延续下去,让更多的志愿者能够实现人生价值,让更多的支教地学生能够学到更多,了解到更多。

◎ 支教地学生甲

妮妮老师你好!不知不觉已经相处了6周啦!很感谢"至善云端"计划让我能认识你。从第一节课我支支吾吾不愿意多说话到现在已经可以把你当做我的好朋友来交谈,我改变了很多!我不仅在成绩上有了提升,生活中也变得细心认真了许多。我不再害怕那些"纸老虎"式的困难,不再内向自卑,每天都会告诉自己"还有时间,我能做到"。现在我马上就要中考啦!我不会畏惧,不会害怕。我会记得你的话:人难我难,但我不惧难;人易我易,但我不大意。我将对高中生活充满期待,这就是所谓"未来可期"吧。我喜欢新疆晚上九点的夕阳,但我更向往南京清晨的朝阳。这个小镇是个安逸舒适的好地方,却不是我向往的地方。我希望我真的能"乘长风破万里浪",更希望以后有机会能见到您!祝我自己中考加油,祝老师万事胜意。希望我们都能像对方一样勇敢。最后,再次郑重地向您道一声"谢谢"。

◎ 支教地学生乙

东南大学的哥哥姐姐们,谢谢你们组织了这个活动,为我们考高中给予帮助,你们用自己休息的时间帮助我们,我十分感谢,也为你们的善良和无私奉献的精神点赞,不过我最想感谢的还是我的辅导老师吴帆,她给了我太多太多精神方面的帮助,给了我不少信心和鼓励,是她让我不再迷茫,让我从自暴自弃的阴影里走了出来,重新走上了努力奋斗的道路,谢谢你吴帆姐姐,你辛苦了!

第十一节 "我的讲台我的娃"

"我的讲台我的娃——讲述支教背后的故事"是东南大学支教工作的品牌活动,由东南大学团委主办,信息科学与工程学院团委承办,是东南大学新生文化季精品活动之一,也是东南大学支教工作中的重要一环。东南大学研究生支教团与支教协会"至善黔程"作为长短期支教的典型代表,以"我的讲台我的娃"为平台,讲述支教故事,分享东大支教人在支教过程中的收获与感动，在祖国中西部地区传递了东南大学"止于至善"的校训和"奉献、友爱、互助、进步"的志愿者精神，一代代东大支教人完成了助人和育人、支教和自教。

图 4.36 "我的讲台我的娃"活动合照

一、项目简介 | 不忘初心，播散希望

自 2010 年起，"我的讲台我的娃——讲述支教背后的故事"作为东南大学新生文化季的重要活动板块，已陪伴了东大学子十余载，先后数十位东南大学研究生支教团成员和支教协会"至善黔程"短期支教的成员们分享了他们支教的点点滴滴。该活动已经成为东南大学支教分享会的精品项目，影响力不断扩大。它以主题报告会的形式，通过邀请归来的支教志愿者讲述自身的支教经历，向广大同学宣传支教事业，鼓励更多的人加入支教行列中来。

图 4.37 "我的讲台我的娃"现场活动照片

二、项目特色 | 创新模式，精益求精

"我的讲台我的娃"活动在一年又一年的不断创新中，逐步走向成熟，走向完备。汇报内容及形式包含图文并茂、视频结合、支教地连线交流、支教会谈等。2020年，分享会上同步举行了《朝华西拾——东南大学"我的讲台我的娃"十年演讲录》新书发布会。2021年，分享会上进行了"到祖国最需要的地方去——东南大学研究生支教团成立二十周年系列活动"启动仪式。2022年，分享会上举行了"同心聚力"东南大学研究生支教团教育发展基金启动仪式。每一年的活动都是对东南大学研究生支教团过往历史和东南大学实践育人工作成果的总结，更是对未来发展方向的展望。

图 4.38 "到祖国最需要的地方去
——东南大学研究生支教团成立二十周年系列活动"启动仪式

图 4.39 "同心聚力"东南大学研究生支教团教育发展基金启动仪式

三、项目成果 | 薪火相传，耳濡目染

"我的讲台我的娃——讲述支教背后的故事"活动通过东南大学研究生支教团成员讲述投身支教的感人事迹，引导大学生特别是大一新生树立社会责任感和使命感。活动坚守初心，作为宣传我校支教事业的重要平台，有力地推动和促进了我校研究生支教事业的发展，吸引了很多有志青年投身到支教事业中，参加研究生支教团的成员大多是受这一活动的影响。2018 年，以"我的讲台我的娃——讲述支教背后的故事"活动为基础，东南大学团委复制活动模式，承办了第三届江苏省研究生支教团首场巡回宣讲活动，活动现场来自南京大学、东南大学、河海大学、南京师范大学、南京邮电大学、南京林业大学等高校的第十九届研究生支教团成员们讲述了他们过去一年的风雨历程和感人故事。

图 4.40 第三届江苏省研究生支教团首场巡回宣讲活动合影

四、成员感想 | 承前启后，精益求精

◎ **东南大学第二十五届研支团志愿者 曹琪**

我从大一入学到现在大三，有幸经历了三届"讲台娃"的熏陶，也是切切实实地感受到了它背后的文化底蕴，从最初第十届的幕后工作者，到第十二届的活动总负责人，一步步与主讲人建立沟通，确认活动流程，一次次彩排，确保活动当天我们能完美地呈现效果。海报、喷绘、视频，每一项都尽可能做到最好，只为能让听众身临其境，更好地倾听支教背后的故事。

这不只是一堂故事分享会，更是一次心灵的洗礼。所谓的支教，不仅仅是给予西部孩子一年的陪伴时光，更是为了在孩子们的心中埋下一颗能看向远方的种子，这将会影响孩子的一生。孩子们需要的是一双能带他们飞翔到更远地方的翅膀，是一对能依靠的臂膀，托举他们逐步成长、成才，成为时代的希望。对于支教者而言，这一年年的接力，并不只是一份为期一年的工作，它更是一段能用一生去品读、去回忆的经历。身为一个从进大学到现在一直受到"讲台娃"熏陶的人，直到现在仍会不自觉热泪盈眶，为这一群人而感动，为这一群群孩子而感动。

岁月轮转，在讲台下聆听支教队员经历的他们，如今成为宣讲的主角，从聆听者到讲述者，他们走过的绝不仅仅是那一段支教路，还有更多关于传递希望、关于分享爱的故事。他们用自己的言行继承了东南大学前辈们的精神，也将在这里继续影响更多东大人。

◎ **东南大学信息科学与工程学院志愿者 杨佳群**

我有幸参加了"讲台娃"的活动，同时作为工作人员的我，可以说是感受颇深。我对于支教一直有着极高的热情，而当我听着学长学姐在讲述他们的支教故事时，内心充满了羡慕与激动，我仿佛在他们的眼中看到了光。学长学姐讲述着他们和孩子们的点点滴滴，从最初相识时的陌生、不敢讲话，一直到最后分别时的依依不舍，孩子们排好队伍为即将离开的小老师们送上他们最真挚的祝福。孩子们的笑脸难以忘却，这场跨越山海的相逢也注定会在他们的生活中画上浓墨重彩的一笔。支教成员为那里的孩子们带去了知识和希望，同样，孩子们也给予了他们一场不期而遇的陪伴。一年的时光或许不够长，但这份情谊会在他们接下来的生活中一直延续下去。支教老师答应孩子们以后有机会一定会再回去看他们。我想这不仅仅是一份普普通通的承诺，那里也一定是承载着他们梦想的地方，那里，也一定是他们的家。

◎ 东南大学信息科学与工程学院志愿者 张欣竹

虽然自小对支教充满向往,但"支教"在我心中只是模糊的概念。"我的讲台我的娃"活动中,聆听多位优秀的学长学姐的温暖讲述,孩子们可爱的面孔、远方缤纷的风景逐渐清晰起来。我明白了支教的酸甜苦辣,既要想办法镇住"熊孩子们",又不能太过"凶狠"而与孩子们产生距离;既要让课堂充满乐趣,又不能耽误知识讲授进度;挑战之外,还有与孩子们一起在自然里奔跑,一起在下课后围着篝火放声歌唱,周末一起下馆子的温馨幸福。单纯善良的孩子们与支教老师之间真挚的爱,课间的嬉笑打闹,临别时小小的卡片和不舍的泪水让我多次热泪盈眶。"用一年不长的时间,做一件终生难忘的事。"支教团的学长学姐们用自己的力量传递着不平凡的爱,也坚定了我对支教的向往。

第五章 随笔拾忆

在时间的札记里，支教地如第二故乡一般温暖长久地萦绕在志愿者们心头，在文字与影像中，纷繁的生活碎片连缀在一起，那些遥远的土地与热情的人儿散发出浓浓的人情味。一年的满载收获，成为一届届研支团志愿者自教一生的动力与源头，不忘初心，方得始终。本章从历届研究生支教团志愿者的支教日记与随笔感想中遴选了一些，向读者娓娓道来他们的感人故事和思考记录……

第一节　内蒙古篇：需要勇气的希望之路

  2003 年，东南大学第一届研究生支教团的 3 名志愿者正式踏上内蒙古鄂尔多斯，开始了在准格尔旗的支教之路。作为第一个支教服务地，准格尔旗与东南大学研支团缔结友谊已有二十年。二十年来，东南大学研支团 131 名志愿者在这片土地上接力耕耘，见证了准格尔旗经济、教育事业的蓬勃发展。本节将与读者分享东南大学研究生支教团志愿者在内蒙古准格尔旗的支教时光。

一、广袤苍茫中落后的教育

"在自然环境如此恶劣的条件下，能生存就是一个奇迹"
——第五届　邵文明
（2003—2004 年服务于准格尔旗第七中学）

  这里有范仲淹笔下的"碧云天"，却未有"黄叶地"，沟壑纵横的鄂尔多斯高原赤地千里，满是粗犷贫瘠的景象。天地之间的强烈反差带给我们巨大的视觉冲击，实在出乎了我们的意料。

  有人认为我们来到准格尔旗支教很伟大，而在我的眼里，世世代代居住在这里的人民才是真正伟大的。在自然环境如此恶劣的条件下，能生存就是一个奇迹。当地人民很自豪，因为他们敢于天斗，与地斗，与人斗，他们的性格犹如西伯利亚狂风般坚毅，誓要为了更好的生活而横扫一切阻碍。我很钦佩这种性格，也为这里的一切而感动。

"雪夜是最美的"
——第五届　石屹
（2003—2004 年服务于准格尔旗第一职业中学）

  看似万籁俱寂的大山，在迎接雪花飞舞时摇身一变，成了自然赋予当地的华丽音乐厅，置身其中的我宛若已经走入维也纳的金色大厅，静静等待着今天的曲目。此刻，奏

至善西行 廿念不忘

响的是雪的"簌簌"合奏曲，随着凛冽的北风刮过，无数雪花忽地飞到树木枯枝上，微弱的摩擦声显得十分动人。

小镇上的一两盏路灯亮起微弱光芒时，我看到了世界上最好的舞台：幽暗而神秘的苍穹，明亮而柔和的黄色聚光灯，伴随着宁静而从容的雪花飘落——当光线照射在六角形的冰晶上，折射出五颜六色的光线，宛如一颗颗细小的钻石——霎时间，我明白这雪夜也可以是五彩缤纷的。那些业已落地的小钻石铺成了厚厚的珠宝地毯，那是童话里的国王才拥有的地毯。我穿着风衣，却不觉寒冷，驻足远望，舍不得多迈一步。

"哪一天再开家长会的时候，这个教室能坐满家长，那个时候西部便不再落后"
—— 第六届 杨睿
（2004—2005年服务于准格尔旗第一中学）

家长会被安排在今天下午。上午早些时候，我来到教室，组织学生进行搬课桌和写黑板字等布置会场的工作，然后向同事借了辆摩托车风风火火跑到镇上买些茶叶和纸杯。在这寒冷的十一月，若是能为风尘仆仆的家长备上一杯热茶，大概是极好的。回程前，我顺便捎带上两包烟和打火机，招待家长们该周全些。

到了开会的时间，班里只到了半数家长，我想是因为路途遥远的原因，便打算再等等。"开始吧！家长们来得差不多了，能来的都在了，往常要是有这么多家长很好了。"站在我身旁的任课老师悄悄靠过来，低语道。

我很诧异，忙问起来："家长会对于孩子这么重要，怎会不来呢？"老师介绍了三种情况，一是村里没电话，孩子根本通知不到家里；二是学生成绩太差，怕父母责骂所以不敢通知，这是最常见的；三是家长即便知情也不来，这是很可悲的，他们认为孩子学习根本没有用，孩子也随时面临着辍学的危险。

听到这里，我的心情不免沉重许多，百种复杂的感受涌上心头，是啊，我原来总想当然地认为孩子成绩差是因为自己不上进、顽劣，总是恨铁不成钢，如此看来，事情远远不止这么简单，成绩差绝不能仅仅归罪于孩子，深究起来这是当地教育环境和思想观念的问题。我想，改变这一切单单靠我们这几个志愿者的微薄之力是远远不够的，这需要全社会的共同关注，需要社会、学校、家庭的共同努力。也许，哪一天再开家长会的时候，这个教室能坐满家长，那个时候西部便不再落后！

图 5.1　第二届队员家访时拍摄

"也正是这一份困难,让我的支教生活更有了反复咀嚼的韵味"
　　　　　　　　—— 第九届　王洁璐
（2007—2008 年服务于准格尔旗第一中学）

准格尔旗一中用的是地下水,即便烧开后,也会有种苦苦的味道,不过用它来泡茶,那种苦味就消逝了。

初来一中的当天,政教处的老师就告诉我们"当老师是件体力活"。开始我有些不解,就在拿到课程表时我也不以为然:每天 4 节课和晚上的自习。直到我渐渐发现自己讲课后必须含"金嗓子"喉宝,擦拭掉衣服上的粉笔灰,有的时候真的好想靠着黑板讲课……不过,我想,习惯了就好了。

后来的日子,我们会在没课时打打羽毛球或篮球,学校的球场不算差,和学生们打一场激情澎湃的球赛也是种享受;这里的学生很多住校,日常的假日只是每月一次周末,因而几乎天天有课;我们也会去其他支教学校走访,去附近村庄踏青……

作为班主任,我带了高一年级一个班。在上学期逐渐进入冬天后,即使有积雪,我每天早上也要在 6 点起床,组织学生跑早操,感受着他们的青春活力,也是一件顶开心的事情。交通不便,蔬果稀少,日常的食材限于土豆、粉条和豆腐。支教的同学们买了锅,有时在宿舍煮点面或汤饭,互相夸赞着"自己动手,丰衣足食",渐渐发现这简单的食材也是可口的佳肴。

回到东大,我常被人问起支教生活是不是很苦?我也总是回复:"不苦!"当我们不断融入当地百姓的生活会发现,所谓的苦,不过是一份终将逾越的困难,也恰是这份"苦"赋予了支教值得反复咀嚼的韵味。

图 5.2　王洁璐和她带的班级学生

"不管经济发展怎样,哪里的教学需要我们,我们就该扎根哪里"
—— 第十一届　舒超洋
(2009—2010 年服务于准格尔旗第九中学)

天色已晚,行驶在准格尔旗的迎宾大道时已接近九点。与我相伴在路上的不只有道路两侧的路灯,还有行驶的车辆、悠闲的行人、饭店门口闪烁的霓虹灯……这里似乎并不是师兄口中"辽阔但贫瘠"的一片土地,倒像我熟悉的生活了二十余年的中国南方某个小镇。我倚靠在车窗旁,好奇地观察这里的一切,不免疑惑自己是否真的置身于支教服务地名单中的准格尔?

直到经过了准格尔旗九中的校门,我确信了将在这里开始我的支教生活。拖着疲惫身子下车时已经超过晚上十点钟,令我感到惊讶和感动的是,校领导们正热情地迎接我们的到来,他们的好客是内蒙古人的传统,客人来的有多远,就会接受主人多么隆重的欢迎。迎接支教团是准格尔旗九中每年开学前的重要事项之一。

在老师们的带领下,我们支教团成员被邀请至会议室。校长介绍说,准格尔旗因为过去几年里探明了丰富的煤炭资源,发生了天翻地覆的变化,当地群众的物质生活得到明显改善,但精神文化生活却原地踏步,尤其是当地教育观念薄弱——尽管当地政府投入了大量资源弥补短板,但收效甚微。学生基础不扎实,有些初中学生26个字母还认不全;当地教师多为中专或大专毕业,知识储备和教育资源有限。支教团的到来,能够有效改变当地较为封闭落后的教育现状。通过课堂教学等活动助力当地实现精神脱贫,这是我们必须承担的重任和使命。

图 5.3　当地巨大的运煤车

"我忘不了准格尔旗的山、准格尔旗的水"
——第十一届　徐岳
(2009—2010 年服务于准格尔旗第一中学)

我忘不了那广袤苍茫沟壑纵横的高原景象,忘不了那美丽的水库大坝;忘不了骑马纵横时的写意和畅快,忘不了在茫茫大漠仰天长啸的豪情万丈。夜晚,站在办公楼的窗口,望着外边点点灯火映着远处依稀的山影,看着头上无比清晰的高原星空,看着小镇宁静的睡姿,整个人的心境都变得那么安宁。远离城市的喧嚣和复杂,很多烦躁和轻浮

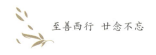
至善西行 廿念不忘

都离我而去，我最爱在此时思考一些问题，感悟一些道理，收获一些心得。

二、扶智亦扶志

"据说这里的孩子们对谁好就会用雪球打得越多"
—— 第六届 杨睿
（2004—2005年服务于准格尔旗第一中学）

中午，在我们吃饭回来的路上，忽然，天空中飘起了片片雪花，啊，今年冬天的第一场雪终于到了。抬头望去，雪纷纷飘落在屋顶上、操场上，周围的孩子们伸出双手捧着，希望能留住那转瞬即逝的晶莹雪花。来到准格尔旗之前，我从未领略过真正的"鹅毛大雪"，只是站立了片刻，眼前的世界就披上了厚重的银白色雪衣，俨然成了一幅迷人的油画。

下课铃打响，很多孩子早已按捺不住激动的心情，赶忙冲出教室来到操场，顾不得雪的冰凉，肆意挥洒着漫天雪花，见到我们几个支教老师后，更是欣喜若狂，不约而同地捏着雪球准备投向我们。当地的孩子们十分可爱，他们越喜欢你就越会用雪球砸向你，支教老师们因而躲避着来自四面八方的"喜欢"。队友小宝不善于奔跑，又被一个孩子绊倒在雪地里，大家见此都欢快笑着，将往日的烦恼置之度外，点燃师生间的友谊热情！

图 5.4 支教老师和孩子们在雪地玩耍

"这个世界上最甜美的东西不是用嘴去品尝的,而是用心去感受的"
—— 第七届 杨丰帆
(2005—2006年服务于准格尔旗第一中学)

与学生相处中的一个个感动瞬间让我明白一个道理:这个世界上最甜美的东西不是用嘴去品尝的,而是用心去感受的。比如:

本来沉溺于网络游戏不能自拔而离开校园的学生终于重新回到了课堂;

过元旦的时候收到了整整一箱子的新年贺卡;

当听到广播里我们班拿到文明班级流动红旗的时候,全班欢呼雀跃,而且有两个学生还故作神秘状地跟我说,艺术班能拿到文明班级的是准格尔旗有史以来的第一次;

当我号召全班捡拾饮料瓶以补贴班费之后,教室后面的袋子里面塑料瓶数目与日俱增,还不时有学生自豪地向我报告"今天我又捡了四个";

当我生病的时候,他们会争着拿出自己从家里带来的感冒药;

当我为他们所犯的错误而生气的时候,他们会偷偷利用课余时间打电话来安慰我……

实在太多太多,我无法用言语一一形容这些甜美,相信只有亲身经历才能体验这种美好的感觉。

图 5.5　第七届支教队员初到准格尔旗一中

至善西行 廿念不忘

"当她欢快地跳到我面前说谢谢老师时,她笑了我也笑了"
——第七届 沈海嘉
(2005—2006年服务于准格尔旗第一中学)

记得班里有这样一位女生,她上课时总低着头或盯着黑板发呆,被我问道"为什么不听讲"时,给出了令我感到意外的答复:"我已经开始认真了,因为从前的课我完全不理会老师,只顾自己一个人睡去的。现在想努力,可是感觉差很多,所以才总是愣神想自己以后的路。"我的思绪像是碰到了塞车,被许多复杂的因素缠绕着。作为一名老师,我努力引导学生认识学习的重要性,唤起他们对知识的渴望,但他们未来的路会怎样?能否适应进入高中后的学习节奏?现在的教学内容适合他们的学习能力吗?我不确定,只得先告诉这个女生,事在人为,不懈努力。后面的日子我发现她真的变了,开始积极地听课发言,自习课有人睡觉但她仍然在看书背单词,甚至一日中午路过教室,发现只剩她一个人在看书,我便走进去问她吃饭了没,她很腼腆地说道今天不饿,于是又埋头去看书。可是我知道她经常中午都不吃饭和休息,一直待在教室里看书,此时的我没再说什么了,悄悄地走出了教室,心中唯有感动和责任。期中考试,她的英语成绩居然跃进了好几十分,当她欢快地跳到我面前说谢谢老师时,她笑了我也笑了。不能说我心里没有成就感,但是更多的还是对孩子们的这种不懈努力与真挚的欣慰和感动。

"有了什么开心的或不开心的事情他们还是会通过网络和我分享"
——第八届 徐捷
(2006—2007年服务于准格尔旗第一中学)

在支教的一年里,我和当地的孩子们不断磨合,共同成长,有冲突也有欢笑。如今,我们仍维系着浓厚的感情,也都丰富着各自的人生。回到南京后的一两年里,不少孩子坚持寄信给我,介绍着学校的变化:新来的菲律宾外教不会讲中文;新的体艺楼建成;新的教室宽敞明亮;迎来了第三位英语教师;有同学转学或退学……多年过去,一些孩子已经步入社会开始工作,也有孩子在大学校园里钻研学术,但有了什么开心的或不开心的事情他们还是会通过网络和我分享。每逢节日,大家会送来许多许多祝福,几行文字透露着他们丰富的情感。我相信我和所有的一届届志愿者的真心付出和持之以恒的努力奉献,一定会对那些孩子们产生巨大的影响,播下希望和憧憬,鼓励他们走出去,在更加精彩的世界里畅游。

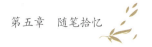

"除了教授课本知识,我还努力带给他们更多外面的信息"
—— 第十一届 宋云燕
(2009—2010年服务于准格尔旗第九中学)

虽然我任教的课程"信息技术"并非主要科目,但因为住校的缘故,我和学生接触的机会更多,甚至在每个周末也会一起交流。当地的孩子在使用电脑的能力水平上有较大差距。来自镇上的学生基本熟悉如何操作,来自农村的孩子却未曾接触过设备。基于现实情况,我选择分层教学,对基础扎实的同学给予鼓励,提供在课堂展示的机会,并带领他们参加"全国中小学生电脑制作大赛"以施展才能;对于基础薄弱的同学,我特意抽出周末第二课堂的时间,开放机房,为大家提供机会了解和学习计算机——尽管这几乎占用了我一年支教生活的每个周末,但想到许多孩子对计算机从陌生到熟悉再到喜爱,便也感到很值得。

支教的特殊意义是不仅仅提供教学大纲的内容,更有凭借自己所学向孩子们分享丰富的多元的信息——获取信息是为了每个孩子全面发展。我逐渐发现了孩子们对新事物的求知欲,于是通过网络找到画图软件的教学视频,教给他们如何运用照片处理软件,他们的喜笑颜开对我的工作也是一种肯定和支持。

"我一定要告诉孩子们,希望是一件多么重要的事"
—— 第十二届 吴婵
(2010—2011年服务于准格尔旗第一中学)

一个叫康宇的孩子告诉我:"老师,你别要求我了,我们家开煤矿,我上完高中就不上了。"说这话时,他的眼神里流露出了不属于十六岁的颓废和消极。

另一个叫郭峰的孩子在课上从不听讲,在课后聊天时,我得知他从小和爷爷相依为命,便问道:"为什么不刻苦学习为爷爷带来更好的生活?"他沉默良久,低语着:"到煤矿也可以挣钱。"

那一刻,我开始明白,这样一个靠天然资源煤炭,在近10年里从贫困县摇身变为全国百强县的地方,滋生着一种奇怪的价值观,孩子们深深地被安逸的生活观念影响着,就是不肯相信知识能够改变命运!在准格尔旗这个GDP相当于一所中等发达城市的地方,堂堂准格尔旗一中,竟然没有一个人能够通过高考走出内蒙古!于是我明白了,这一年里,我一定要完成这样一个梦想:那就是,告诉孩子们,希望是一件多么重

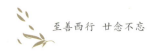

要的事,奋斗是一件多么快乐的事,大学是一个多美的地方,走出去会是一个更广阔的世界!

图 5.6　吴婵和学生们

"如果在初中阶段就能给孩子们播下'大学梦'的种子,
也许若干年后,就会开出灿烂的花朵"
——第十四届 许德旺
(2012—2013年服务于准格尔旗第九中学)

我想,每个东大人听到这首《春晖曲》都会倍感亲切,2012年10月15日,易中天教授来东南大学作精品人文讲座,在学校团委的帮助下,我们成功地将视频直播到了准格尔旗九中。视频接入的那一瞬间,现场传来的暖场音乐《春晖曲》,让我这个1600公里外的校友心头一震,这就是家的感觉,我深爱着我的母校。虽然网速制约,看五秒卡十秒,但仍然阻挡不了孩子们的好奇:"老师,这就是你学校吗?""老师,大学上课就是这个样子的吗?"

准格尔旗虽然经济发达,但是教育一直落后,全旗最好的高中世纪中学,历年高考能达到东南大学分数线的也就十余人。我想,如果在初中阶段就能给孩子们播下"大学梦"的种子,也许若干年后,就会开出灿烂的花朵。

图 5.7　许德旺和学生们

三、东大准格尔旗一家亲

"这份情意也就在这酒杯当中越酿越醇了"
—— 第九届　王洁璐
（2007—2008 年服务于准格尔旗第一中学）

才到准格尔旗，就有人跟我们介绍，这里是歌的海洋，酒的故乡。当地老师更是跟我们说：酒是一种文化，不喝酒就没文化。我也就是在这里第一次尝到了酒的辣，但是细品品，这辣的背后却是一段深深的情。

当地一个老师跟我们讲：上上届的支教团来，他们一起喝了单身酒；上届支教团来，他结婚，喝了他的喜酒；而我们这届支教团来，正好，他的儿子满月，喝了他儿子的满月酒……虽然，我们支教的时间只有一年，但是，我们这一届一届，就是一种传承，而这份情意也就在这酒杯当中越酿越醇了。

"在准格尔旗，我并不孤单"
—— 第十一届　宋云燕
（2009—2010 年服务于准格尔旗第九中学）

记得刚来的时候，当地的一个老师就邀请我们几个支教队员去她家包饺子。用她的

话说，是"尽地主之谊"。作为南方人的我，那是第一回从和面擀皮开始看饺子的制作过程。那是我从小到大吃到的最好吃的一回饺子。还有一个办公室的老师，年龄接近我们的父辈，她也是把我们当孩子一样看待。记得好几次冬日的晚上，她在家烙了饼，都会让他儿子抱着送到学校给我们吃。虽然她家离学校不远，但每次看到她儿子，脸冻得红红的，一边喘着气一边从怀里掏出热腾腾的鸡蛋饼时，我都会鼻子很酸。

还记得有一个长假，全校师生都放假了。学校里就剩下我一个老师，校园空荡荡的。忽然收到一个当地老师的信息："小宋，一个人在学校吗？下午一起爬山去吧，晚上我做饭给你吃。"于是，那个假期，我第一次站在高处看到了小镇的全貌；那个假期，我第一次吃到了正宗的手把肉；那个假期，我并不孤单。

支教的一年里，我得到了很多老师的关心和帮助。我也努力做好自己的工作，尽量让自己在一年不长的时间里能帮到当地的老师。

在电教组主任的支持和鼓励下，我开始利用小组培训时间给计算机老师上课，提高他们的知识水平。那段时间，甚至还有外校的老师来听课。于是，我更加用心地给老师们准备课程。

在副校长的建议下，我在上课之余，帮学生们做了一本字帖。我用 Excel 做田字格，用 Word 排版，最后打印并装订。而且字帖用的文字，是学生语文课本上的重要生字，正好可以帮助学生巩固所学。

在校长的推荐下，一个给办公室打扫卫生的教职工二红，开始跟着我学习计算机的知识。来自农村的二红高中毕业，很淳朴，也很用心学习。她一边工作，一边还经常来听我的课，周末休息时间也来机房找我学习。我找了很多资料给她，并针对她的情况，做了学习计划。在那几个月时间里，二红懂了很多计算机的知识，也会上网搜索材料了。她还把 Office 软件全都学了一遍。我离开的那天，她一直默默地拎着我的行李，直到把我送到车上。听说，她现在已经不在学校打扫卫生，在小镇上找到工作了。我真替她高兴！

"如此纯洁和真挚的友谊，一年就让我结交到这么多份"
——第十一届 徐岳
（2009—2010 年服务于准格尔旗第一中学）

来自准格尔旗沙圪堵镇的百姓们是善良、质朴的，与他们相处的记忆总是历久弥新。镇上开淋浴店的叔叔豪爽健谈,常将笑容挂起,面对爱洗澡的我很快答应了 50 元包月的请求;经营杂货店的夫妻热情大方,从不计较蝇头小利的得失,甚至还主动骑电瓶车载我远行。这里的人们直率、仗义、爽快,也让我这个出身农村,成长于小市民小商人家庭的孩子有了性情上的转变,我很感谢和舍不得他们。

这一年里,我也和准格尔旗一中的老师们结下了深厚友谊。老赵,辉太郎,老张,王扶斯图……我忘不了你们对我的热情和照顾,假日里的觥筹交错,水库边的"手把鱼竿傍钓矶",我们在打球时、吹牛时了解彼此,我们聚在宿舍畅谈教学经验和人生理想,有过爱情得失也有未来规划,我难以忘记得甲流后得到的你们的关切和照顾……我多么想回到那仲夏夜,趁着学生们入睡,我们几个老师赤膊摇扇,坐在篮球场乘凉,我们的青春之声好像穿过了夜空,越过了银河,直到无尽的远方。如此纯洁和真挚的友谊!

准格尔旗的"东大传统"
—— 第十三届 燕欣
(2011—2012 年服务于准格尔旗第一中学)

在准格尔旗一中的老师群体之间,流传着一个词——"东大传统"。团委做工作的时候,"东大传统"就等于认真负责;教学上课的时候,"东大传统"就等于师生关系融洽;开成绩分析会议的时候,"东大传统"就等于班级成绩靠前;老师们有事需要帮忙的时候,"东大传统"就等于积极热心;甚至于一起吃饭的时候,"东大传统"就等于热情开朗容易相处。"东大"这个词,在不同的老师心中代表着不同的人,是做出一番事业的白桦,是与自己如兄弟般的熊欣,是可以共同欢笑也可以与之倾诉失意的孙文昊,是大家在这一年中相处的至交好友。一年之后,新人换旧人,还没来得及再多喝一顿酒,再多说一次珍重,那人就已经离开了这里。有好多人嘴上说着"伤不起",说着旧人旧事,到头来却又忍不住接触新的一批支教团队员。或许在他们心里,照顾新来的"东大支教的"已经变为一种责任,一种情感的延续。

图 5.8 支教队员与当地师生告别时合影

四、支教一年，自教一生

"西部开发任重而道远"
—— 第五届 石屹
（2003—2004年服务于准格尔旗第一职业中学）

一年前，东南大学的左惟书记为我们三人送行的时候曾说过：中国要进入小康社会就必须要解决西部的贫困问题；我们要带去的不光是科学文化知识，更要带去东部先进的思想观念。

一年下来，我对这句话有了深刻的认识。要推动贫困落后地区加快发展的步伐，科技文化知识和先进的物资设备一样，都仅仅是工具，更重要的是如何运用科学灵活的思想更加有效地发挥这些工具的力量。而要做到这一点，就必须要打破当地一些长久以来的落后观念对思想造成的束缚。所以，这必将是一项长期而艰辛的工作。所以，西部开发任重而道远。

图 5.9　第五届队员参与当地植树造林活动

"支教不正是我的一个梦吗"
———— 第七届 严超
（2005—2006年服务于准格尔旗第一中学）

经过一段时间的接触与磨合，我和支教地的孩子们相处得愈加融洽，不只是课上的气氛十分活跃，课下时许多学生也愿意找我交谈，我打心底里喜欢上这些天真无邪的孩子们。他们最喜欢问的是"大学是怎样的"和"我能上大学吗"，我看着那清澈的双眸所散发的好奇与渴望，总会给予肯定和鼓励的答复。纵使我内心清楚对于大多的孩子来说，考上大学的梦想难以实现，但就像我的学生在日记中写下的一句"有了梦想，奇迹才会出现"，不错，梦想正是一切奇迹孕育的地方，一切始于梦想。可以说我们来支教，除了教书育人，促进东西部文化融合之外，不也正是来播种希望，散播梦想的吗！

我又不禁想到，梦想之于我自己也是如此重要。支教不正是我的一个梦吗，一个将自己的青春散播到西部的梦，一个将自己的青春投身到祖国教育事业的梦。正如江泽民同志在纪念共青团成立80周年的大会上所说的："人的一生只能享受一次青春，当一个人在年轻的时候就把自己的人生与人民的事业紧密相连，他所创造的就是永恒的青春。"这句话将长久地激励着我，永远。

"或许帮助孩子们保存梦想，鼓励他们朝着温暖又实在的方向前行，也是我们的职责所在吧"
———— 第九届 刘睿
（2007—2008年服务于准格尔旗民族中学）

我对于这一年的支教生活有了颇多感悟。说长不长的一年里，支教老师难以帮助学生实现系统性的习得知识，教学哪一科目并不重要，关键是在教学中传达出我们的那份真诚，传达出东部地区对孩子们开放欢迎的态度，指出中国西部的未来走向和孩子们在当中可能扮演的角色。语文课对文化的思考、数学逻辑的严密与谨慎、物理和化学所体现的科学推动人类进步的意义、历史蕴含的辩证的发展观念、地理当中宏大的世界观、英语展示的世界文明……让学生在获得知识的同时潜移默化地获得以上的感悟，这才是支教者教学的意义所在。

有一堂课给我留下了很深的印象，课上孩子们在讨论着自己的理想职业，一个孩子说想做园艺师，为人们提供视觉的欢乐，另一个孩子说梦想成为婚纱设计师来帮新娘编

至善西行 廿念不忘

织幸福。西部的孩子们同样是充满着想象力与无限梦想的,他们并非我们印象中的那般故步自封,他们是新一代的祖国花朵,他们的职业理想显得更实在,更有人情味儿——这恰恰是这个社会最奇缺的珍品。或许帮助孩子们保存梦想,鼓励他们朝着温暖又实在的方向前行,也是我们的职责所在吧。

"我会用一年的时间来感受你,却要用一生的时间来怀念你"
—— 第十届 包永成
(2008—2009年服务于准格尔旗第一中学)

让理想展开翅膀 让青春吐露芳华,
喷薄热情,诚信坚强,
演绎生命,升腾向往。

延续不息的精诚斗志,
永不磨灭拓荒者的理想。
纵使灯火慢慢将梦想的星光掩盖,
但我不会遗忘那最初的激昂。

小风大浪,地狱天堂,
握住自己的年华,

图5.10　2008年准格尔旗当地乡村面貌

痛痛快快向前走绝不回望。
燃烧出生命的火花，释放出心中的光芒。

远方的准格尔呵，
志愿者前辈们奋斗过的那片热土，
澎湃着我们内心激昂的那片热土！
我想轻轻地告诉你，
我会用一年的时间来感受你，
却要用一生的时间来怀念你！

"这一年帮我擦亮了看世界的眼睛"
——第十二届 孙文昊
（2010—2011年服务于准格尔旗第一中学）

我在这一年中收获许多，最明显的是有了一颗平和的心。曾经为了学生的进步而绞尽脑汁，然而事实却总有令人失望的地方。我告诉自己：尽全力做到最好，不论结局如何都已无遗憾。曾经发现富家孩子的孤寂与烦恼，看到贫家孩子的充实与微笑。我提醒自己：生活的快乐与否与财富多少无关，充实带来满足，宁静带来愉悦。我要求自己：把虚伪看在眼里，但不说在嘴里；把真诚记在心里，也放在行动里。

相比于一年前，如今的我，站在熟悉的东大校园，胸中更多了一分自信与坚定。这一年的经历，让我远离了急功近利的浮躁，为我抚平了内心冗杂的起伏，也帮我擦亮了看世界的眼睛。有了这一年的故事，我会走得更加沉稳；带着这远方的牵挂，我将飞得更加高远。

"只有一代又一代支教人的坚持，才能慢慢产生影响"
——第十四届 许德旺
（2012—2013年服务于准格尔旗第九中学）

教育是一个潜移默化、循序渐进的过程，每个支教人都曾天真地以为自己一年的光阴能够改变很多很多，事实上，只有一代又一代支教人的坚持，才能慢慢产生影响。

至善西行 廿念不忘

对于我来说：

这一年，本不爱学习的孩子开始努力听课了，那就值得；

这一年，我的孩子们学会了感恩与坚强，那就值得；

这一年，小镇内的娃娃开始向往外面的世界，那就值得；

这一年，我与四百多个孩子一起成长，那就值得！

若干年后，如若我的孩子真正走进了东大，哪怕只有一个，那就叫做值得。

图 5.11　许德旺辅导学生制作科技作品

五、不抛弃，不放弃

"逢年过节，能收到不少以'宋老师'开头的问候，心里都是甜的"

——第十五届　宋诚骁

（2013—2014 年服务于准格尔旗民族中学）

一年的岁月见证了孩子们的成长，也包括我的蜕变。起初，自己负责的班级在物理考试上处在年级"吊车尾"的位置，但很庆幸孩子们在期末考试时能够冲到年级前二。其间，我明白所谓教学并非只是讲解完知识点的过程，而该注重孩子们学会了多少？从指导孩子们的科技创新小作品过程中，我也梳理着我的专业知识，将所学化为所用。孩子们对我的无条件信任，也提升了我的耐心和责任心。诸如此类，不胜枚举。

我希望孩子们都能有或多或少的远大目标，走出去，读一所好大学，建设家乡等等。后来,我得知教过的孩子们在多年以后考上了清华大学、申请上香港大学,在北上广深的大城市留下了足迹,我想自己的付出是值得的。逢年过节,能收到不少以"宋老师"开头的问候,心里都是甜的。这大概就是支教于我的意义吧。

图 5.12　宋诚骁和学生们

"我不放弃"

——第十七届　常成

（2015—2016年服务于准格尔旗第九中学）

我曾收到过学生偷偷送来的纸条,上面写着"老师,我不放弃"。简单的几个汉字,带给我的震撼和感动并不亚于一句"老师,我爱你"。

我的许多学生并没有在一个很幸福的家庭度过童年,他们的父母或是离异,或是对教育不够重视,也影响着孩子们的学习热情。同事老师几次对我说道:"小常,你是无法改变这群农村孩子六年所养成的坏习惯的。""小常,初一的地理难,这群孩子不会做的题目你不用着急。"但我还是坚信每个孩子的可能!他们的人生刚刚起步,值得我拼尽全力去守护,我宁愿去做那种又盲目又倔强的傻瓜,倔强到不放弃任何一个孩子。

为提高自己的教学水平,我想了很多办法,也向身边有经验的老师请教。同事们给了我很大的帮助,班主任也时不时来我的课堂巡视,并时常安慰我。我给自己也给他们制订了一套套方案,并在方案旁标注着六个大字——"坚持就是胜利"!渐渐地,新的计划终于有了一些成效,孩子们的成绩也终于有了很大提高。

"倾其所有、互伴成长是支教最初的温度"
——第十七届 汤育春
（2015—2016年服务于准格尔旗民族中学）

我那简单却不平凡的一年支教生活是在准格尔旗民族中学中度过的。班级里的学生都是蒙古族的娃娃，我和他们每天早晨七点上早读课，每天晚上十点结束晚自习，回到宿舍休息，日复一日却不觉枯燥。

犹记2015年，初见时他们刚上初一，不熟练地学习有理数，如今六年过去，他们大多已是可以独当一面的大学生。支教的结束并未断开我们的友谊，这些娃娃不时会向我请教数学题的解法、填报高考志愿的策略和如何处理亲人间的矛盾，也会在我的朋友圈评论区提醒我早些休息。支教的这一年让我更加明白教育的意义不仅是给孩子带去知识与眼界，更是给我们彼此的人生赋予牵挂、温暖与希望。即使已经离开支教的讲台，我在孩子们的心中也依旧是那个一直都在的小汤老师。

图 5.13　汤育春的班级合照

"能引导他们在心里多保存几个梦想，便是最大的职责所在"
——第十八届 宋鑫
（2016—2017年服务于准格尔旗第三中学）

我作为支教老师担任了初一年级两个班级的地理教学工作，也负责着初一初二年级的科技课程教学。三中的生源较为广泛，孩子们的学习基础参差不齐，但无论成绩高低、能力强弱，他们都很期待课堂快结束前的拓展内容部分。他们好奇非洲人的牙齿为什么那么白,也惊讶于南方的田里怎么会有水,讲到新奇的事物时,隐约能看到有些眼睛闪烁着光。这些好奇和期待都是星星之火,作为老师,能在教授好课本上的知识点之外,引导他们在心里多播种几个种子,多保存几个梦想,便是最大的职责所在。

"只有思想跟上了,只有精神富足了,这里才能彻底改变"
—— 第二十届 何祥平
(2018—2019年服务于准格尔旗第九中学)

一个学期后,9班有1个小孩辍学、2个小孩转学,10班也有1个小孩转学。就这样,我的娃从102变成了98名。最近又听10班班主任说有2个孩子可能要退学,面对他们的选择,我却无能为力。在劝说其中退学的一个小孩回来上学时,她说:"小何老师,我想去看看外面的世界,一边旅游一边学习摄影,我看抖音上很多人这么做。"我不由痛心,一个初中还没毕业的娃娃,嚷着要出去走自己的路,你知道今后的路,可能会充满各种未知和艰辛吗?

那时我才意识到,跟大迈步的经济相比,这里的思想观念可能依旧步伐拖沓:只要衣食无忧、生活富裕,读书也不是唯一的出路。但贫穷不是原罪,这里缺乏的不是物质而是志向,只有思想跟上了,只有精神富足了,这里才能彻底改变!

图 5.14 何祥平和孩子们

至善西行 廿念不忘

"只有忙碌起来，才对得起最初的选择，对得起孩子们的信任"
—— 第二十一届 刘彦豪
（2019—2020年服务于准格尔旗第九中学）

有一次我找学生们聊天，我问他们长大后想去哪里，很多人都说："老师，我哪也不想去，我就想待在薛家湾。"一时间，我意识到这里的孩子们，物质上并不缺失，缺失的是精神和梦想。我下定决心，要帮助他们找到自己的梦想和方向。

因此，在第一次月考后，我给他们每个人发了一张东南大学的明信片，让他们写上自己的梦想和自己的目标，以此来激励他们好好学习。在空闲时间，我也会和他们谈心，给他们讲述大学里的故事，讲讲外面的世界。下课后总有一群人围着我，一起谈天说地。甚至于当我到达教室时，都会迎来一阵欢呼。

一年来，正是这份感动和孩子们的友谊，支持着我完成了3个班级的生物授课，完成了七年级生物一整套教学PPT。此外我每周会给他们出一套试卷，认真地批改每一个题。

辛苦的付出总会有回报，当第一次期中成绩出来时，我带的三个班的生物成绩，占了全年级的前几名。

虽然每天的事情都会占满我所有的空余时间，但是看着学生们的成绩一点一点地进步，我由衷地感到满足，因为只有忙碌起来，才对得起最初的选择，才对得起孩子们的信任，不会让一年的时间留下遗憾。

图 5.15　刘彦豪和学生们

六、让奇思妙想开出花

"看着他们的梦想一点点发芽"
——第十八届 姜琦
（2016—2017年服务于准格尔旗第九中学）

准格尔旗九中是一所将科技教育作为特色发展的学校，支教团很早便承担起了这份工作。为了让孩子们清晰地看到世界、也看清自己，我和队友刘瑶开始主持开展学校的科技创新项目。我们鼓励同学们积极提出自己的想法，并积极帮助他们探索能够实现想法的途径。

学校的科创队成立后，每天上下午大课间，科技制作室都会聚集满满一屋对科技感兴趣的学生。把学生古灵精怪的想法变成现实有时还真是一件让人头疼的事。但我和孩子们从没有轻言放弃，我也希望他们能在潜移默化中了解过程的重要性。我小心翼翼地保护着他们的热情、他们的梦想。

4月初到6月末，是最艰苦黑暗的日子，早上七点起，晚上十二点睡，忙累了就直接在科技制作室凑合一晚；但这也是最值得留恋的日子，因为每天都和这么多可爱的孩子在一起，看着他们的梦想一点点发芽。352堂科技课，41件科技制作，19篇创意论文，11幅科幻画，这是一年时间我和刘瑶交出的答卷。在鄂尔多斯市科技创新大赛上，我们辅导的小孩包揽了全部5个一等奖，一所学校包揽市赛前5名，这是前所未有的好成绩。还有支教团编写的科技教材，从2015年常成学长开始编写，到如今出版使用，两年时间，两届支教团的心血，成就了这本鄂尔多斯市唯一的科技教材。九中的科技展厅，摆满了历届的科技制作和奖项，如今，我们的成果也占据了一席之地。

春天我们来到小镇播下种子，离开时刚好发出嫩芽，在远方的我们期待着它开出美丽的花。

图 5.16 姜琦分享支教经历

至善西行 廿念不忘

"只有让他们走出薛家湾，他们才能知道自己想要成为什么样的人"
—— 第十九届 华璧辰
（2017—2018年服务于准格尔旗第九中学）

我们研究生支教团在内蒙古已经16年，除了教学，还有一份"大事业"。早从2008年开始，东大支教团的队员就在准格尔旗开展科技创新工作，十年时间，数百名准格尔旗孩子从中获益。我们接过前辈的接力棒，任务艰巨，但斗志昂扬，从钻研自己都未曾熟练操作过的工具到加班熬夜学习科技制作的知识，这些努力也被学生们看在眼里，他们也更加热情地投入到研究中去，比如初三年级的李昊屿，往日里沉默寡言的他，却在动手实践方面有着杰出的表现。

寒假期间，我带着娃娃们离开薛家湾，小心翼翼地带着制作完成的科技作品前往呼和浩特参加自治区的青少年科创比赛。比赛场馆外是冰天雪地，场内则是熙熙攘攘的参赛同学们，他们好奇地观察每一件作品，偶尔还会聚起来讨论交流着。回薛家湾的路上，李昊屿跟我说："老师，明年你再指导我吧，我想超过他们高中组！"一瞬间，我才意识到学生们梦想无限大，他们的潜力不输给大城市的孩子，但是限制他们发展的是封闭的环境。只有让他们走出薛家湾，他们才能知道自己想要成为什么样的人，才能拥有属于他们自己的梦。

图 5.17 华璧辰在指导学生科技制作

> "他们像是鸟笼里的鸟,缺的不是用于翱翔的翅膀,
> 而是需要有人轻轻打开那扇小门"
> ——第二十二届 朱迪
> (2020—2021年服务于准格尔旗第九中学)

在2021年准格尔旗青少年科技创新大赛中,一等奖共6件,我们内蒙古分队参与6件;二等奖10件,内蒙古分队参与7件;三等奖12件,内蒙古分队参与8件;鼓励奖12件,内蒙古分队参与10件。多年来,东南大学研究生支教团给当地的科技创新教育做出了突出贡献。

我时常感觉到学生们对外面广阔的世界充满了好奇与憧憬,却囿于自身情况与周边环境而止步不前,而我们应该去做这样的引路人,带他们看看不一样的东西。他们像是鸟笼里的鸟,缺的不是用于翱翔的翅膀,而是需要有人轻轻打开那扇小门。

图 5.18 朱迪的班级合照

七、蒲公英啊,飞向远方吧

> "孩子们就像蒲公英随风而来"
> ——第十九届 华璧辰
> (2017—2018年服务于准格尔旗第九中学)

有一位性格开朗的小男孩,是班长,是老师的好帮手,在他的心里仿佛住着一个

太阳，有用不完的正能量。每一次跟他聊天，他都会仔细问我大学是什么样的？在这个少年心里，大学这个名词仿佛散发着光芒。一次，他问我："华老师，如果我考上大学，没钱交学费，我还能上大学吗？"这句话让我惊讶，他为什么这么问？我决定去他家家访。终于到了，在一个十字路口，空气中飘着灰尘，到处都是拉煤的货车，前面有几个稀稀疏疏的小房子，其中一间就是家访学生的家。走进屋子，我一时语塞。父亲一人带着两个孩子在这间小屋内度过了10余年。父亲没有稳定的收入，十二岁弟弟的上学问题已经成了家中人的重担。当我问到父亲：是否愿意让我来带他去南京看看大学时，父亲脸上带着不情愿："为什么要去那么远的地方？会不会有危险？我家里也承担不起这么多费用呀。"孩子听到这里，不免流泪，依然默不作声。

我暗下决心，一定要带他走出薛家湾，带他看看东南大学。

我想到，五年前，在准格尔旗一中支教的苏玮学长创办了"蒲公英圆梦计划"，带学生来南京游学。于是，我联系了苏玮学长，并跟他交流进一步落实"蒲公英计划"第三期的工作。我们的想法很快得到了当地团旗委与教育局的大力支持，"蒲公英计划"顺利起航，我们带着30位受资助学子来到我的母校——东南大学，东大各学院与社团也参与到陪同孩子们的队列当中。这是他们第一次离开薛家湾镇，也是他们第一次看外面的世界。短短的七天游学之旅在他们的心中留下了深刻的印象。孩子们就像蒲公英——随风而来，从内蒙古到南京，梦想的种子在心里生根发芽。

"我一定要带她去坐火车，坐地铁，去南京看看"
——第二十届 何祥平
（2018—2019年服务于准格尔旗第九中学）

一年的支教接近尾声，今天是推进第四期"蒲公英圆梦助学计划"的一天，也是家访的第一天。我曾差点放弃这个计划，但后来想想，既然开始，为何不坚持下来呢？

第一个走访的家庭，是我班上的一个孩子。一路兜兜转转，我们终于从楼底下一排矮矮的、灰砖砌成的房子中找到了她家，从一扇约1.2米宽的门走进去，里边不到3米宽，面积不到15平方米。进门口堆着一堆书，簇拥在一起，让这个狭小的空间变得更加局促。里边放着两张床，床上叠放着整齐的被褥，简单，但是干净。最里边的卫生间，约1米宽、2米进深。让人很难想象，在这样的环境里生活八九年是种什么感受。

然而，接触到她妈妈的时候，那种眼里充满幸福的眼神，让我觉得这个家好像宽敞了好多。用陆老师的话来说，她妈妈是一个知书达礼的人。墙上贴着几十张女孩从小到大获得的奖状，包括我上周刚发给她的那张，被贴在了最高的位置。这些奖状固然吸引人，但更让我心头一暖的，是墙上小小的一块区域里贴着两张泛黄的纸片，字迹却依旧清晰，上面写着"闺女的优点是……""儿子的优点是……"我忍不住问道为什么要贴这个，女孩的妈妈说，为了让孩子们觉得自己很优秀，不比别人差。我很佩服这样的家庭教育，或者说，我很感动这个小家，在面对生活的苦难时，能够保持温暖、向上、有爱的家庭氛围。我很庆幸，我遇到了这个小孩，让我看到了平凡家庭里最有温度的教育，我一定要带她去坐火车，坐地铁，去南京看看！

图 5.19　何祥平和他的孩子们

八、熏陶浸润，以文化人

"我能给民中带来哪些不一样的东西"
——第十五届　宋诚骁
（2013—2014 年服务于准格尔旗民族中学）

准格尔旗民族中学在鄂尔多斯市历年中考的成绩排名中名列前茅，是准格尔旗最好的初中之一，生源质量和教师授课水平都很高。初到这里，我将负责两个班级的物理课

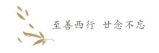
至善西行 廿念不忘

程,可我仍在思考,我的支教将为民中带来怎样的意义?

在长达数月的"摸索"中,我不再迷茫,我不该只是负责授课,更要承担起为孩子们引导正确三观、拓宽视野、树立高尚的人生目标的重任!于是,我带着孩子们参加科技创新大赛,培养他们的科学观、创新思维及动手能力;带着孩子们排练话剧,让艺术的熏陶成为他们成长路上的助力;开办了"无人值守诚信超市",引发孩子们对诚信的思考,树立做人的准则。

最终,孩子们的奇思妙想变成了一件件科技创新小作品,摆满了展室;端午话剧"汨罗殇"引爆全场,孩子们感受到了艺术带来的前所未有的震撼;诚信超市从亏损到盈利,见证了孩子们的成长和转变。

"要有最朴素的生活和最遥远的梦想"
—— 第十六届 尹浩浩
(2014—2015年服务于准格尔旗第三中学)

回想起我们举办的"至善科技夏令营"在三中成功开营,当东南大学的校歌第一次回响在准格尔旗三中报告厅,当SEU的图案第一次被我们呈现在库布奇沙漠中,我们激动到热泪盈眶:我们将东大带到了这里。

为了让这里的学生有机会接触到人文与思想的碰撞,我们创立了"新视界讲坛"。在我的印象中,大学里对我影响最深的地方就是我们的人文人讲堂。红色的背景,白色的前景字。没有任何华丽的背景修饰,简约而不失大气。当6×4米的喷绘挂在三中报告厅后,我才激动地发现,这是另一个人文大讲堂。当我坐在阶梯教室后排往前看的时候,才真正觉得做了一件对得起母校的事情。

这里没那么多名人名家,没有那么多学术巨擘,但我依然希望站在这个讲坛上的人给台下的学子带去一抹新的视界,告诉他们在薛家湾这个安逸的小镇外面还有更广阔的天地,告诉他们除了内蒙古大学之外,还有更多优秀的大学,告诉他们除了向往美好,还要勇于战胜黑夜。

我走的时候再次眺望渐行渐远的准格尔旗——这个用十年时间从贫困县跻身经济百强的产煤大县。煤炭经济的繁荣拉动了教育设施的投入,政府对教育的重视程度也远远超出我们的想象。政府和学校的接纳与支持、学生努力靠教育改变自身的强烈愿望使我们看到了在此支教的意义。我们努力挖掘教育存在的更大潜力,也得以将自己的热力发挥到极致,所以才有了"至善科技夏令营",才有了"新视界讲坛"。我们告诉学生,要有最朴素的生活和最遥远的梦想。

图 5.20　尹浩浩回访准格尔旗第三中学

"诚信驿站的趣事"
—— 第十八届　宋鑫
(2016—2017 年服务于准格尔旗第三中学)

三中的孩子很可爱,课堂上有多困,课间就有多兴奋,他们每天最期待的环节,就是大课间来我们团委组织的"诚信驿站"买个面包、一根香肠,再带一盒酸酸乳。"诚信驿站"面积很小,售卖的货物种类不多,以零食和文具为主,出发点是养成孩子们诚信第一、自觉自律的好习惯,慢慢地也成了我们支教老师和同学们之间特殊的交流站点,有的小朋友就算什么都不买,也会专门跑过来,就想陪你站一会岗,唠上两句。

图 5.21　准格尔旗三中"诚信驿站"

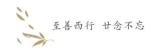
至善西行 廿念不忘

写在篇尾

二十年来，面对准格尔旗或囿于贫困或短于眼界的孩子们，东大研支团成员们孜孜不倦地发挥热力，努力培养遇到的每一个学生，从助力科技教育，到开展科技比赛，再到发起"蒲公英计划""至善科技夏令营""新视界讲坛""诚信驿站"，东大研支团依托东大资源充分开展"第二课堂"教育，全方位地培养孩子们正确的三观，开阔孩子们的视野、鼓励孩子们制定更高的人生目标。

倾其所有、互伴成长是支教最初的温度，在二十年的接力棒传递中，许多孩子由此开启了完全不一样的人生。支教是需要勇气的希望之路，东南大学研究生支教团的每一位成员都义无反顾，把青春献给祖国西部的扶贫事业，踔厉奋发、笃行不怠。

第二节 江西篇：一年支教行，一生支教情

从 2009 到 2022，寒来暑往，四序迁流，东南大学研究生支教团江西分队的成员们在共青城以无限的热忱奉献出热血的青春，他们溯江而上，播撒热爱，留下的是感动，是回忆，是平凡的故事，是纯粹的支教生活。今天，就让我们走进这座满怀希冀的共青城，通过东大研支团江西分队成员的支教随笔，去追寻他们的"爱在共青"。

一、相遇共青城

"我要用这一年的时间，走进她，融入她，并且为之奉献青春韶华"
——第十一届 陈福东
（2009—2010 年服务于江西省共青城市共青中学）

共青城是一座有着特殊意义的小城镇，已故的胡耀邦总书记陵园坐落于此，因此从中央到地方的各级领导常来此参观。这是一片令我陌生而又满怀希冀的热土，在领略这里的秀丽风景和淳朴民风后，我想我深深爱上了这片土地。初到共青，首个困难就是语言不通，为此我利用休息时间去村里和村民们聊天交流，和卖早点的大叔"侃大山"，和小卖部的大婶聊聊物价，和周围的同事讨论教学，和学生们交流成长的烦恼，与当地

人友好的相处也为我日后的工作打下了良好的基础。

"想着想着，仿佛又站在了校园的紫藤廊下"
—— 第十一届 李波
（2009—2010年服务于江西省共青城市西湖小学）

那一天，我们的火车停靠在一个叫"向塘"的地方。

向来痛恨火车的我，竟然产生了留恋的情愫——绿色的火车皮似乎隔离了两个截然不同的世界，在走出列车门的一刻，世界宛如被放置在火炉上肆意灼烧。

"向塘是什么地方？""到目的地共青城该怎么走，还有多远，怎么去？"炎热的天气该是影响了判断，面对这些问题我们一无所知。我试探性地向车站出口走去，看到地面的坑坑洼洼，却看不到大城市火车站常有的摩肩接踵的旅客，好似只有我们一行人选择在向塘下车。我们终于见到有来往的行人，向他打听后得知向塘到共青城的交通，没有大巴车，只能坐"黑面包"。于是，我们见证自己开启了一个"奇妙"的旅程：八个人，九个箱子，三十余个包裹挤进了一辆长安牌小面包车。腿放在箱子上，头顶着箱子，手还使劲拽着包裹……腿动弹不得，头难以转动，我们便仰着头睡觉坚持到目的地，还不忘一手撑着后面的包一手拽着前面的包，其中有打呼的，也有张着嘴流口水的……

正在"困境"当中做着"美梦"的时候，司机师傅告诉我们到了，一个崭新而陌生的、未来我们将把最富有激情的一年时间倾注于此的小城市到了。一年的时间就这样缓缓拉开了序幕……

"这是一座与志愿奉献有着不解之缘的城市"
—— 第十八届 蒋愔澄
（2016—2017年服务于江西省共青城市西湖小学）

我所服务的江西省共青城位于庐山南麓，鄱阳湖西畔，是一座生态小城，也是一座与志愿奉献有着不解之缘的城市。1955年，一批上海共青团的青年志愿者们来到这片热土，开垦奋斗。半个世纪后，从2009年第十一届东大研支团来到这里，到现在正在服务的第十九届研支团，我们在共青城的故事已经传承接力了9个年头。

至善西行 廿念不忘

图 5.22　走进共青城

"我，即将在这座庐山南麓、鄱阳湖西畔的生态小城开启支教生活"
—— 第二十届　胡辰璐
（2018—2019 年服务于江西省共青城市西湖小学）

当我第一次走出"共青城"车站时，宽阔的街道、俨然的房屋让我觉得，这里和想象中的支教地有些许差别。共青城名是由时任中共中央总书记的胡耀邦同志于 1984 年第二次来到共青城时命名、题写的，1955 年，98 名上海志愿者远离家乡，放弃优越的生活环境，来到这里开拓新城。作为全国唯一以"共青团"命名的城市，一代代共青人凝聚起的志愿奉献精神，无时无刻不激励着每一位青年志愿者努力和奋斗。

共青城市西湖小学这个支教点是我们四个支教地中唯一的一所小学。这一年，我担任三年级六班、七班和八班的英语老师，3 个班级，一共 158 个孩子。江西方言里，父母把自己的孩子叫做崽崽，我便是这 158 个崽崽的知心大姐姐。

"在晚夏的光里，遇见一座城"
—— 第二十二届　李斯琪
（2020—2021 年服务于江西省共青城市西湖小学）

从家里出发，花费整整一天的时间，从早上六点到晚上八点，看着天空由暗变亮又渐渐染上暮色，十余个小时的高铁换乘与等待，窗外的风景几经变化，我带着沉沉的

箱子抵达了即将生活一年的共青城,陌生的城市,不熟悉的地标,一时之间都不知道该往哪个方向走,好在出站后就遇到了热情招呼的出租车大叔,很快就把我送到了住的地方,夜色中我无从打量这座城市的面容,只能从闪烁的路灯中窥探到它夜晚的温柔与平静,让人不由期待天亮之后它又会是什么模样。

二、成长共青城

"不管累不累,不管做什么,只要教务处老师一个电话,我绝对没有二话"
——第十一届 陈福东
(2009—2010年服务于江西省共青城市共青中学)

江西省共青城中学是当地唯一一所完全中学,但由于经济发展落后,学校的师资、硬件、配套设施等各项资源都严重匮乏。我担任了初一共六个班约450名学生的生物和计算机教学老师,而学校的机房只有20多台能用的电脑。在这样的困难下,我凭着认真负责的态度和志愿者的热情,为了学生和学校的发展做了以下工作。一、踏踏实实完成教学内容。这是我最基本也是最重要的工作内容,也是需要不断提高进步的过程。一开始我不会备课,上课需要扩音器的帮忙,见到一大帮调皮的学生就犯怵,课堂上教学内容不知道该如何开展。通过向周围有经验的老教师学习和自我的潜心钻研,我的教学工作越来越得心应手,备课有了开阔的思路、充分的准备,上课还可以延伸一些学生感兴趣的知识;也不需要扩音器了,有时候连上三节课也一点不觉得累;管理班级纪律也是游刃有余,那些调皮捣蛋的学生也都渐渐变乖起来。二、不折不扣协助学校教务处做好各类日常行政事务。平时不管是教务处的安排,还是其他班班主任叫我帮忙带一节课,只要没有冲突,我从来不拒绝。学校每一次大大小小的考试同时也是对我耐心毅力体力的一次测验。曾经一个星期之内,我监考了八场考试,数了近万份的试卷,批阅了初一共六个班450份的生物试卷。

"我自认没有这么伟大,我只是做了一件对得起自己的事"
——第十一届 李波
(2009—2010年服务于江西省共青城市西湖小学)

在学期末,我向孩子们公布了他们在考试中所取得的成绩后,问了他们为什么会有

如此大的进步,教室传来了整齐洪亮的回答:"一分耕耘一分收获","天道酬勤"。

是的,这两句话我已经不记得给他们讲过多少次了,他们从一开始的完全不懂到后面的懵懵懂懂,再到通过他们自己的努力后的深刻理解,这一切都让我欣慰,让我知道了一年的辛苦没有白费,这群稚嫩的孩子们是真的懂了。一分耕耘一分收获,正是有了平时的辛苦,平时的耕耘,才有了最后的丰收。第一学期期末考试孩子们就摆脱了戴了三年的倒数第一的帽子;第二学期我们更进一步排名已经到了年级第三,更喜人的是不及格人数降到了史无前例的2人。要知道在此之前我们在倒数第一的位置上待了三年之久,最差时平均分比其他班能少到十多分的。

站在教室外面的学生家长事后给我发短信说:"李老师,你真是孩子们的救星,不光救了他们的成绩,更是救了他们的人生,让他们这么小就已经懂得了这么深刻的道理,而且是通过自己的努力去明白的。"

"200多天里我每天都在感受,都在收获,都在成长"
—— 第十三届 汪晓慧

(2011—2012年服务于江西省共青城市共青一中)

我在中学任教,学校有高中部和初中部,有将近4000个学生,相对于其他几所小学来说,中学的硬件设施要好很多,但是教学压力也会大一些。

8月26日,第一次参加学校的全体教师大会,了解了学校的一些情况。8月31日,第一次拿到上课的课表,上面列了初二两个班的物理课以及五个班的信息课,一星期13节。9月1日,领到教材,第一节课,直接上讲台。

第一次站在讲台上,我没想到的是,下面居然坐着80个学生,密密麻麻的,顿时就增加了我的紧张程度。我刚想开口自我介绍,抬头发现他们每一个都在用充满好奇的目光打量着我,我完全不知道该说些什么。简短的自我介绍之后就开始讲课。一整节课45分钟,对我来说只能用漫长两个字来形容,几十道目光照的我满脸通红,讲话都开始舌头打结。前一天晚上花了好几个小时准备的内容,居然半个小时就讲完了,剩下的时间都不知道该怎么做。也许是把握不了讲课的节奏,也许是忽略了与学生交流的环节,总之发现这些问题对我之后的讲课很有帮助。第二次上课时,我就开始放慢讲课节奏,而且会在适当的时候提问以帮助学生理解。一段时间之后,我对时间的把握越来越好,几乎每节课都能在铃声响起之前正好结束一课时的内容。

图 5.23 汪晓慧给孩子们讲题

"一路走来,是成长不是寂寞,是精彩不是乏味,是喜悦不是失落"
—— 第十三届 雷聪
(2011—2012 年服务于江西省共青城市甘露镇中心小学)

我教的是一、二年级的孩子,其中教二年级一个班的数学。我庆幸我带了一门主课,因为这样,我才与孩子们走得更近;因为这样,工作才更牵动着我的喜与怒;因为这样,我承担了更多的责任,收获了更多的喜乐。在学校的各位老师的指导下,我认真备课、讲课以及课后反思,并顺利而出色地完成了本学期的教学任务,我为自己感到自豪。我爱我的学生,我喜欢他们的朴实善良,喜欢看他们歪着脑袋思考问题,喜欢他们与我聊天,内容简单而温暖,喜欢看他们因鼓励而微笑。学习上,看到他们进步,我比他们还高兴;运动会上,他们在比赛,我比他们还紧张。每次一进校门,孩子都一个接一个地大声问好:"雷老师!雷老师!"在我看来,这是一种认可,让我感动,这种认可一直鼓励、鞭策着我。

图 5.24 雷聪和学生们

至善西行 廿念不忘

"我深刻体会到了作为一名老师,看到自己的学生在不断进步是多么得快乐和自豪"

——第十四届 陶涛

(2012—2013年服务于江西省共青城市西湖小学)

从哪里跌倒,就从哪里站起来。

我从经验丰富的老师那边了解到,虽然课堂乱糟糟的,但通常每节课的前15分钟是孩子们的注意力比较集中的时候,于是我就抢这15分钟把主要的知识点讲完,剩下的25分钟用做小练习的形式巩固所学知识,当然做得好的同学,我会奖励他们一些精美的文具。

孩子就是孩子,不管他怎样调皮顽劣甚至不懂规矩,对于这些精美的小奖品还是毫无抵抗力的,于是教室里每个学生的积极性都被我调动了起来。试行几天下来,孩子们在课堂的表现都有了很大的提高,更令我惊奇的是,陶博恩几乎每次都能拿奖,数学从此也成了他最喜爱的科目。

记得我曾向一位经验非常丰富的班主任请教过,怎样才能做好班级常规的工作,她当时笑呵呵地跟我讲:"一年级的班主任,其实就是保姆嘛!"

听完这句话我明白了,一年级的孩子都还小,自控力比较弱,不可能时时刻刻都能管得住自己,还得班主任来监督。于是,我立志要做一个好"保姆"。

图 5.25 陶涛与孩子们

"成长,不只是崽崽们"
——第十六届 杨炅宇
(2014—2015年服务于江西省共青城市西湖小学)

支教团年复一年的传承接力,也让这份情感得以延续。第十四届研支团的陶老师带的一年级4班,在三年级的时候幸运地被第十六届研支团的黄老师接手。看着教室墙上两年前崽崽们与陶老师的合影,黄老师半开玩笑地跟吵个不停的小家伙们说,你们再讲话,陶老师就不会回来看你们,也不喜欢你们了。本来只想让崽崽们安静的黄老师却被眼前场景惊到了。他们不仅闭上了嘴巴,甚至还趴在书桌上哭了起来。这种感情,只有我们知道,这种感情,也许就是支教老师和崽崽们之间弥足珍贵的专属情感。这份情感,不仅呵护着孩子们的成长,也让支教的我们发生着一点一滴的变化。

从一开始折腾许久,却煮出一层锅巴,到半个小时搞定一桌饭菜;从花上一天的时间备课,上课还要戴着手表控制时间,到拿下手表完美掌控课堂40分钟。这些变化对于第一次远离家乡的我们,第一次站上三尺讲台的我们,都充满了浓浓的成就感。当然所有的一切,都离不开学校老师的支持与鼓励,没有他们的帮助,我们无法在支教一线完美收官,也正是因为他们的关心,让我们能够在开展日常教学的同时,尽己所能,开展公益活动,帮助更多需要帮助的孩子们。

图 5.26 杨炅宇给学生们上课

"支教已经教会了我一种最简单的幸福,那就是'帮助'"
———— 第十七届 夏正昊
(2015—2016年服务于江西省共青城市西湖小学)

支教的最后一堂课,收到孩子们亲手画的一本本记事簿,感动之余回顾这一年,支教不仅是带给孩子们一节节开拓视野的课堂,也是给自己上了一期关于幸福的课程。虽然平时课堂中对孩子们很严格,但是这些小天使总能敏锐地捕捉到你的善意与用心。孩子们每次课上调皮捣蛋,课后都会偷偷跑过来害羞地说对不起。有一次家访,孩子对父母说课间总有很多同学围绕在夏老师身边。我好奇地问你们为什么老爱黏着我?她说夏老师的身边很温暖。那时突然发现,支教已经教会了我一种最简单的幸福,那就是"帮助"。

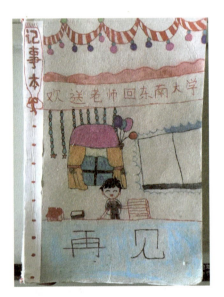

图5.27 孩子们亲手画的一本记事簿

"希望明信片上的话能够帮到一两个人做出一点点改变,便足矣"
———— 第二十届 张娜威
(2018—2019年服务于江西省共青城市西湖小学)

最后一堂英语课,给孩子们发东南大学的明信片,每张明信片上都写了我最想对他们说的话。发之前介绍东南大学时，每当我放一张东大的照片，他们都会此起彼伏地发出惊叹，我才发现，作为一名支教老师，我把每堂课的每分钟都用在了教学上，却忘了跟他们谈谈我的大学，谈谈共青城之外的地方，我多么希望他们之中能有人考上东大，来到南京。

课后的安全岗，孩子们把我围住让我在明信片上写电话号码，我看到一直被我批评管不住自己的同学在明信片上写着"Miss Zhang，以后我会管好我自己的"，我也看到似是无欲无求的王凡躲在熊忠辉的背后让他来替自己要我的电话号码。其实每个孩子都那么可爱，可是我的力量太过微小不能帮到每个人。只希望写在明信片上的话能够帮到他们做出一点点改变，便足矣。

图 5.28　当地学生们拿着东大明信片

"要在一天天的相处中将心比心，以心换心"
—— 第二十一届　陈静怡
（2019—2020 年服务于江西省共青城市西湖小学）

以前总觉得小学生就该是自己看到的样子——认真上课，乖乖听老师的话，明白要好好学习，天天向上；也总觉得父母们也该是自己了解的样子——关心孩子学习，呵护

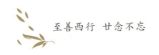

孩子成长，做好孩子的第一位老师。而最不可靠的往往就是"我认为"。

社会环境和成长环境的不同，因此孩子们的性格、行事作风都会有所差异，为何一定要和我所要求的一模一样呢？孩子们不是批量化生产的，他们是几十个各不相同的独立个体，要尊重孩子们的想法和做法，要倾听他们的声音。我能做好的是在他们学习的最初阶段帮他们养成良好的习惯，奠定扎实的基础，培养优秀的品格，而不是让每个孩子都变成100分小孩。

如果不是经历支教这一年，我也许无法想象这些情景，也无法设身处地地站在孩子们和家长们的角度去思考。支教志愿者不应该是一个高高在上的"援助者"，而应该是一个日常琐碎的"参与者"，在一天天的相处中将心比心，以心换心。

> "尤其是很多学习成绩并不突出的孩子在这个过程中慢慢变得
> 更加自信阳光，让我收获满满的成就感和幸福感"
> ——第二十二届 王敏
> （2020—2021年服务于江西省共青城市西湖小学）

我在半年的教学实践中，在不断的摸爬滚打中，找到了适合自己和学生的教学模式，总结出了一套属于自己的教学机制。首先是，完善的积分卡奖励机制，针对优秀的课堂、作业、考试等表现，及时进行积分奖励，并且每个周期兑换成小零食、小文具等。第二是每日阅读打卡机制，我在班级微信群引入打卡制度，并且对坚持阅读打卡的孩子进行精神表扬和物质奖励，帮助孩子们培养良好的学习习惯。第三是阅读之星、写作之星等评选制度。每周对孩子们的阅读、写作等表现进行综合评价，总结班级阅读状况并奖励。哇，孩子们对于积分打卡的热忱超乎我的想象，而且他们可以拿回家和父母、小伙伴们炫耀，同学之间会互相比较谁拿到的积分更多。这极大提高了孩子们的学习积极性，为了拿到更多的积分，孩子们上课讲话和做小动作的频率比之前降低许多。

当然，改变不能只在课堂内。我比较推崇素质教育，从课前三分钟小演讲，到带领孩子们利用课余实践开展讲故事比赛、诗词比赛、班级联欢会等活动，孩子们以肉眼可见的惊人速度成长着。从一开始上台紧张地发抖、说不出话来，到后来从容自信侃侃而谈，让我无法想象这是同一个孩子。

三、相伴共青城

> "我们东大五个志愿者和上海财经大学的三名志愿者
> 结拜为'共青八怪',亲得就像一家人"
> —— 第十一届 刘露
> (2009—2010年服务于江西省共青城市东湖小学)

除了认真完成工作,我们这群充满朝气热情洋溢的年轻人也没落下丰富课余生活的机会。初到异地,大家免不了经常聚在一起,嘘寒问暖,安慰鼓励,偶尔也能听到遭遇小偷和抓老鼠的故事。我们来自东南大学的五名志愿者和上海财经大学的三名志愿者结拜为"共青八怪",亲得就像一家人。多年来终于可以尝试自己做饭了,我们兴趣盎然地钻研厨艺,改善生活;国庆节我们聚在一起,一边观看阅兵式,一边包饺子庆祝;赶上小顾的生日,四川"大厨"亲自烧了一桌菜为其庆生;作为志愿工作者,我们很荣幸地出席了由共青团中央书记处第一书记陆昊同志主持的"共青城投资考察推介恳谈会";假日灿烂的阳光里,我们一同骑车出游,领略鄱阳湖的绮丽风光;国际志愿者日这天,我们一起去敬老院看望老人;听在共青城奋斗了一辈子的上海知青垦荒队副队长陈家楼老先生,为我们讲述这片热土上前辈志愿者们的故事……

图 5.29 江西分队第十一届志愿者培训合影

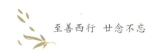

"支教的队友是和我志同道合的朋友，我们一起经历支教生活的酸甜苦辣"
—— 第十二届 秦小青
（2010—2011年服务于江西省共青城市西湖小学）

我也不能忘记在共青城一起支教的5个队友。在共青城，他们就是我的亲人。我们来自全国各个地方，山东、四川、江苏、湖南和安徽，但因为东南大学支教团，我们曾经不相识的6个人结下了深厚的友谊。支教的生活苦乐参半，途中我们会遇到大大小小的麻烦，因为有彼此的支持和帮助，很多困难迎刃而解。在锅碗瓢盆不齐全、窗户破裂的厨房里，我们也共同做出了美味的佳肴。每当我们6个人聚到一起，学校和学生是我们必谈的话题。"今天王老师的公开课上得真好啊"，"今天我们班有三个学生睡觉，我应该怎么处理好"，"我们班有个学生那英文字写的，该如何把他的字矫正过来呢"，"我们西湖小学全体老师要为建党九十年排练歌曲哦"，"看我们班一个学生的语文作文，太有才了"，"我狠下心血的这个班地理一定要考好啊，保佑保佑"，"同志们，我们班又考试了，你们吃完饭帮我统分哦"，"我们班一个小孩分数从68跳到98了，我该高兴呢，还是得有点怀疑精神"，"快看，今天教师节我收到了好几张贺卡哦"，"我们班小孩太活跃了，我一个人的声音怎敌他们一个班86个人的声音，我再次失声了"，"来，含一颗西瓜霜吧"……每天，我们6个人一起聊着学生的话题，乐此不疲。支教的日子，我们把西瓜霜当糖吃，只希望站在讲台上能以洪亮的声音上课，保证大家都能听见。支教的队友是和我志同道合的朋友，我们一起经历支教生活的酸甜苦辣。在共青城，我们还有幸与上海财经大学和南昌大学的支教队友结下了深厚的友谊。相信最能理解自己的应该就是身边这些支教的朋友了。

"支教一直在传承，支教老师的爱一直在延续"
—— 第十七届 蒋烨琳
（2015—2016年服务于江西省共青城市西湖小学）

东南大学研究生支教团与西湖小学已有六年的合作，我们到来时是第七年的开端。之前的支教工作得到了当地学校的高度认可，除了担任主课老师，我们还开展各类爱心公益活动。

我们曾参与了常熟理工学院生物学院—西湖小学"希望班"揭牌及捐助活动。该项活动由2012届研究生支教团成员、时任常熟理工学院生物学院团委书记的黄志春学长发起，当听说学院要推出团支部对接贫困学生的活动时，他立即想到自己曾支教过的西湖小学，因而也第一时间联系到了我。

我们把活动汇报给校长，最终确定了20名家庭贫困、热爱学习、乐于助人的孩子，颁发每人每年500元的奖助学金。500元，对于我们来说不算什么，但是对于家庭困难的孩子来说，都可以是他们一年的学杂费了。西湖小学德育处老师说："你们东大研究生支教团的老师们真是为孩子们带来实实在在的福祉啊，学校条件有限，基本没有奖助学金，你们颁发的奖学金最多了！这真是一件功德无量的大好事！"其实，怎么敢担当这"功德无量"，我们只是真心地想帮助这里的孩子们，一届又一届支教团队员，永远都挂念着他们曾经挥洒青春的这一片热土，挂念着出现在他们生命里虽然只有短短一年，但是占领了他们整个灵魂的小天使们。

图 5.30　第十七届江西分队成员们

"这样神奇的相遇是种奇迹，我想支教成全了我这样的理想主义"
——第十七届　朱婉秋
（2015—2016年服务于江西省共青城市西湖小学）

支教结束的那天，我们决定晚上走，但孩子们还是赶来了。过安检时，发现凭空多出来一个袋子，里面装着六罐可乐，四五瓶矿泉水，一些苹果和零食——这是在夜色沉沉里，到车站送我的孩子们亲自挑选的。打开微信，已经有很多消息需要我查看：

"朱老师,我不舍你!"唉,你们还是喜欢漏字。

"朱老师,你记得回来看我们!"我记得的。

"朱老师,你已经走了吗?"是啊。

"朱老师,我现在想说,我爱你!"你不知道,你不调皮的时候,我有多爱你。

"朱老师,看到了你出发的时间,李谦就抱着你送她的小兔子一直在床上哭。"不哭,和老师说声再见吧。"她现在说不出话……"

车开动了,恍惚回到当初一个人来到共青城时的样子。来时,我兴奋不已,去时我牵挂难舍。忽然就哭成了泪人。有人说年轻最可怕的地方就是10岁、20岁的人却有一颗80岁的心,按部就班过日子,不想越界看不同的风景。这样神奇的相遇是种奇迹,我想是支教成全了我这样的理想主义。

图 5.31　朱婉秋和孩子们

"白天和这群'小恶魔'斗智斗勇之后,傍晚和队友们回到小窝里
　　就开始了一天中最为惬意的晚餐时光"
　　　　　　　　　　　　　　——第十八届　蒋悟澄
（2016—2017年服务于江西省共青城市西湖小学）

在西湖小学的日子里,每周14个教学课时,4个班级320个让人又爱又恨的崽崽,

每个课时 640 本作业本 2 本教案，共同构成了我每天充实欢乐的支教时光。

白天和这群"小恶魔"斗智斗勇之后，傍晚和队友们回到小窝里就开始了一天中最为惬意的晚餐时光。平日里会焊电路会编程序的工科大神们，洗菜切菜照样有模有样，煎炸炖煮，甚至颠勺都毫不费力，一气呵成。再看看我们出品的菜色：爆炒花甲、糖醋里脊、红烧排骨、麻婆豆腐、孜然土豆，周末再来一顿小火锅大快朵颐。锻炼了自身厨艺的同时，我和队友们的体重也都噌噌往上涨。

图 5.32　第十八届江西分队成员合影

"寒来暑往，3000 多个日子串起了 45 位支教老师生活的酸甜苦辣"
　　　　　　　　　　—— 第二十届　胡辰璐
（2018—2019 年服务于江西省共青城市西湖小学）

今年已经是东南大学研支团江西分队在共青城支教的第十个年头。寒来暑往，3000 多个日子串起了 45 位支教老师生活的酸甜苦辣。

十年前，第一批来共青城支教的李波老师说："带给学生两颗心，一颗信心，一颗爱心。支教是一种生活态度，也是一种生活方式；做一年的志愿服务工作，更要做一辈子的志愿者。"

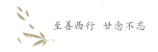
至善西行 廿念不忘

"中国青年志愿者优秀个人奖"获得者,现在在美国读博的第十四届研支团陶涛老师说:"奉献自己的青春,收获孩子们的笑颜,我是幸福的。"

第十七届的杨雪晴老师是乒乓球国家一级运动员,支教期间她和队友们成立了西湖小学乒乓球校队,硕士毕业后,她选择扎根共青城工作和生活,教更多的孩子打球,也促进了共青城体育事业的发展。

三尺讲台,播撒爱与希望。但我们的支教故事,不止于此。支教工作得到了当地团委和学校的高度认可,除了担任主课老师,我们还开展各类志愿服务活动。

图 5.33 第二十届江西分队成员们

"原来只要勇敢迈出那一步,就会发现她们已经走出了九十九步在等我"
——第二十一届 陈静怡
(2019—2020年服务于江西省共青城市西湖小学)

今年共青城的夏天有着格外多的雨水。一个普普通通的加班的夜晚,一如往常地骑车回家。转过第一个红绿灯,车子意外失控,连人带车在路上滑倒摔了下去,只听见后面人的惊呼。慌忙站起,除了感受到胳膊和膝盖的疼痛,委屈也一瞬间翻涌。脑海中冲出的第一个想法就是给诗诗打电话,却是还没有说出一个字就开始大哭。诗诗在电话那头着急地安慰着我,告诉我他们都会一起来接我回家。在小区门口看见诗诗、大师、曹老师的时候有了一种"劫后余生"的庆幸。出事时第一时间想到你,而你恰好也在我身边,有人可以信赖是这么让人心安。

办公室的快乐午休时间,吃货们凑在一起往往容易做出冲动的决定,载着小姐妹,"长途跋涉"12公里,从共青城到德安县,这是我见过的最美的晚霞。和小姐妹们一起吃水煮菜,一起喝奶茶,一起在义峰山下漫步、逛地摊,没有了在办公室的正式严肃,有的只是好朋友之间的说说笑笑。

图 5.34　第二十一届江西分队成员的合照

"这一年的点点滴滴,让我觉得我们就是一家人"
——第二十二届　杨建强
(2020—2021年服务于江西省共青城市西湖小学)

这一年除了与学生的朝夕相处,接触最紧密的便是我的三个队友。从小到大,一直觉得自己特别的幸运,身边总有很多聪明能干而内心柔软之人。非常感谢我的队友总是让着我,照顾着我这个大孩子。

我们一起买菜、做菜,走遍共青城大大小小的菜场;我们一起找美食,寻遍共青城的犄角旮旯;我们一起吐槽学生的不听话,一起分享教学中的搞笑故事;我们一起在深夜谈论人生理想,谈论教育的意义,谈论将来,我们会走向哪里……

图 5.35　第二十二届江西分队的自拍

四、爱在共青城

"给孩子爱,他们会回报你更多的爱"
——第十二届 廖蓉
(2010—2011年服务于江西省共青城市东湖小学)

在课堂上我总是想尽办法活跃气氛,用讲故事、说笑话来激发孩子们的学习热情,让他们觉得学习是快乐的,充满乐趣的。每次进行单元测试,我都会自己掏腰包给考得好的和进步大的学生买可爱的小奖品,看到他们满足的表情,我也好开心。班上的学困生,曾经一度是我头疼的问题。最开始,我深信只要我严加管教,动之以情,晓之以理,就有可能帮助到这些孩子,然而事实告诉我没那么简单。有些孩子,不论怎样的教育方式总是进步不大;也有些孩子,感受到他人的真心付出时会积极改变自身。在我这里补习的几个孩子,时间不长,其中有一个却令我很震惊,上下两个学期对比,进步非常大。在我细细解说文章重在表达真情实感的教导下,作文水平也有很大提高。对他们,我付出了真心,做出了努力,期待他们有所进步,也的确有不少孩子没有辜负我,他们的语文成绩显著提高,对英语也开始产生了学习的兴趣,这是值得欣慰的。

"我们没有华丽的语言去渲染支教的意义,
但意义已经渗透在我们在这片土地上的每一个脚步里"
—— 第十三届 吴晓纯
(2011—2012 年服务于江西省共青城市西湖小学)

2011 年的冬天,我们收到了东大医学院所捐赠的多达 300 公斤的衣物。

颇感意外的是,在队长汪晓慧和医学院负责的同学取得联系后不到一周,全院同学捐赠衣物活动就很快得以落实,在此也对他们表达最诚挚的谢意。

不过,一段小插曲是衣物被寄到了 50 公里外的九江市,我们在队长的带领下,努力将衣物取回至共青城。

我与雷聪原本以为半天时间足以将衣物整理、分类好,却并非如此。未来的白衣天使们此前已经认真地对衣物进行过清洁和消毒,叠放整齐后,将每个包裹袋都包扎得十分牢固,我们俩的任务是将其再过滤一遍,毕竟德仁苑里念书的孩子,最大的也只上到初中,很多大学生的衣物对他们来说暂时利用不上。这个过程十分有趣,我和雷聪不禁对这些来自陌生校友的衣物的主人产生各种各样的联想:比如说那件大大的篮球 T 恤肯定是属于喜欢运动的男生,而那件秀气整洁的毛衣肯定属于一个特别小巧可爱的女生。我们将衣物分为男生秋冬装上衣和下衣、男生春夏装上衣和下衣、女生秋冬装上衣和下衣、女生春夏装上衣和下衣等等几类。衣物实在不少,我们整理到日薄西山时也只完成总量的五分之一,幸好及时发动分队队员们的力量,最终顺利完成工作。一些对学生们不太合体的衣裳,我们都收集起来后捐赠给附近一家养老院。

整理工作刚刚开始时,我们忙着闷头干,后来几个活泼的孩子找到屋子里来,对这些衣物表现出极大的兴趣,非要加入我们,一起整理。我们意识到,就该让孩子们自己来挑选自己喜欢的衣物嘛。也许,这种分享讨论的过程也是捐助活动意义的一部分。

图 5.36 吴晓纯写板书

至善西行 廿念不忘

> "看到孩子们开心的笑容,我们是欣慰的,这一切的付出都值得"
> ——第十四届 陶涛
> (2012—2013年服务于江西省共青城市西湖小学)

1955年,正是因为98名上海志愿者远离家乡,放弃了优越的生活环境,来到这里开荒兴城,才有了今天的共青城。共青精神就是志愿奉献的精神,如今这股力量无时无刻不影响和激励着我们,鞭策我们不断地努力和奋斗。

在教学之余,我和队友们发现学校的孩子们有着浓厚的阅读兴趣,校园里经常能看到孩子们捧着课外书在认真阅读,但是学校由于经济条件限制并没有图书馆,孩子们可以看的书很少很少。于是,我们联系了母校东南大学,很多院系和部门纷纷为孩子们寄来了适合他们阅读的课外书籍。我们用这些书设立了"爱心图书室",这个图书室成了孩子们课余最爱去的地方。

江西阳光成长中心,又称德仁苑,是当地的一家儿童福利机构,里面的学生多为孤儿或者单亲家庭的孩子。德仁苑有近100个孩子,但是只有3位老师,平日里根本忙不过来。早在上一届,江西分队的队员们了解了这个情况后,就利用周末的时间去德仁苑那里帮助孩子们补习功课。我们同样接过了上一届的接力棒,虽然我们这届只有3名队员,但是我们依旧利用每个周末的时间去德仁苑为那里的孩子辅导作业,还利用自身专业的优势为孩子们开设各种各样的兴趣课程,丰富了他们的课余生活。

> "时常感恩拥有过的一段支教时光,它纯粹的力量成为我日后
> 前行路上的能量站,让自己的人生道路更加厚实"
> ——第十六届 杨炅宇
> (2014—2015年服务于江西省共青城市西湖小学)

这是郑桢,一个三年级的孩子。冬天的时候,总是拖着一条鼻涕,带着他那都磨出一个洞的书包,坐在教室的一个小角落里,不定时地讲话捣蛋,为此我跟他交流过多次,收效甚微。一次偶然,我半开玩笑地跟他约定,下次测验考得好,就请他吃共青壹多滋的面包。也许面包的奖励对于他来说诱惑太大了,之前一直调皮捣蛋的他,竟然在下课一直追我到办公室楼下,气喘吁吁地把英语书拿出来让我检查。在接下来的学习中,他的成绩上升很快,一次次测验考得确实不错,我便兑现了承诺。买完面包我跟他说:"你快点回去吧,别让爸爸妈妈担心。"他眼睛却看着别处,若无其事地跟我说:

"我爸妈在外面打工,家里只有我和奶奶。"我问道是不是很想爸爸妈妈,他低着头不作声,踢着路边的石子,径直走了。我也以为我和他的故事,到这里就结束了。

但有一天,他开心地跑来跟我说:"老师,我周末要去江苏,我要给你带糖。"我一听是江苏就很激动,问他去哪个城市,他说:"上海。"我笑着跟他解释上海不是江苏的城市。他似乎不太明白,只是一个劲地强调并有点骄傲地说要请我吃糖。周一放学,他叫住了我。就在我想,会是什么可爱别致的糖果时,他从那个磨破角的书包的最下面,无比兴奋地掏出一盒红艳艳的喜糖,猛地塞给我,很兴奋地说:"喏,这是专门给你带的。"他仰着头开心地看着我,鼻尖上还有细细的汗珠,黑黑的脸颊上有着营养不良形成的白斑,我心头一酸,努力地克制住就要涌出的泪水,想说很多,却只是一个劲地笑着对他说谢谢。

"如果我的青春里还有什么东西闪闪发光,
还有什么可以让我热泪盈眶,那就是这一年的支教"
—— 第十七届 蒋烨琳
(2015—2016年服务于江西省共青城市西湖小学)

随着我们的成长,每一次选择都会影响人生方向,也会影响我们最终成为什么样的人。现在回想支教时光,我第一次走出学校的环境,在社会中感受人情冷暖,感受社会的纷繁复杂,思考在原有生活中从来没有思考过的问题。相比于来到这里之前的生活,在共青城的时光,我"对付"过最多小朋友,开展过最多次公益活动,做过最多次饭,爬过最多次庐山,这些都成为我人生中重要的回忆。支教的确就像青春时候埋藏的一坛好酒,日久弥香。如果我的青春里还有什么东西闪闪发光,还有什么可以让我热泪盈眶,那就是这一年的支教。

图 5.37　蒋烨琳和孩子们

"支教的魅力,不是奉献、付出这样的口号,
而是一种真切的情感体验,一种让生命变得坚韧勇敢的心路历程"
——第十八届 蒋愔澄
(2016—2017年服务于江西省共青城市西湖小学)

我渐渐发现,自己并没有很想离开这里,也并没有那般柔弱和不堪一击。

蒋老师,完全可以是一个班级的顶梁柱,呵护每一个孩子。期末考试,我所带的四年一班取得了年级第一名的好成绩。知道成绩的那一刻,内心的感动再一次翻涌,久久不能平息。我忍不住拿起手机发了一条朋友圈:曾经以为自己坚持不下去了,曾经以为自己不够坚强,经不起风雨的洗礼,但是支教让我重新认识了自己。这一年,我克服了所有意想不到的困难,比看到孩子们进步更开心的是看到了自己的成长和蜕变。

和以前一样,朋友圈里,大学同学已拿着高薪,捧着国外顶尖名校的毕业证,享受着更优渥的物质条件。而此刻,我为孩子们取得的成绩自豪,我为自己的蜕变感到骄傲,我也真心诚意地为朋友们点赞祝福。但此时此刻,我不会再迷茫,不会再质疑,因为我找到了自己的意义。我不会再说离开,更不会再言放弃,因为这里有我想要坚守的宝贝。

"在四季轮回里,我用心爱着孩子们,也被孩子们爱着"
——第二十届 杨雪梅
(2018—2019年服务于江西省共青城市西湖小学)

共青城,是一个我每每想到心中都会感到温暖的地方,那里有牵挂的人,有最值得回味的青春。在四季轮回里,我用心爱着孩子们,也被孩子们爱着。在开始支教时,我期望能够迅速成长为合格的教师,不负教书育人的使命。在临近支教结束时,孩子伏在我的耳边说:"杨老师,我要考上东南大学去找你。"那一刻我仿佛明白了支教事业的意义,除了传授课本知识,更重要的是,在一代代支教人的影响下,无数颗寄托着希望与梦想的种子被播撒在祖国辽阔的西部,我们一同期待着梦想之花开花结果的那天。西部计划是一份充满爱与责任的事业,能够为这份事业贡献一点力量是我的荣幸,支教带给我的成长,一直激励着我用实际行动为国家发展做出更多贡献。

"我们终究没能带去什么,也没能带走什么,只是留下了一份真情在这里"
—— 第二十届 林夏
(2018—2019年服务于江西省共青城市西湖小学)

一年的时间说长也不长,说短也不短,我觉得很幸运,能和他们度过这最有意义的一年时间。

我们班的小孩子很调皮,直到我走的那一天依旧。可是当我告诉他们我要走了,他们很多人也会很不舍,有的小孩子悄悄地跑到我的办公室,给我送来了礼物,还要让我和她交换联系方式,有的小孩子专门跑来给我拍照,有个平时很调皮的孩子,说自己用平时攒的钱,买了一幅字送给我。

最后几节课的时候,我和体育班上的孩子合照,告诉他们我即将要离开了,他们说"老师,我们舍不得你"。看着他们,我一时没有缓过神儿来。我告诉他们:以后毕业、转学都会遇到很多分别的时候,没有什么舍不得的,要学会接受新的老师和同学。他们看着我,懵懵懂懂地点点头。

图 5.38 林夏与孩子们

最后一天吃饭的时候,王校长拉着我们的手说:"希望西湖小学能像你们的家一样,希望你们今后可以常来。"西湖小学在那一年里,已经成了我们每一个人的家,因为我们在这里已经心有牵挂,我想我一定会再次来到这片土地。

来培训之前,陆书记说,不要总想着能从支教中获得什么,而要想想,自己究竟能够带去什么东西。而我们终究没能带去什么,也没能带走什么,只是留下了一份真情在这里。

至善西行 廿念不忘

"这段记忆将伴随着我与时间一起进入无垠的大海,扬帆远航"

——第二十一届 张悦浩

(2019—2020年服务于江西省共青城市西湖小学)

在这一年的时间河流到达终点——大海前,共青城又一次进入了夏季,下半学期迎来了尾声。当在期末考试中看到我的孩子们取得了极大的进步时,我不由自主地回首这一年,自己也成长了太多。离别之际,总想和数不清的人道别一声,也总想着数不清的事情。

还想最后一次站上讲台给孩子们讲讲世界,讲讲小城之外的故事。还想最后一次与办公室的老师讨论海昏侯的历史,说说共青城的小故事。还想最后一次与英语组的老师谈论英语教育的相关知识,聊聊家长里短。还想最后一次与三位小伙伴在客厅里谈天说地,与另两个支教团的同学把酒言欢。还想最后一次行走在共青大道上,徜徉在珍珠湖公园的湖滩之上。

图 5.39 张悦浩和孩子们

我希望时间之河能等等我,让我再多多感受这个城市的脉搏,这个鄱阳湖畔的小城的脉搏,但是它只是静静地流向了远方。可是啊,这段记忆将伴随着我与时间一起进入无垠的大海,扬帆远航。

"1份的付出，55份的回报"
—— 第二十二届 王敏
（2020—2021年服务于江西省共青城市西湖小学）

你对孩子们的爱，他们小心翼翼地珍藏在心里，用他们的单纯、善良、可爱在一点一滴中反馈给你。这种收获感、幸福感和成就感，是我从来没有体会过的。虽然在支教的过程中也有很多令人心烦的事情，但是这跟作为老师的幸福感比起来，根本微不足道。班里有很多这样的孩子，下课后总喜欢跟在我后面，忍不住和我分享在学校、在家里发生的趣事：被哥哥姐姐打哭了，被弟弟妹妹抢走零食玩具了，被爸爸带去吃肯德基了，在班里谁和谁"绝交"了，哪个老师今天罕见地没布置作业了……他们总是喜欢把他们小小生活中一点一滴的酸甜苦辣说给我听，有时候上课的时候也突然举手说起自己家的家长里短，我也是非常无奈了。但是，被我爱的这群孩子们百分之百地尊敬着、信任着、依赖着，就是一件很幸福的事情。

图 5.40 备课中的王敏

写在篇尾

在仲夏的夜里，我们与共青城相遇；在紫藤的长廊下，我们与共青城一同成长；在春来秋往的岁月里，我们与共青城携手相伴；在一年又一年的接力中，我们将心中的爱与共青城连接在一起。

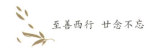

青襟之志，履践致远。江西分队的成员们在这座与志愿服务有着不解之缘的共青城里拥有了自己的"崽崽"，他们与"崽崽们"一同收获精彩与喜悦、成长与感动。世间因少年挺身向前而更加瑰丽，江西分队的少年们用自己的实际行动诠释了"一年支教行，一生支教情"的真正内涵，东南大学研究生支教团的成员们也会继续谱写属于自己的"爱在共青"，不啻微芒，造炬成阳。

第三节 云南篇：以成长之名

从东南沿海到西南边陲，一群又一群弱冠有余的东大学子成为大山里的引路人，与云南南华的孩子们一起奔跑、一同成长，他们将自己对陪伴和爱心的理解书写在这座大山小城。今天，让我们将时间的齿轮拨回与云南初见的2013年，通过东大研支团云南分队成员的支教随笔，走进这段属于他们的青春华章。

一、初见云南

"在他们的世界里，也许村东头的那棵大树，
村西边那条小河，就是整个世界了"
——第十五届 沙俊
（2013—2014年服务于云南南华县民族中学）

云南，这个坐落在祖国西南边陲的美丽省份，大自然赋予了它玉龙雪山、哈尼梯田、香格里拉以及数不清的绝美自然风光。但是，当你真正地走进它，同样会发现，那隐藏在大山深处的、令人心痛的贫穷与落后。我支教的所在地是云南省楚雄彝族自治州南华县。南华县有99%的土地面积都是山区，小小的县城被围绕在仅仅占总面积1%的坝子上面，尽管是县城，却仍然在最中心的地段有着破败的房屋。南华有10个乡镇，最远的一个乡镇——兔街镇，直线距离20多公里，却要开6个小时山路的车。交通的不便，直接制约着经济与教育的发展。很多孩子这辈子去过最远的地方，就是学校所在地的乡镇了。当我利用周末的时间走遍南华大大小小10个乡镇的时候，我才知道了在

南华最广袤的山区里面乡镇学校的原本面貌。有一所名叫三家完小的村级完小，学校仅有 3 个年级，4 个老师，57 个学生。校舍破破烂烂，很多课桌都还是十几年前的。学校老师告诉我，很多孩子的家就在对面那座山头上，可是步行却要三四个小时，没有办法只好住校。宿舍还是传统的大通铺式，像这样的床得并排着睡 8 个孩子，而这样的学校，在小小的南华县就有上百所。说起孩子，我所教的孩子 95% 以上都来自山区，他们和城市里的孩子不一样，学习之余，早早地就要学会上山砍柴、下地耕作，十三四岁的孩子，双手却早已起了一层薄薄的茧。而在山区，像这样皮肤黝黑，穿着破烂衣服、鼻涕横流的孩子更是常见。

"当你细细品尝了某地的一年春夏，这个地方，就是故乡"
——第十七届 蔡星
（2015—2016 年服务于云南南华县第一中学）

南华，国家级贫困县，又有"野生菌王国"的美称。自然资源的优势，使得他们只要每年固定时节上山去采野生菌就能维持生计。安逸的生活加上得天独厚的气候环境，造就了云南人的"家乡宝"：不需要太高的学历，更不想去大城市生活。

我所执教的学校是这镇上仅有的一所高中——南华县第一中学。校园里蓝边白底的教学楼，塑胶跑道的大操场，看起来并不贫困。可当走近你会发现，很多孩子的家里仅有的电器就是一台电视，而他们在学校的宿舍，二十个人一间，满满当当，没有热水更没有空调。

"二十几岁的年纪，最美的光景，一行 4 人，
从六朝古都南京，奔向了那个期待已久的云南"
——第十九届 胡园
（2017—2018 年服务于云南南华县民族中学）

从 40 摄氏度高温的六朝古都，来到了如春天般气候宜人、凉爽舒适的彩云之南，我从一开始就对南华有了十分的好感。

南华县位于云南省楚雄彝族自治州，地处滇中高原腹地，少数民族人口众多，境内盛产野生菌，素有"野生菌王国"的美称。作为东南大学定点扶贫县和支教点，南华

为每一届研支团都献上一份固定的见面礼,也即第一顿饭——"野生菌土鸡锅",肥美黝黑的土鸡熬出至鲜至浓的鸡汤,加上新鲜采摘的野生菌一起烫煮,怎一个"鲜"字了得!一顿饭便完全"收买"了我们的心。

南华是个小县城,物价很低,没有人会匆匆忙忙赶公交赶地铁。这样的慢节奏生活是我此前未在喧嚣的大城市里体验过的,悠哉徐行在麻雀虽小五脏俱全的南华县城,周围的空气都似是微甜而自由的。

"一年的时间,我真正地融入了这座云南小城"
—— 第二十届 姜牧笛

(2018—2019年服务于云南南华县思源实验学校)

2018年8月上旬的夏天时分,初到云南省楚雄彝族自治州南华县,当地学校还在放假。

一切都是崭新的:空气中充满着的是从未呼吸过的清新气息,带着山间的一丝诱人的野味。蓝天清澈如洗,大片的蓬松的云朵缀在其中。地处高原,太阳热烈得耀眼,有时淅淅沥沥的雨水瞬间透着清澈的阳光滑落。自然好风光,这里,仿佛是梦中的桃花源。

然而现实的艰难将我们一棒子打醒:进县城时的盘旋山路,1800米的海拔,当地难以辨别的方言,初来乍到需要自己租房。真实的贫困与美景形成鲜明的对比,我疲惫地蹲在电线杆下思考,支教原来不仅是教书育人,选择支教,就要选择离开家庭和学校这样的避风港,勇敢地挑战新的生活。

我们努力地融入南华,而这座很少有外地人长居的小城,也向我们张开了她温暖的怀抱。当地老师带我们上山采菌子,带我们去自己的乡村老家感受民族风情。这份雪中送炭的热心与淳朴,让我们感到南华充满了家一样的温馨与人情味。

"云南的云"
—— 第二十二届 李奥

(2020—2021年服务于云南南华县思源实验学校)

云南因云得名,正所谓彩云之南,一天分四季,十里不同天。一天之内云的变化也同样五彩斑斓。正午时分来到湿地公园,放眼望去晴空万里,湛蓝的天空中镶嵌着一朵朵洁白的云彩，仿佛伸手就能够到，一团团一簇簇，就像小时候吃过的棉花糖，洁白无瑕，晶莹剔透。平静的湖水像一面镜子，仿佛将整个天空装了进去。极目远眺，湖面与天空交织在一起，甚至让人无法分辨哪里是天，哪里是地。湖面上几朵荷花在阳光下盛开，不时地有几条鱼儿跃出水面，而我驻足在湖边静静地欣赏这水天一色的美景。傍晚时分爬上楼顶，在霞光的照耀下，天空像是被火烧了一样，此时有的云朵化成一团团火焰，有的云保持着原来的白色。随着时间的流逝，落日的余晖渐渐消散，此时云朵也逐渐暗淡，由火红变为橙红变为青紫，最后逐渐与天空融为一体。

二、大山里的引路人

"因为我的出现，孩子们多了欢声笑语，这是一件多么幸福的事情"
—— 第十五届 沙俊
（2013—2014 年服务于云南南华县民族中学）

记得有个女孩子——张晓燕，是住宿生，不常微笑，沉默寡言。在一个周末的晚上，我偶然走进教室，发现黑板上出现一行粉笔字：我难过，因为我好久没有回家了，好想爸爸妈妈。

那一刻，我心里不由地一阵疼痛。孩子们都来自偏远的农村，从一年级开始就要住宿，都是孩子，却这么早就要离开父母的怀抱，这样的苦与累又有谁能够体会呢？而像这样的孩子，我们一个班就有三十几个。于是每到周六，不管我值周与否，我都会和孩子们一起打打篮球、乒乓球，周六晚上给住校的孩子们播放我精选的电影，我惊喜地发现，张晓燕的性格在一点一点地改变。她变得爱笑了、爱闹了，班级篮球赛的时候，她拖着感冒的身体硬要上场为班级拼下一场胜利。满脸汗水的她对着我甜甜地笑，那青春自信的笑容，是我脑海里最美的画面。

"这一年，作为一名普通老师，
能让哪怕多一个孩子继续完成高中学业，那也算是值得了"
—— 第十七届 蔡星
（2015—2016 年服务于云南南华县第一中学）

假期结束后的第一节课，我注意到班里有个位置是空的，走近一看，桌上留着两行字迹……我记得本该坐在这里的孩子，他叫罗福先，是班里公认的"睡神"，不听讲的结果也必然是成绩上的快速下滑，因而被我找来谈话，他无奈说道："老师，我差了半个学期，跟不上进度，不想读了。"我能看出，他的学习欲望还是有的，便不顾班主任的劝阻，答应他趁晚自习的时间单独辅导……我俯下身子，看着那接近模糊的铅笔痕迹：老师，我不读了。读不下去，家境也不好，害怕辜负父母的期望。原来他在姐姐的介绍下将加入"权健"公司——类似于传销的组织，我不免吃惊，赶忙和他取得联系，劝他哪怕不读书但也一定不能参与传销，庆幸的是他在和我联系后，最终答应了。

小罗同学并非个例，每每假期后总有同学"消失"，几天前被我监督着默写的孩子们，如今却都未能出现在教室里，这是我一年中最怕看到的情形。

图 5.41　蔡星和孩子们

"生活不应该只是个人的事情，你们要有更大的责任感，
希望你们都能够成为掌控自己命运的人"
——第十八届　聂文伟
（2016—2017年服务于云南南华县民族中学）

2017年5月3日，我们的"悦读书屋"正式成立。当天，我意外收到了李老师父亲的留言，他写道：支教一年，不仅你们个人得到磨炼和提高，更是给学校、学生留下很多，特别是精神食粮。我思考片刻，这一年里，我们带来了什么？留下了什么？我的回答，是"梦想"。

脑海里闪过我第一次走入教室的画面，我在黑板上写下"我有一个梦想"作为第一堂课的主题，你们或许还记得自己曾写下的梦想：我要考上楚雄一中；我要考上好大学；我要当医生；我要去打 NBA！那天下班后，我捧着一沓厚厚的被撕下页眉的东大信纸，静静地看着你们的梦想，一遍又一遍。王丽仙写道："我的梦想就是可以像聂老师您这样去读大学，大学读完后我想去农村比较贫困的地方当老师……"在连夜看完了你们的梦想后，我在空间里发了这样一条状态："今天，我也有了一个梦想，梦想着看到你们慢慢长大，慢慢地褪去少年的青涩，慢慢地笑出自信和希望，而我，也能慢慢地从你们的老师，变成你们的家人。"

图 5.42　第十八届云南分队四位成员合照

"我可爱的孩子们，谢谢你们赐予我'老师'这么美好的称呼"
——第十九届　胡园
（2017—2018 年服务于云南南华县民族中学）

如果，我们的努力能够诠释支教的意义，能够让孩子们领会到些许读书的重要性，那么我们所做的一切都是值得的！

2018 年 7 月 14 日，我乘上了离开南华的高铁。

离开南华的一个多月后，正在家中准备开学的我，收到胡晓萍老师的信息："胡园，今早成绩分析，看到了你的班级，道德与法治平均分，学校第三，全县第四，优秀率第一。"看着信息，突然眼眶就湿了。打开 QQ，弹出孩子们发来的消息和留言："胡老师，我们想您了。"我曾经以为自己只是个过客。还好，那些努力没有白费，那样的用心没有被辜负。

图 5.43　正在备课的胡园

"我的学生们在这座大山小城日夜拼搏，为了自己人生的绽放"
——第二十届　姜牧笛
（2018—2019 年服务于云南南华县思源实验学校）

"志不立，天下无可成之事，虽百工技艺，未有不本于志者。"扶贫并不是生活设施硬件升级这么简单，"贫"的是"人"，改造就应该从"人"开始。扶贫要先扶志，脱贫也要精神脱贫。

带动孩子们的学习积极性，有改变命运的奋斗劲头，从而在潜移默化中改变家乡，建设家乡。我想，这就是我们支教人应当给这座小城的孩子们带来的精神营养，也是我们支教扶贫的目的所在。我想我已得到了支教意义的答案。

南华两旗海边的花朵在宁静的夜晚盛开，即使没有人看见，却是对自己努力向阳生长的最好诠释。我的学生们也是如此，在这座大山小城日夜拼搏，为了自己人生的绽放。

图 5.44 姜牧笛与孩子们

"教育扶贫,依然任重而道远"
———— 第二十一届 李轶
(2019—2020 年服务于云南南华县思源实验学校)

送教下乡时,给沙桥中心学校四年级上的一堂英语课,让我接触到了最真实的乡镇教育现状。我本以为我们思源的学生是羞涩的,但沙桥的孩子们离思源依然有一段距离。他们面对来送教的老师们,总是怯生生的,举手投足之间十分不自信,面对课上刚教授的单词甚至比我们班的孩子忘得还快。

然而在我们带来的思源特色纸浆画课程中,他们表现出了惊人的创造力,仅用两节课的时间便完成了一幅幅完整又漂亮的纸浆画作品。全国还有很多这样的学校,这样的孩子们,他们暂时没法离开小乡镇,贫困的条件使他们小心翼翼地面对这个世界,但他们依然拥有无限的潜力。

图 5.45 沙桥孩子们的纸浆画

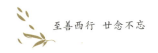

> "我们彼此是师生，在一起是责任"
> ——第二十二届 陈佳龙
> （2020—2021年服务于云南南华县思源实验学校）

或许在大家的印象里，小学教师总是很轻松，我也曾如此认为，可我逐渐意识到其中的复杂和艰辛。

无论题目难度如何，他们总是积极地反馈着"会啦""理解啦"，我也颇具成就感地微笑着。然而，当我吃完午餐，哼着小曲回到办公室，满怀期待改判试卷时，笑容骤然凝固，直至消失——许多孩子的基础薄弱，在课上的积极并不代表对知识的掌握。随着新鲜感流失和亲切感的增加，他们也开始暴露了较差的学习习惯，例如课堂表现随性散漫、对难题的妥协和不思考等等。后果不仅限于令人哭笑不得的作业，更表现在考试上的令人痛心和无力。态度和习惯是必须要得到改正的问题，我开始有意识地严肃起来，严格要求他们养成良好的学习习惯和课堂纪律。

我宁愿做一个严师。并不是每个学生都能考一百分，也不是每个孩子都能在学习这条路上走得很远，但作为一个老师，我要保证在他们的萌芽阶段，每个人都能够有走得远的可能。

三、那些人，以成长之名

> "传达一种信念，传递一种渴望，传播一种希望"
> ——第十五届 沙俊
> （2013—2014年服务于云南南华县民族中学）

一年里，孩子们总会在不经意的瞬间送上一份小小的感动。办公桌上不时会出现伴随季节变化的不同种类的水果，吃饭时会收到孩子们从背后突然掏出来的火腿腌肉，上课时的发火会换来习题册上的一句"沙老师，对不起，数学课上让您生气了"以及批改作业时会发现纸条写着：沙老师是人见人爱、花见花开、车见车爆胎的好老师！有太多的回忆涌上心头，历久弥新，每每想起，总有一丝慰藉涌上心头。

感动不只是发生在往日的生活里，更在危机面前的高度配合与充分信任中。2014年5月8日，我在晚上10点30分准时去宿舍楼查寝，刚刚走入五层的一间宿舍时，突然发现整个楼梯开始轻微摇晃，铁制的床架不断撞击墙面而发出尖锐声音——不好，是地震！这是我第一次直面地震，心中极为紧张，我回想到看过的新闻：汶川、玉树等地的严重地震，家毁人亡；弃学生于不顾，自己先逃跑的"范跑跑"……眼下的情况紧急，容不得我再多想，我立即要求学生按平时演习的步骤操作，尽快从安全出口撤离，有序离开宿舍楼，前往操场空地等待。那晚，我们仰望满天繁星的天空，一起聊天，一起唱歌，近两个小时的"聚会"，显得紧张而又美好。

"一年里，感受最多的，是作为一名教书匠的，最平凡的浪漫"
——第十七届 蔡星
（2015—2016年服务于云南南华县第一中学）

我在这里见到了许多孩子，其中有个欢脱调皮的"熊孩子"给了我很深的印象，同学们为他起了个外号"卷毛"。在平时的相处中，我发现他是个很有趣的孩子，上课时偷偷制作一把木剑，下课铃打响后马上找到我说是一份礼物；完成作业时，遇到不会的题，会在一旁画个哭泣表情，配上一句"老师，我不会啊"；被罚站时，他会偷偷拍下我上课的照片……可惜的是，他的成绩始终处于中下游，我主动和他交谈，希望能引起他对学习的重视。"老师和你打个赌，你能考进班级前十名，老师就请你吃大餐！"在期中的小结里他写道："我会成为你们老师眼中的好学生，蔡老师为我加油吧。"

此后一段时间，他开始认真听讲，积极完成作业，还会在犯困时主动要求站起来听课。好景不长，这些努力没能换来成绩的快速提升，他退缩了。那天中午，我邀请他一起吃饭，向他说道，前十的希望不大，提前请你吃饭吧！可能是这样的激励和聊天有了作用，他又认真了起来。不仅如此，还会帮我管纪律，在全班静不下来的时候用云南话叫一声"不要讲话了"。在最后的期末考试中，他考到了全班第十一名。

除此之外，还有她：我的物理课代表，一个可爱温暖的女生。临别时，她送了我一份最最珍贵的礼物：一学期的日记。日记的最后一页，是这样写的："你的身影是帆／我的目光是河／多少次想挽留你／终于不能够。"

学期太短，离别太快。但我感谢这一年，这些孩子们，以成长之名，给予了我无限的温暖和感动，让我心安。

至善西行 廿念不忘

"那些描绘着我们青春的井盖都已褪了色，
但这段青春却在我们的生命里扎下了结实的根"
——第十八届 聂文伟
（2016—2017年服务于云南南华县民族中学）

第一次去到云南南华，还是5年前的夏天。

我时常怀念那个暖暖的八月。初到南华，4个人，一座小城，365天。学着做好一名老师，学着融入当地的风物，学着习惯那里的山、那里的水……渐渐变成300多个学生的朋友，开始爱上小城的一点一滴。那一年，我开始一天天变得天真，像是住进了海子的诗，有一方田园。而那些一同度过的，成了我面朝的大海，春暖花开。

我想，我们是幸运的。我们靠着自己的努力从小地方走出来，受到良好的教育，有着体面的工作，过着舒适的生活，但在一些偏远的山区，生活，却从来不这么舒适。

在这个世界上，还有许多地方，真的需要我们！！

图 5.46 聂文伟和孩子们

"这群孩子，对于我来说，是支教最纯粹的所在"
——第十九届 胡园
（2017—2018年服务于云南南华县民族中学）

就在我陷于自我怀疑的消极情绪之中时，我的学生黎晓丽给我发了这样一段话：

"老师要好好照顾自己哇。工作再忙也不要忘记吃饭……在我们121班心里您永远是一个好老师,很少遇到老师您这样善解人意的……"那一刻,我突然想哭,我到底在自我怀疑什么呢?你看呀,你的用心不是没有人看到,你的付出不是没有价值。

或许我的确改变不了太多。但是我能做的,就是在这一年好好守护这群孩子们健康成长。上课没收过漫画书,教育过吵闹的学生,敲醒过睡觉的瞌睡虫……你对他吹胡子瞪眼,转脸他对你还是笑嘻嘻。至少作为支教老师,我可以为我的孩子们做点什么呀。

图 5.47 胡园和孩子们

"努力向阳生长,就会有花开的那天"
—— 第二十届 姜牧笛
(2018—2019年服务于云南南华县思源实验学校)

我开始鼓励我的课代表课间问我问题。一开始,她特别羞涩,经常头在办公室门口一闪就缩了回去。我就主动找她,让她问我问题。渐渐地,她愿意跟我讨论不会的题目。我们一起准备物理科技小竞赛,分享实验成功的喜悦。我眼看她从眼睛不敢看我低头说话变成了自信的孩子。一天,她在QQ空间上发表动态:"你会成为我考上大学的动力吗?"看到这一条,我心里说,我会的。

我想,远大的志向需要脚踏实地一步一步去实现。我开始行动起来,帮助孩子们拥有一个小目标,让他们放下迷茫,给自己下一个决心去拼搏。

迎来了全县统考的期中考试,课代表从中上游进步到全年级第二名。我想每一个学

生就像高原上风吹雨淋的幼苗，努力向阳生长，就会有花开的那天。

"孩子们，成绩不是最重要的，成长才是最重要的"
——第二十一届 刘星坤
（2019—2020 年服务于云南南华县思源实验学校）

课本上的知识总是浅显的，但我总是相信你们可以做到更多。于是我放心地让你们自己去计算一亿张纸的厚度，我们一起写下了远超亿级的数字的写法和读法，我们还用身体量出黑板的长度。你们有着自己的梦想，我相信你们可以做到。讲完鲁迅先生"早"的故事，有的小手上就写下了浓黑的"早"字；每个人的课本首页都写下了五个大字"独立的思想"，是提醒自己不要跟风回答问题；"学贵有疑，小疑则小进，大疑则大进"，于是我开始发现你们小脑瓜里原来装着这么多对新知识的疑问。是的，你们可以明白更多的道理，你们可以做到更好的自己。

"我和孩子们约定好，要共同努力，一起奔跑"
——第二十二届 陈佳龙
（2020—2021 年服务于云南南华县思源实验学校）

嫦娥五号发射升空的时候，我特意给他们放了视频，给他们介绍 01 号指挥员胡旭东是我们东南大学的校友，也给他们科普了港珠澳大桥、中国天眼中的东大力量，他们的眼里闪着光，下了课围到我旁边："南京是什么样的呀？""多少分能上东南大学呀？""我以后也要上东南大学！"

其中，也有孩子问了一句话让我猝不及防："陈老师，你以后是不是也会和他们一样厉害啊？"

"老师……老师会加油的！你们也要加油！"

"好！"

这一年，不是单向地付出，而是相互地点亮，在这一年，我们为彼此而骄傲，在未来，我们共同成长。

"总想时光能在这一刻停住，能多给我一些时间去陪伴他们"
——第二十二届 杨子亮
（2020—2021年服务于云南南华县思源实验学校）

随着时间的推移，和孩子们的感情也越来越深，渐渐地融入孩子们的生活。在一年的朝夕相处中，孩子们逐渐褪去了稚气，懂事了许多。

爱玩是孩子们的天性，运动会要举办了，小朋友们当然不会放过这个千载难逢的机会，都踊跃地报名参加田径接力、拔河、一分钟跳绳、拍球等项目。

运动会如火如荼地进行，虽然有个别学生对运动项目不熟悉，但每个孩子都以饱满的热情和高涨的积极性投入比赛。我也是激情投入，赛前给孩子们做示范，告诉他们如何接棒，比赛时大声呐喊给孩子们加油鼓劲，感觉自己又重回到小学的时候。

图 5.48 杨子亮和孩子们

"南华的学生、南华的同事、南华的蓝天白云，
让我度过了动人如歌的一年"
——第二十二届 廖晓辉
（2020—2021年服务于云南南华县思源实验学校）

离开南华那么久，还是会偶尔梦到上课时学生不听课，急得我不知所措，醒来才发现自己再也不用为课堂纪律操心了。很多学生在写给我的信里说，他们虽然不是我最好

的学生,但我却是他们最好的老师。我有些受宠若惊,寒窗十载可以遇到许许多多良师益友,但他们真的是我这一辈子遇到的最好最可爱的一届学生!很荣幸能在漫漫人生道路上陪伴他们成长一年,尽管我们现在天各一方,但我们都彼此牵挂,都希望在未来成为彼此的骄傲!

四、公益之行,我们一直在路上

> "公益是一场缓慢而漫长的旅程,也许公益不能改变贫困,
> 但我们所做的只要让一个孩子不会因为无知而走上歧途,
> 不会因贫困而丧失希望,这就够了"
> —— 第十五届 沙俊
> (2013—2014 年服务于云南南华县民族中学)

10月份的一次下乡活动,使我真正开始想要为公益事业贡献一份力量。那天,我跟随团县委来到了天申堂乡的三合里完小。我蹲在仅有半米高的课桌旁,和孩子们聊着天,可爱的他们畅所欲言,似乎有说不完的话想与我分享。活动快结束时,我缓慢起身,跺了跺接近僵硬的双脚,有个小女孩怯生生地拉住我的衣角,低声问着:"哥哥,你什么时候再来?"霎时间,我明白了这些住在大山深处的孩子们多希望能有吐露心声的机会,他们渴望被关注、爱护和关心,我鼻子一酸,眼角泛起泪光……

回到学校,我第一时间将几所完小申请成为腾讯公益项目对口学校,并在腾讯、新浪、凡客等公益平台寻找合适的资助项目。很快,我收到全国各地纷沓而至的包裹,好心的人们给孩子们寄来了学习用品、衣服和各类体育器材,光我存着的快递单子就有100多张。好心人随包裹寄来的便签和文字,每一次都让我温暖好久。截至 2014 年 6 月 30 日,我共收到全国各地各类包裹共计 130 余件,物资总额近两万元。物资很快地分发到孩子们的手中,看到孩子们脸上洋溢的笑容,我觉得我所做的一切都是那么值得。

可是,就当我沉浸在捐资送物的时候,同在云南支教的一位同行的随笔,给了我很大的思考。那篇随笔的名字叫做"公益仅仅是物资的搬运工吗"。我开始反思我的思路与方式,一是单纯的捐资送物没有持续性,做成项目的形式更加容易继承和发扬。二是难道山区的孩子们需要的仅仅是一件衣服、一个新书包、一个新篮球吗?之前分发物资的时候,我曾见到这样一个课本。书已不再平整,纸张因为长期地翻阅而发卷发黑。书的主人是一个二年级的小女孩,她告诉我,她已经是第四个用这本书的人了。那一刻我才

知道，相较于衣服和书包，孩子们其实更缺的是书籍这样精神上的粮食啊。一个东南大学至善图书角的项目在我的脑海里面闪现。项目为每所乡村完小捐赠30本课外读物，目前已经捐赠了6所。有一次我去其中一所完小送书，在我要走时，看到一群小孩拖着有他们半人高的萝卜兴奋地朝我跑来，扬起头嘿嘿地对我笑："哥哥，请你吃萝卜吧，我们这的萝卜可好吃了。"看吧，孩子们已经懵懂地开始理解什么叫做爱，什么叫做分享，而这，就是书籍的力量。

图 5.49　东大研支团捐赠物资的现场

"教学之余，云南南华小分队在活动的大爱道路上，也一直竭尽全力"
——第十七届　蔡星
（2015—2016年服务于云南南华县第一中学）

我们举办了南华一中第一个有中场互动的元旦晚会，还排演了州艺术节的参赛舞蹈——民族芭蕾《茉莉花》，获得了州艺术节的二等奖。我们还在民族中学开办了科技创新俱乐部。此外，在得知有学生一学期都只穿一套衣服的时候，我们又在母校东大发起了"衣份温暖，筑梦南华"活动，为近两百名学生募集了冬衣棉裤。东大的老师们一直在一对一资助着南华一中的贫困学生们。在南华挂职的宋老师更是特地在高考前赶来看望他帮扶的学生。除此之外，我们还承担了南华县北城小学三个年级的信息技术课。六一儿童节时，我们联合东大志服部一起发起了"荧光益公里"的活动，为每个小学捐赠了一台校园饮水机。

至善西行 廿念不忘

图 5.50　东南大学爱心饮水机捐赠仪式

"至少作为支教老师，我可以为我的孩子们做点什么"
——第十九届　胡园
（2017—2018年服务于云南南华县民族中学）

　　我们被野生菌美味征服的四人，第一场活动便是"卖野生菌"。南华县虽有"世界野生菌王国"的美称，却长期背着国家经济贫困县的称号。我们决定将"推广野生菌"和"支教助学"相结合，利用"互联网+"技术，进行一次产业扶贫和教育扶贫的精准扶贫探索。经过前期紧锣密鼓的一系列准备，我们如期推出了"菌亦有情"爱心义卖活动。活动持续一周，获得了广泛的关注和支持，共筹集到总计4010元的善款；利用这笔善款，我们在南华民族中学和龙川中学设立了"至善菌心"奖助学金，奖励了共计51名品学兼优的南华学子。

　　此外，我们还与内蒙古分队所服务的准格尔旗民族中学联合举办了"鸿雁传书"图书角援建活动，为南华民族中学七年级的14个班建立了图书角，第一次打破支教地的地理限制，为一南一北两所民族中学建立了校际友谊，增强了民族团结。

　　在这一年的服务期里，我们还对接了社会爱心人士的捐助，接收学校和企业的捐赠图书，充实校园图书室的建设；举办"心满衣惬"爱心赠衣活动，在寒冷的冬日为龙川中学的29名家庭特别困难的学生送去了过冬的保暖衣物，传递了社会爱心和公益精神。

"我作为一个平凡的教师去认真地工作,也在作为支教志愿者尽可能地让这些常年住校的孩子们感受到家一样的关心"
—— 第二十届 姜牧笛
(2018—2019年服务于云南南华县思源实验学校)

想到住校的学生们还没来得及换上厚被子,我们开展了"爱在思源"捐助活动,学生们收到了爱心人士捐赠的棉被和书包,都说太实用了!

大家可能会疑惑,县城并不大,为什么需要住校呢?这是因为学生们大部分来自下面的乡镇,由于山区地势复杂,山路崎岖,县所辖区域最远处到达县城需要四个小时车程。学生只有周末才能回到家中,平时都需要寄宿在学校。而学校并没有资金能够承担宿管的工资,于是每一名老师成了兼职宿管,这个工作叫做"值周"。

这一年,我一共值周八次,相当于住在学生宿舍整整两个月。每次值周,都和同学们同吃同住同睡。通过值周,我真正地融入了他们日常的生活,了解了每个人的小个性与小烦恼。上课时我是姜老师,下课时就是大姐姐。

我们一起参加运动会、一起军训、一起给教室刷漆。慢慢地,他们会找我聊天。周末路上碰到我会说:"太好了,老师你下周值周,你会给我们关灯时说晚安,我们最开心!"会邀请我去游乐园,等我到了发现只有小朋友才能进而哭笑不得。

图 5.51 第二十届云南分队的成员

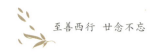

至善西行 廿念不忘

"我们在南华基层见证了迈向第二个百年奋斗目标的铿锵步伐，
这是我们激情燃烧的岁月"

——第二十二届 陈佳龙

（2020—2021年服务于云南南华县思源实验学校）

在每周20节的课时量外，我和队友廖晓辉、杨子亮、李奥、宋俊明也打着鸡血一般力所能及投入各类活动中。

建立"云上科学桥"，我们搭建自己的草台班子，自己动手拼装图书角；扶贫助学，搭建"至善科技屋"；我们深入乡镇带孩子们做科普；田间地头，基层学校，我们走访调研；从零开始，我们化身主播，为南华野生菌产品直播带货；从脱贫攻坚到乡村振兴，我们在云岭大地聆听习近平总书记庄严宣告第一个百年奋斗目标的实现，我们在南华基层见证了迈向第二个百年奋斗目标的铿锵步伐，这是我们激情燃烧的岁月。

图5.52 获得物资捐赠的孩子们

东大南华定点帮扶已经八年，从公路、水库到彝绣，一批批东大人在这里贡献自己的汗水和智慧。相对而言，我们做的或许微小，但我们仍感自豪与光荣。

那一年，拥有了一名教书匠的身份；那一年，找到了另一处故乡；那一年，拥有了自己的讲台和自己的娃儿；那一年，我们携手奔跑成长。

写在篇尾

以灯传灯，心灯不灭。云南分队的成员们走进四季如春的云南，看到了当地教育的贫困，也见到了不言放弃的孩子们。他们守望相助，同心协力，做孩子们的微光，持久而明亮。支教，以成长之名，东南大学研究生支教团的成员们将继续怀揣着对支教的理想和信念，走进彩云之南，和孩子们一起收获成长，砥砺深耕。

第四节　新疆篇：我们的寻星之旅

从 2016 年到今天，东南大学研究生支教团与新疆石河子市的友谊之树已然硕果累累。一批又一批满怀热忱的东大学子踏上这片神秘的红色土地，找到了最美的星星，留下了他们的支教回忆。今天，让我们再次翻开这本属于新疆分队的青春之书，通过东大研支团新疆分队成员的支教随笔，走进这五年的峥嵘岁月。

一、踏上这片神秘的红色土地

"一年时间，新疆的壮丽风景给我们留下了无数美好的回忆"
——第十八届　张少卿
（2016—2017 年服务于新疆生产建设兵团第八师石河子市一五〇团中学）

对于我们大多数人来说，新疆可能是一片遥远而又陌生的土地，甚至带有一层神秘的面纱。新疆有祖国六分之一的国土面积，这里不光有我们印象中的沙漠和戈壁，更有草原有雪山，有繁华的城市和勤劳的人们。而瓜果的香甜、阳光的热烈和人们的热情更让我们感到了这片土地上生活的美好。我们所在的新疆生产建设兵团第八师石河子市也更有一份独特的味道，它流淌着红色的血液，写下了绿色的诗篇。在军垦纪念馆里，我们似乎置身于几十年前的新疆，见证了先辈们屯垦戍边、艰苦卓绝的生活。正是这一红色的基因守护了边疆的稳定，在沙漠里建起一座座绿洲，也把石河子建设成了一个具有诗意的绿色的城市。

至善西行 廿念不忘

"我现在的使命就是打开这本书，找到新疆这一章，
向大家诉说这一篇章的故事"
——第十九届 王晨
（2017—2018年服务于新疆生产建设兵团第八师石河子市一五〇团中学）

在讲故事之前，相信大多数人和一年前没入疆的我一样，对于新疆这片神秘的热土充满着憧憬和好奇。新疆不仅有大漠戈壁，也有塞上江南，这里有草原牧歌，更有雪山高原。这里的城市同样繁华，充满着异域风情和民族气息。独特的美食、香甜的瓜果也让我们流连忘返。而我们所在的新疆生产建设兵团第八师石河子市因军垦更为新疆增添了一丝红色的血脉。诗人艾青曾经赞美这座城市："那样漂亮，令人一见倾心。"在石河子的军垦博物馆里，我们亲眼见证了当地的人们铸剑为犁，用双手将戈壁转化为绿洲的历史奇迹。也正是这一红色守护了边疆的稳定，维护了民族的团结。

"慎始于夏"
——第二十届 彭思伟
（2018—2019年服务于新疆生产建设兵团第八师石河子市一五〇团中学）

时光回溯到一年前，2018年7月4日，我召集了三位队友，从南京出发，前往新疆。两天两夜的火车车厢生活让我颇感困顿，但也顺利地踏上了新疆的土地。初到这里，没有见到如南京城里的高楼大厦，但宽敞的院落、朴实的葡萄架同样让人心安。这里没有江南水乡的温婉秀丽，但那广袤厚重的土地、辽远深邃的天空，却让人心胸舒畅。这里没有青翠的梧桐，但屹立的白杨，是那样的英武挺拔。这儿的一切陌生又新奇，骤然将我和喧嚣的城市、琐碎的事务做了切割，让我得以开启一段新的旅程。

图5.53 广袤的新疆土地

"跨越3700公里,经过49个小时的火车,2个小时的大巴车,
终于来到了心心念念的新疆生产建设兵团石河子市一五〇团"
——第二十一届 于路港
(2019—2020年服务于新疆生产建设兵团第八师石河子市一五〇团中学)

团场的面积很小,是一个三面环沙的沙漠半岛。虽然我也是个北方人,但我对干燥的气候很不适应。与当地老师们交流后才知道,一五〇团有着屯垦戍边、治沙造林的光荣历史,孕育着天山戈壁中的兵团精神。可是,这里的年轻人都向往外面的世界,机关干部、学校教师没有几个年轻面孔。学校每年招生的人数也逐渐减少。

世上有一个词叫"现实",面对不到五成的高中录取率,很多望子成龙的家长会让孩子转学到更发达的地方。但我和队友们抱着纯粹的想法来到这里,只希望带给孩子们多一些知识、多一分力量、多一种可能和多一点梦想。

"我觉得我从未离开,就像我请了一个很长的假,
就像我与新疆的初识"
——第二十二届 陈建润
(2020—2021年服务于新疆生产建设兵团第八师石河子市一五〇团中学)

拖着行李走出航站楼的那一刻,空气中温暖的水汽从四周包裹而来,驻足等车的我,脑子里闪过的第一念头是:我的支教生活真的结束了。在回家后的几周时间里,我总是会想念没有膻味的羊肉串、分量十足的大盘鸡;每当吃到辛辣的洋葱总会感叹一句新疆的皮牙子真甜,每当看到晚上七点夜幕降临总会和周围的人说起新疆晚上十点半的落日。当然最让我想念的,还是那群整日围着我的小孩儿,时至今日,他们周末还会时不时弹出聊天框,和我说起最近发生的事。

至善西行 廿念不忘

二、在人间找到了最美的星星

"这一年最刻骨铭心,最难以割舍的,
一定还是我们那群质朴的孩子"
—— 第十八届 张少卿
(2016—2017年服务于新疆生产建设兵团第八师石河子市一五〇团中学)

在这群孩子们的欢笑声中,我们来到了第一站——梦想夏令营。一帮来自遥远的南京的大哥哥大姐姐来到了这个沙漠边的兵团小镇。等待他们的,是一百多张纯真灿烂的笑脸。伙伴们离开了手机和电视,一起又来到了校园里。那个夏天的操场、教室、舞房、实验室,整个校园到处都有一群大孩子带着小孩子的身影。没有枯燥的书本,没有烦恼的考试,一群大孩子带着小孩子,一起在实验中发现乐趣,在乐趣中探寻知识,在知识外结下友谊。那个夏天,是属于梦想、属于快乐的。

图 5.54 张少卿和孩子们

"我们可以通过浇灌来让他们心中的种子发芽"
—— 第十九届 王晨
（2017—2018年服务于新疆生产建设兵团第八师石河子市一五〇团中学）

毕业的离愁别绪尚未散去，常鸣华、张梦瑶、何映和我就沿着第十八届研支团师兄师姐的脚步踏上了西行的第一站——梦想夏令营。就在这里，我们完成了与孩子们的"人生初见"。

水火箭、石头画、帆布包、水袖舞、无人机，新疆的烈日见证了我们在教室、操场、舞房留下的回忆。甚至到了夜晚，我们都可以静坐在操场上抱着被子共同欣赏星空与银河——它的浩瀚、宽广与璀璨会让你情不自禁地念出苏轼《赤壁赋》里的名句："寄蜉蝣于天地，渺沧海之一粟。"

图 5.55 王晨和孩子们

"麦田里的守望者"
—— 第二十届 彭思伟
（2018—2019年服务于新疆生产建设兵团第八师石河子市一五〇团中学）

下半学期已经开学接近一周了，班上的小军仍然没来上学。教导处孙主任、德育处曹主任和作为代班主任的我便驱车前往他家了解情况。

他家是农田边上一处不起眼的小土屋，没有厨房，没有卫生间，没有取暖设备。小军就在屋里，坐在床上看着电视，身上披着他的蓝白色的校服——全身上下唯一没有补

至善西行 廿念不忘

丁的一件衣服。他父亲看着我们怯懦地笑了一下，展现出了对于自己儿子始终不愿上学的无奈。对于小军，免除了学杂费，也可以享受补贴，尽可能在物质条件上得到改善，以此作为精神世界培养的基础，然而他此刻选择坐在电视机前盯着屏幕而非讲台。

幸好，在老师和同学们的不懈努力下，小军最终选择回到了学校。

生活一直在继续，班上的孩子一个也不能少。

我有时候觉得，支教，就像是有那么一群小孩子在一大片麦田里做游戏。几千、几万个小孩子，附近没有一个人——没有一个大人，我是说——除了我。我呢，就在那悬崖边——我的职务是在那儿守望，要是有哪个孩子往悬崖边奔来，我就把他捉住——我是说孩子们都在狂奔，也不知道自己是在往哪儿跑，我得从任何地方出来，把他们捉住。我整天就干这样的事。我只想当个麦田里的守望者。

图 5.56　彭思伟在课堂上

"在一五〇团这一年的经历是我最宝贵的一笔财富"
　　　　　　　　——第二十届　蔡浩
（2018—2019 年服务于新疆生产建设兵团第八师石河子市一五〇团中学）

在一五〇团中学支教的这一年，我担任了八年级三班的数学老师，这一年的生活有许许多多的地方令我难忘：难以忘怀学生们偷偷布置教室给我的生日惊喜；难以忘怀教师节学生们给我的祝福；难以忘怀第一次上公开课的那份激动却又忐忑的心情；难以忘怀每天晚上给学生们辅导后，马路对面过油肉拌面的香味；难以忘怀校长以及各位老师对我们的关心与照顾；难以忘怀在学生取得好成绩后家长对我们的那份感激。这一年说是支教，但是我感觉自己收获的远远比自己给予的要多得多，在一五〇团这一年的经历是我最宝贵的一笔财富。

图 5.57　蔡浩和孩子们

"支教的一年，我看到了最美的风景，
见到了最真挚的人，也遇到了最可爱的孩子"
——第二十一届　吴胜男
（2019—2020年服务于新疆生产建设兵团第八师石河子市一五〇团中学）

其实，相比于我们小时候，这里的学生真的乖很多，懂事很多。

在生活中，如果家长不在，他们可以做饭喂饱自己，假期里会去连队帮着家里下地干活。

在学校时，他们也总是可爱的，尽管他们皮起来也是真的皮：会把你当做同级的同学，拍你一下又假装无辜的样子；会偷偷地在你的口袋里放上棒棒糖；会在下雪后，把你拉到大树下，让你感受雪花落满身的"美妙"；会在课堂上和你为了作业量讨价还价；

会嘲笑你排球打得不行；会满眼憧憬地说出那句"长大后，我做老师，我也要做像吴老师这样的"；会和你约定，"以后我们南京见，以后我们东大见"。

"为孩子们，千千万万遍"
—— 第二十二届　陈建润
（2020—2021年服务于新疆生产建设兵团第八师石河子市一五〇团中学）

在那里，我们遇到了一百多个可爱的孩子们，在梦想夏令营的半个月时间里，大朋友小朋友的身影遍布学校的各个角落，我们一起聊梦想，一起看星星，短短的半个月是我大学最快乐的时光。小孩们总是在校门还没开的时候就早早地站在铁门外等候，下课之后也要拖到天黑才依依不舍地回家，并争做第二天第一个进学校的人。在临别之际，他们总是一遍又一遍地问我："老师，是不是以后你就不会回来了，我们也再也不会见到了？"每当这时，我总是摸着他们的脑袋说："放心，我一定还会回来看你们的。"当时正是短期支教饱受诟病的时候，网上那一句"你们来了又走，收获了荣誉，收获了成长，又给孩子们留下了什么"仿佛刀子般扎在我的心头，我想，如果我把时间拉长，会不会有新的认识，会不会也开始怀疑支教的意义。于是，我放弃了保研，坚定地报名了研究生支教团，我想用一年的时间去履行我的承诺，我想用一年的时间给我心中的支教梦一个答案。

图 5.58　陈建润和孩子合影

"我们真正成为一个同甘共苦、同荣辱共命运的大家庭"
——第二十二届 林琬婷
（2020—2021年服务于新疆生产建设兵团第八师石河子市一五〇团中学）

与她们在人工湖旁练习，等到负责清洁工作的阿姨下班离开，羞涩的小姑娘听到音乐瞬间成为舞台女王；给班里的男孩子们化妆，实力演绎"糊墙式抹粉底"，弄到手臂酸软；课下一次次练习，运动场上一次次加油呐喊；一起为总分第一骄傲，一起贴奖状，一起嚣张，我好像也回到了初中时代。我们的八二班，也真正成为一个同甘共苦、同荣辱共命运的大家庭。

图 5.59　林琬婷和孩子合影

三、关注教育现实，以情助力

"看到他们的一点成长，一点希望，我就多了很多力量"
——第十八届 张少卿
（2016—2017年服务于新疆生产建设兵团第八师石河子市一五〇团中学）

现在团场的孩子，已经脱离了上一代人屯垦戍边、艰苦卓绝的日子。不愁吃穿不愁温饱，与贫困一起而去的，还有那种好好学习、通过学习改变命运的原动力。眼前似乎无忧无虑的生活让他们没有了危机意识，一个十二三岁的孩子又能看多远呢？手边的一个手机便能成为全部快乐来源。快乐来得如此简单，为何又要辛辛苦苦去读书呢？他们看不到和城市里孩子如此大的差距，无法看到祖国东部地区如此快的发展，更看不到自

至善西行 廿念不忘

己未来生活的模样。

二班的班长马俊英是个长得黝黑壮实的小伙子,也是劳动干活的一把好手。在家里干过很多农活的他做起这些事儿来比在教室里学习得心应手。在课堂上我教他知识,而到了田间地头他却成了我的老师。我和这帮小伙子们很快熟络了起来,每次一起劳动、一起打球更成了放下学习、聊聊闲话的时候。他们其实也对我们的大学生活充满了好奇,对遥远的南京有很多的猜想。

一年时间,马俊英在物理上有了很大进步,而其实,他也是个差点辍学的孩子。

"我们是'革命的一块砖'"
——第十九届 王晨

(2017—2018年服务于新疆生产建设兵团第八师石河子市 五〇团中学)

很多时候,面对这片热土,仅仅教学又显得那么无能为力,这里的人们早就脱离了上一代人屯垦戍边的艰苦日子。新疆如此地广人稀,一个普通连队的家庭拥有几十亩甚至几百亩地都是常见的事情,不愁吃不愁穿的他们认为读书并不是一件能够改变命运的事情,疏忽孩子的教育、粗暴对待孩子的成绩、"围着麻将桌骂老师"这种现象就再正常不过了。

这一年里最令我欣喜的莫过于小霞。第十八届研支团的黄敏婕学姐曾是她七年级的班主任,而我则是她八年级的物理老师。她的家庭环境一般,父母的关系也不甚理想,我和黄敏婕学姐都了解过这些情况,尽管在物质上可能帮助不多,但我们想尽可能地在精神上去激励她——在我曾经给她的信中这样写道:"你是一个很可爱的女孩,不要被自己的家庭环境所困扰,对你负责任的人终究是你自己,不论面对什么,都要学会坚定,都要学会微笑。"

就这样,在两代研支团人的播撒与浇灌之下,属于小霞的心之花终究抽出了新芽。在被问及理想是什么时,和很多孩子眼神里的迷茫空洞不同,她的理想却出乎意料的坚定,她告诉我们自己想做一名外交官,因为外交官可以积极协调国与国之间的关系,一定也可以调节好父母的关系,她告诉我们自己想走出这座大山,想去童话王国丹麦,想考东南大学。

"就像萤火一般,也可以在黑暗里发一点光,不必等候炬火。"
—— 第二十届 彭思伟
(2018—2019 年服务于新疆生产建设兵团第八师石河子市一五〇团中学)

遇到困难就妥协不是我们的风格。我们和信息学院的同学们又承担起了"我的新年愿望"圆梦行动志愿活动。举行捐赠仪式当天,初三年级的小鱼因病未到,由她的奶奶帮忙代领她的新年礼物——一套 72 色的马克笔。说起小鱼,是一个很可怜的女孩,5 岁时父亲突发心肌梗死去世,母亲随后离开这个家,此后她和奶奶相依为命,靠着奶奶的退休金勉强维持着生活。仪式结束后,我和几位老师正收拾着会议室,见到一位老人颤颤巍巍走来,她擦了擦额头冒起的汗珠,略显尴尬地向我们道歉,还邀请我们去她家做客。我注意到,奶奶的神情是如此复杂,带着喜悦、难过、愧疚、感激,以及深深的疲惫,这是我此前从未体会过的,但一想到她和小鱼的遭遇不免泛起些许泪光。

图 5.60　圆梦行动合影

回到办公室,老师们七嘴八舌地告诉我,这是小鱼的奶奶第一次来学校,即使是家长会,她也以生活事务繁重推脱了。老太太不认识字,也从未来过学校,全靠向老师问路才找到会议室,那时,她已经在校园里寻觅了两个小时了。我并未追问老太太的表现是不是对小鱼不够关心,也许是被生活压地喘不过气来,也许是相信小鱼自己能独立处理学业上的问题,也许是当地仍然存在的重男轻女的思想。三天后的清晨,我收到了小鱼送来的感谢信,里面写着她诚挚的祝福,我相信,像这样的志愿活动一定能给孩子们带来更多的帮助、更多的关心,就像鲁迅说的那样,能做事的做事,能发声的发声。有

至善西行 廿念不忘

一分热，发一分光。

"怎样让孩子们拥有学习的动力，成为我们经常思考的话题"
—— 第二十一届 于路港

（2019—2020年服务于新疆生产建设兵团第八师石河子市一五〇团中学）

随着工作深入，孩子们的问题也开始一点点显露出来。孩子们身边的手机，好像是个快乐源泉，实际上却像黑洞一样遮住了未来的光亮。一个十二三岁的孩子，又能把自己的未来看得多远呢？一年中最让我揪心、惋惜的，是小路的辍学。他的成绩中游，可当其他同学都在努力学习时，他却说：我想到北京打工。家访时他跟父母大吵一架离家出走，我跟队友们在冬夜的23点左右找到了他。但是他终究还是没能出现在课堂里，我的心里无比失落。

后来我越发觉得家庭教育至关重要，我希望通过一次一次家访、一家一家的家访，能够引起父母对于孩子接受教育的重视。但家长们的"家里没钱""管不了孩子"等等理由，实在令我无言以对。还有一些孩子不想让我知道自己家庭困难，不让我去家访。

有时候我会看着孩子们发呆，很多孩子从以前的"不能学"变成了现在的"不想学"，经济条件的改善，反而让他们失去了通过学习改变命运的动力。我逐渐明白了来支教的意义：除了知识的学习，我们还要为孩子们带去思想的转变。怎样让孩子们拥有学习的动力，成为我们经常思考的话题。

图 5.61　于路港和孩子们

"我相信这些可爱的孩子们可以顶过人生的寒冬,拥抱他们独有的温暖"
—— 第二十二届 陈建润
(2020—2021年服务于新疆生产建设兵团第八师石河子市一五〇团中学)

如果有人问起新疆小朋友的生活状态,在我支教生活的第一个月,我会回答:"我觉得他们是这个世界上最快乐的一群人之一。"每天总能看到他们互相在走廊打打闹闹,见面的时候满脸挂着的也都是笑容,每天有很多的伙伴一起上学一起回家,甚至有些时候我会很羡慕,觉得要是自己读书的时候能有这么开心就好了。

但如果现在让我回答这个问题,我可能会说,他们中的很多人其实生活得并不容易,甚至总是在承受着这个年纪所不应承受的压力。当我在德育处统计校服数量的时候,就听到德育主任在一旁叹气:"今年又只有十套免费资助的校服,但是还有很多人领不上。"我接过一摞贫困生校服申请表,数了数,足足有30张,翻看着每张表格的申请理由,"没有爸爸妈妈,从小跟着爷爷长大""父母离异,母亲生病,没办法照看弟弟妹妹"……越看我的心情越沉重,最近一部电影里的台词深深触动了我,一个小女孩问医生:"一个人如果没有了爸爸妈妈,要怎么生活?"但这不是电影里的场景,我面前那些活泼可爱的孩子们,就有人需要面对这样残酷的生活。我从没想过那些平日里嘻嘻哈哈的笑容背后,竟有着如此艰辛,也许正是知道了他们的辛苦,当我看到他们笑的时候,便越发心疼。我突然觉得我们应该做些什么,正好研支团的许德旺学长联系我,说有一个南京的企业想给我们提供一点捐助,这对我来说简直就是雪中送炭,很快我们收到了24箱冬衣的捐助,信息学院帮助孩子们实现新年愿望的活动也如期而至。看着孩子们拿到衣服和礼物后脸上的笑容,我的心里又开心又难过,我希望他们不要觉得自己没有人关注,我希望他们能感受到大家对他们的爱,我希望他们能够坚强快乐地成长,我希望未来有一天他们也能将自己内心深处的温暖传递给其他需要帮助的人。

图 5.62 陈建润晚自习答疑

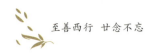
至善西行 廿念不忘

四、支教路上,我们薪火相传

"拿一束火把,点一盏心灯"
—— 第十八届 张少卿
(2016—2017年服务于新疆生产建设兵团第八师石河子市一五〇团中学)

一年时间很长,有三百多个难忘的日日夜夜,时光的小路上早已留下了我们密密麻麻的脚印。可一年时间又很短,我们和孩子们似乎才刚刚相识,却又分别。一年前我们乘着西行的列车,来到了新疆。一年后,又有新的列车载着下一届的队员们奔赴祖国西部的各个角落。

我们相信,西行的列车不会停下,一批又一批的志愿者会接过我们手中的火把,继续传递这份青春的力量。我也相信,很多年后,祖国西部的教育一定会有更大的改变。而这历史的长河里,有你,有我,有我们青春的痕迹。

"我们是写故事的人,我们是讲故事的人"
—— 第十九届 王晨
(2017—2018年服务于新疆生产建设兵团第八师石河子市一五〇团中学)

不知不觉,故事已经讲完。这一切好似现实,又宛如梦境,但如果这真的是一场梦,我反而会更加庆幸,因为这意味着我将还会有机会登上那辆西行的列车,还有机会在"西部计划研究生支教团"这本"书"上续写自己的青春篇章,还有机会再站上那个讲台去用熟悉的粉笔写下那句"孩子们,我爱你们"的板书。

但这终究只是我的幻想,但我也并不为此沮丧。曾经有过这么一句话:"那美好的仗我已经打过了,当跑的路我已经跑尽了,所信的道我已经守住了。"我不曾和使徒保罗一样为信仰而死,但我会带着对孩子们的热情以及对西部教育的信念而离开。我相信,一批又一批的志愿者、支教团会接过我们手中的笔纸去续写他们的故事。

我也愿意相信,"西部计划研究生支教团"这本"书"的未来会镌刻上你、我以及所有充满朝气的青年人的笔迹。

图 5.63　第十八、十九届新疆分队合影

"但行好事，莫问前程"
—— 第二十届　彭思伟

（2018—2019 年服务于新疆生产建设兵团第八师石河子市一五〇团中学）

回首这近一年的时光，新疆让我留下了太多的回忆，那是我二十年来人生经历中最具烟火气的一部分。新疆对我来说意味着夏天拂过大漠的风沙，冬天厚重宁静的白雪；意味着假期里巴音布鲁克草原上的驰骋，赛里木湖畔水天一色的澄澈；意味着深夜月色下的独酌思索，节假日老师们热忱的关怀；意味着团场孩子们纯真的笑脸和吃苦耐劳的质朴；意味着兵团人如白杨般挺立在沙漠边疆的兵团精神。支教是否有意义？这是值得我们时刻扪心自问的问题。但和一年前相比，我相信每个人的答案肯定会多很多不同的东西，它是奉献，是成长，是教育，是收获，是人生的历练，是对自我的梳理。

图 5.64　第二十届新疆分队合影

至善西行 廿念不忘

"一年的时间不长，和中学师生们的回忆足够我铭记一生"
—— 第二十届 严佳玉
（2018—2019 年服务于新疆生产建设兵团第八师石河子市一五〇团中学）

支教给我留下很多美好的回忆，回想起来仍历历在目。有孩子们的笑脸，也有上课时提出惊人的问题让我惊诧他们的聪慧；有每次考试后写的令人感动的反思，也有因为作业不认真被叫到办公室重写的场景；有冬日一五〇团洁白松软的大雪，也有元旦老师们一起联欢的快乐。在一五〇团中学的这一年让我感受到了孩子们的淳朴和新疆人民的热情，也领略了大美新疆的壮丽。一年的时间不长，和中学师生们的回忆足够我铭记一生。我想对曾经教过的孩子们说，老师能给你们传授的知识有限，但我希望你们对世界始终充满好奇和热爱，努力学习，去更广阔的平台开拓视野，增长才干。想对曾经朝夕相处的老师们说，感谢大家的照顾和对我工作上的教诲，是你们让我切身感受到了教师职业的伟大。祝一五〇团中学越办越好，孩子们茁壮成长！

图 5.65　为孩子们颁发奖项

"是他们给予我最坚强、最坚韧的精神支持和最纯真的爱"
—— 第二十一届 于路港
（2019—2020 年服务于新疆生产建设兵团第八师石河子市一五〇团中学）

难忘手指间的粉笔末和溜冰场的欢笑声；难忘和队友们烧糊的土豆和擀破的饺子皮；难忘老师们把我们当孩子们一样照顾；也难忘孩子们冬天里送我吃的雪糕、课间时偷偷塞给我的秀逗糖……我的学生好像永远是最调皮的那个，隔着两层楼都听得到他们在闹腾，但也好像是最懂事的那个，会教我一起除草一起扫雪，在我临走的时候写了许多话在卡片上，心里满是不舍。现在我仍常常挂念着他们，大概是因为支教那段岁月是我们奋不顾身、热泪盈眶的激情岁月，支教中的人和事是我们珍藏在心底的温暖回忆。

图 5.66 于路港和学生一起滑冰

"怀念那段相互鼓舞的日子,感恩这段闪耀彼此岁月的支教时光"
—— 第二十一届 李梦昕
(2019—2020年服务于新疆生产建设兵团第八师石河子市一五〇团中学)

正如出征前大家一起录制的歌中所唱:"喜怒哀乐共分享,同甘共苦惜相逢。"那段支教时光里,很幸运能有队友们的相互支持。来到一个陌生的地方,接手一份不那么熟悉的工作,解决许多从未遇到的问题,困难和迷茫是在所难免的。这时候,队友们就是我坚强的后盾。我们互相学习生活技能,交流教学技巧,分享思考感悟。我永远不会忘记,十月里还十分炎热的夜里,接到家里电话惊慌失措的我,是在三位队友凌晨的一路相送下,克服恐惧,重拾勇气,度过了那段最艰难的时期。怀念那段相互鼓舞的日子,感恩这段闪耀彼此岁月的支教时光。

图 5.67 梦想支教团和第二十一届新疆分队合影

至善西行 廿念不忘

"在璀璨的繁星下,承载了我对支教所有的爱"
—— 第二十二届 陈建润
(2020—2021年服务于新疆生产建设兵团第八师石河子市一五〇团中学)

"现在对那片土地的记忆,我想,在我心里,可以称为乡情。"

"老师,你猜猜我现在在什么地方?"

"这不是人工湖旁边的朝阳社区吗?"

"老师你还记得啊,我以为你都忘了!"

"怎么可能忘。"一年中我走过的每一条路,沿途的每一寸风景都印在我记忆的深处,在时光的长河中静静流淌着,闪闪发光。李校长在一次吃饭的时候和我说:"小陈啊,以后你也能说起,一五〇是你的第二故乡了。"是啊,在一年的时间里,我第一次真正站上讲台成为一名老师,第一次收到了写着我名字的请帖,第一次穿上冰刀鞋,第一次拥有了属于我的孩子们。也许我再也不会有这样的一年,不畏困难地拥抱自己热爱的事,再也不会有一群像父母般的长辈,记得我爱吃的菜,每天嘘寒问暖。就是这么一座夜不闭户的小镇,里面的每个人都能和善地向你问候,在璀璨的繁星下,承载了我对支教所有的爱。我想无论是半个月,还是一年,还是东南大学研究生支教团的18年,我们就像日益长大的孩子,逐渐成熟、茁壮,我们肩上的担子逐渐沉重,但我们依然年复一年地跨过万水千山。对我来说,"用一年不长的时间,做一件终生难忘的事"这句话也许已经说了无数遍,但我依然希望用它来描述我一年的支教生活,为孩子们,千千万万遍。

图 5.68 第二十二届新疆分队合影

写在篇尾

六年的陪伴，让队员们熟识了"一草一木，都由血汗凝成"的石河子；六年的陪伴，让队员们见证了这座"年轻的城"如何成长发展；六年的陪伴，队员们帮助这里的孩子们找到了属于自己的理想。

心之所向，素履以往。新疆分队的成员们在这片广袤的神秘土地上一往无前，携着一颗炽热的心，去寻找最纯粹的星星。他们无怨无悔，坚守如一，与无数心系西部的志愿者们一道，为当地的学生们建造一座闪耀的灯塔。支教是我们的寻星之旅，东南大学研究生支教团的成员们也会继续踏上这段旅程，将自己的热望播撒在祖国最需要的地方，初心如磐，笃行致远。

第五节 陕西、贵州、甘肃合篇：梦想开花的地方

东南大学研究生支教团在 20 年的支教岁月长河中，足迹遍布祖国的中西部，除了目前 4 个广为人知的支教地之外，贵州平坝、陕西延安、陕西武功、甘肃天水也都曾留下东大支教人的足迹，让我们循着前辈的印迹，翻开那些动人的故事篇章。

一、成为"拓荒人"

"做战胜困难的'黑衣骑士'"
—— 第十七届 庄洋洋
（2015—2016 年服务于甘肃省天水市第十中学）

我们两个男生被安排在天水市第十中学进行支教服务工作。学校的旱厕、校园里仅有的一个水龙头、缺失的塑胶跑道……这些都在提醒着我们，这是一所地处大西北，水资源稀缺的乡村学校。在生活上，我们也想尽办法克服困难，没有网络，就自己掏钱安装；没有独立卫浴，就自己烧水，无论寒暑，都站在一个塑料盆中，拿着漱口杯往身上浇水淋浴；饭菜不合口味，哥俩就自己买菜做饭，锻炼手艺。

两个女生前往天水市街子初中支教，她们的环境更加艰苦。她们两人住着 10 多平

米的小瓦房，除了门口房檐上有一个马蜂窝，其他家具一概没有。厕所依然还是旱厕，有着刺鼻的味道和嗡嗡的苍蝇，每去一次，都要出来缓好久。学校没有自来水，所有的生活用水都来源于小压井。到了冬天则靠生炉子取暖，白天时，我们每隔一个小时要给炉子掏煤灰，加新煤，夜里怕炉子灭了太冷，每次都要给炉子加满煤再睡。双手天天掏煤灰，感觉怎么洗都洗不干净，头发隔一天洗一次，水都是黑色的，桌子每天擦三遍，依旧有煤灰，床单和被套都好脏。

我们总想着自己是骑着白马的王子公主，不染纤尘，可到现在，才发现我们居然像是骑着一匹黑马的黑衣骑士，少了美丽，少了洁白无瑕，多了几分落魄，但是，也似乎多了几分战胜困难的帅气和坦荡。

"从我们踏上那片深情的土地开始，眼里的所有相遇都是未知"
—— 第十五届 孙若斌
（2013—2014年服务于贵州省平坝县第一高级中学）

等到了平坝之后，我被分配到了平坝第一高级中学。当地团县委跟我们说：你们4个运气不错，这所学校是今年政府斥资新建的高中，设施配置都很好，都是以示范性高中的标准建造的。然而当我们经过一整天的舟车劳顿到达学校的时候，眼前的景象让我们4个人感到震惊。这所新建的高中，偌大的校园里满是黄土和建筑垃圾，学校里没有一条修好的路，唯有几栋刚刚建成、还没有通水通电的宿舍楼、教学楼。

最初的时光，支教工作的重心就是帮着学校保障基本运转，让学生吃上饭、喝上水。教室通电成了头等大事，而支教生活，对于我们而言就是4个人在缺水断电的环境里艰难度日。漫长黑夜里，没水没电的日子分分秒秒都是煎熬。

图 5.69 孙若斌与他的学生们

"成为麦田上的守望者,在简单的日子里收获纯粹,感受责任与喜悦"
—— 第十六届 张晓田
(2014—2015年服务于陕西省武功县河道中学)

大片大片裸露的黄土地,刚播下的冬小麦还没长出新芽,我所在的服务学校——陕西省武功县河道中学就被这大片大片的麦田所环抱,我的故事也从这一片麦田开始。

到那儿的第一天夜里,我坐在校门口的田埂上,望着眼前还是一片荒芜的麦田,默默许下心愿,愿这一年能够做这片麦田里的守望者,去守望我将遇见的每一个孩子。

简单的日子反而过得更纯粹。生活虽苦,但每天清晨在孩子们的读书声中醒来,开始一天忙碌的生活,备课、上课、批改作业,虽然很累,但是心中是一份沉甸甸的责任和更大的喜悦。

图 5.70　张晓田和学生们

二、汇聚点滴爱心,点亮成长之路

"很多年后,总是做梦回到延安、回到讲堂、回到学生的身边"
—— 第十四届 颉宇川
(2012—2013年服务于陕西省延安市延安中学)

延安的冬天气温接近零下20摄氏度,孩子们的被子薄得几乎能摸到床板,而深冬了很多孩子也只穿着单衣,看着令人心疼。想了很久,我们用一条微博展开了一份爱的传递。

至善西行 廿念不忘

从开始的第一箱画笔,到后来每天三四箱的衣物,前前后后分批分次到达的物资超过40箱,而由于没有快递直达,我们很多物资都需要自己搬运回学校。忘记了多少次我和李昂歪歪扭扭地推着三轮车把包裹运回宿舍,记不清多少次我在一个个爱心包裹上签下自己的名字,可我却记得每一次拿到捐来的衣物时,我们都会发条信息向这些爱心人士说声谢谢,告诉他们:你们给孩子们的爱顺利到达了。那一刻,我的支教生活找到了另一种价值。

从关注身边的一群人,到关注需要帮助的一群人。我们了解到有这样一所学校——文安驿中心学校,它位于延安市外80公里,全校有28个学生,教师只有5人,它是习近平总书记当年插队的地方唯一剩下的一所学校。

我们先后前往文安驿中心学校5次,开展了一次爱心发放,所有物资完全靠我们的肩膀背入大山,我们将能装的箱包装到饱和,早晨6点半坐公交车转长途大巴,最后徒步很久才走到学校。陕北初春十分寒冷,我们却汗流浃背,当看到孩子们拿到我们带来的衣物、文具时,我们觉得做的一切都值得。我知道仅仅依靠我们无法改变他们的人生,但我相信,一个鼓励就是一盏灯,作为支教人,为孩子们点上一盏行路的灯是对我们最好的慰藉。

图 5.71 东南大学第十四届研究生支教团合影

"我们在志愿工作上铆足了劲,
希望能够通过这些活动带给他们温暖和希望"
—— 第十七届 庄洋洋
(2015—2016年服务于甘肃省天水市第十中学)

我们募捐过体育器材,也筹集过参考书籍,而我们感觉最有意义的一次活动,就是在我们将要离开的时候,决定给每一个有梦想的学生一份惊喜。东南大学教育基金会和东南大学研究生会,给了我们很大的支持,我们把这次神秘的活动称为"一千零一个愿望"。我们甘肃小分队在两个学校中找到"愿望候选人",进行深入的了解和调查,通过谈话了解了学生们的兴趣爱好和对未来的想法。其实他们的愿望都很简单,很多同学不约而同地想结识东大的大哥哥大姐姐们,他们希望能够与外面的人交流,不想让大山困住自己渴望见识世界的眼光。

不论是街子中学的初中生还是天水十中的高中生,在收到礼物的时候那种真诚、可爱的笑脸,都铭刻在我们心中,这种甜蜜的感觉也让我们忘记了支教过程所遇到的不快和烦恼,我们将一千零一个种子,种植在学生的心里,希望这些种子能在不远的将来,开出绚丽的花朵。

图 5.72　接收爱心物资的大合照

至善西行 廿念不忘

三、他们是贫瘠土壤中奋力拔节的小树

"在延安,我多了一份对亲人的牵挂"
——第十四届 颉宇川
(2012—2013年服务于陕西省延安市延安中学)

作为支教人,作为在延安支教的开拓者,从心里讲我真的希望可以做些事,做些让自己无悔、让孩子们受益的事。

2012年11月我们认识了这样一对兄弟,弟弟叫姬瑞祥,在冯庄学校读一年级,哥哥叫姬帅,在延安中学读高三,他们的家庭十分贫困,只有父亲一人打工养家,但他们的父亲在11月末突发脑出血去世,家中顶梁柱就这么离去了。为了处理父亲的后事和还债,他们的母亲不得不外出打工。

弟弟知道父亲去世后一度性情大变,不好好学习。很长一段时间,戴卓和宋园园一直照顾着姬瑞祥,记得因为他撒谎戴卓给我的电话里如同母亲般的叹息,也记得深夜园园还陪着他做作业的画面。同吃同住两个月,在我们无微不至的照顾下小孩子已经变化很大了。哥哥则很懂事,每天在学校只花5元,为了不影响他的正常学习,我们四个毫不犹豫地自己拿出钱,每个月给他买些吃的东西,姬帅总是会憨厚地说声"谢谢老师"。

临近离开延安时,我们再次一起去他们家家访。临别时,腼腆的哥哥说:"老师,我会努力,有机会我会带着弟弟去南京看你们的!"坐在离开的汽车里,我们少了平时的嬉笑,我突然觉得在延安多了一份对亲人的牵挂。

"支教是给予诗,给予歌,是脚踏实地,是仰望星空"
——第十六届 张晓田
(2014—2015年服务于陕西省武功县河道中学)

在我所在的河道乡,留守儿童已经成为一种现象。

在没有爸爸妈妈陪伴的一个个深夜里,我不知道他们幼小的心灵正在承受着怎么样的孤单;在看到其他孩子和父母快乐玩耍的时候,我不知道他们正在忍受着怎样的酸楚;看到城里人的孩子在父母怀里撒娇,我不知道作为他们的父母是怎样的无奈与自责。这些发自他们内心深处的话语,触动了我心里那一块最柔软的部分……

在贫穷的阴影与谋生的夹缝之下,中国城乡割裂的现实体现在孩子们身上,居然是如此的残酷和真实。那是一片荒芜的心灵,在渴望被爱与温暖中不知不觉长满了杂草,他们不应该是亲情疏离后心灵脆弱的一代,不应该是从童年开始就独自面对世界孤寂的一代,可他们依然在脆弱中成长,他们依然在孤独中面对整个世界。

我们建起了留守儿童之家,在课余和周末带他们学习、玩耍。我们建起了亲情视频室,帮助这些留守儿童定期和父母视频。我们发起了"外面的世界"明信片漂流活动,通过明信片把外面的世界介绍给他们。我们将这些明信片发放到孩子们手里,和他们分享明信片上的内容,给他们讲述每张明信片背后的故事。慢慢地我们发现,孩子们眼里多了一些闪光的东西。

图 5.73　东南大学第十六届研究生支教团合影

"回想起她的话,就感到心酸,我多么希望她能够回到学校"
——第十七届 李琦
(2015—2016 年服务于甘肃省天水市街子乡初级中学)

在我刚带初一四班的时候,就发现有个叫小 M 的女孩子:外表邋里邋遢,几乎一个月没有变过衣服款式,每天都很苦情,看不见笑容,26 个英文字母都不能够按顺序完整写下来,对学习没有任何兴趣,作业也都是随便一抄。然而通过一个多月的观察,我

发现小 M 其实是一个内心渴望得到肯定的孩子，因为她受到一点小小的鼓励，第二天上课的状态就会好很多，单词错误率也会降低。所以我就采用鼓励教育的方式。只要她每天的单词有进步，我都会在课堂上表扬她，课堂提问的频率也会增多，一遍又一遍地纠正她的拼读。即使期中期末考试，她的英语仍然不及格，但成绩已经比平时进步了二十多分，我很是欣慰。

第一个学期就这样平淡却又充实地过去了，然而到了下学期开学的时候，我发现小 M 没有来上课，之后我每天都争取和小 M 的家长联系，可是等来的只有电话那头的忙音。与小 M 同村的学生告诉我，元宵节还没过，小 M 就跟着她爸爸和姐姐出去打工了，她妈妈在家务农并照顾年幼的儿子。

我还记得，那是在一个阳光明媚的下午，我与她第一次交心对话，她是一个心思很重话很少的女孩子，只会用点头和摇头来表示自己的情绪。虽然那天的对话进行得缓慢，但她对我说，她想把书念好，但自己脑子太笨，学的很慢，想坚持把初中读完学个技术，以后自己能够有一份稳定的工作养活自己。

现在，我回想起她的话，就感到心酸。作为一名支教老师，我可以尽自己所能去帮助我的学生们，但我无法解决他们家庭的实际困境，也对这种情况束手无策。我多么希望她能够回到学校，即使学习不出众，但每天都在接受正面教育，即使有学习任务压身，但也有与同龄伙伴玩耍的美好时光。不知道在外打工内向的她有没有受到欺负，但愿她已经蜕变成坚强开朗的女孩，我也只能默默地祝福她，一切都好。

"希望能用实际行动，让人们真正了解支教团的意义"
—— 第十四届 颉宇川
（2012—2013 年服务于陕西省延安市延安中学）

作为东大学生，我总觉得自己肯定能上讲台，可当来到学校听到安排，我却傻了眼。我教的计算机课是副课中的副课，需要连续两天把同一堂课重复上 7 遍，十分消耗体力，常常累得不吃晚饭就睡着了，但心里是开心的。可更多时候只能做一个小小网络维修工。在冯庄，始料未及的压力同样让我们的队员陷入困境，由于缺乏老师，支教老师便是哪里需要去哪里，英语、语文、美术、音乐、数学常常是轮番上阵。"镜以淬而日明，钢以炼而益坚"，这句话让面对困难的我思考良多。那段时间，在一篇日志里我留下这段文字：

"我们当初的梦想也许和现实差距很大,可无论如何我们都在尽力为我们的孩子做到最好,我们无法都如吴婵学姐一样在准格尔旗一中收获人生里那么多的感慨,我们也无法和白桦学长一样,在异乡得到那么多荣誉,但我们可以用一年的时间改变自己,改变身边人对于我们这个群体的看法,让他们真正了解支教团的意义。"

这段对于困难与失落的认知成为我支教生活里最重要的收获。

图 5.74 颉宇川正在上课

"如果人生是一场旅行,支教一定是非常难忘的一段景色"
——第十五届 孙若斌
(2013—2014年服务于贵州省平坝县第一高级中学)

临走时,我和10个班500多名同学一起拍了张合影,我不敢说自己是支教团最幸福的老师,但我具有一个最特别的头衔——学生最多的支教团老师。最后一堂课送给他们的临别赠言,我是这样说的:"也许若干年后你们会忘了我上的每一堂课、说的每一句话,甚至是我的样子你都可以忘记,我都不在意。我只希望如果你们可以因为我的出现有一股走出这片大山的冲动,去看看外面的世界,我想我的到来就是值得的。也不枉我们的生命中出现这场短暂又美妙的交集。"支教是一次心灵的苦旅,个中滋味只有经历的人才品得真切。好在，终有苦尽甘来的一天，也就值得了。

图 5.75　孙若斌在平坝县第一高级中学门口

写在篇尾

东南大学研究生支教团早期在陕西、贵州、甘肃支教的时光并不长，先后共 20 名队员跋山涉水，在这片全新的土地上拓荒耕耘，在一群孩子心中播下了希望的种子，为中西部教育事业点亮了几盏微光。或许这段短暂的艰苦岁月正逐渐淡去，但那片土地不会忘记曾经有一群大学生在这里双手沾满煤灰，思索着中西部教育事业的发展现状，将自己一年的青春奉献给了当地的孩子们。

第六章 山海相伴

一年的故事，一生来感悟。支教地项目办和支教学校、老师等的默默照拂与绵绵关怀如春雨滋润着研支团志愿者，帮助志愿者们走出初来乍到的惶恐与阔别家乡的伤感，陪伴了他们一年甚至一生。同时，支教地项目办和支教地学校也一直关心支持着东南大学研究生支教团的发展。

　　一程山路一故乡。本章遴选了历届研支团志愿者与支教地学校"大家长"们的真挚情谊记录，正是这些无私奉献、平易近人的前辈们见证了一届届研究生支教团薪火接力，以实践书写青春奋斗的故事。

第一节 "有问题，找武妈妈"

与准格尔旗第九中学教师武秀江的故事
—— 第二十届 何祥平
（2018—2019 年服务于准格尔旗第九中学）

我与武秀江老师初识于 2018 年 7 月，那时我还未到内蒙古。在微信上与武老师联系，说着"至善科技夏令营"的筹备情况，在提及对即将开始的支教生活充满期待又有些许紧张时，武老师说，学校和她会全力保障我们的生活，话语间流露出的关怀，让我对这位素未谋面的老师产生了强烈的亲切感。

抵达准格尔旗的第一天晚上，准格尔旗九中的李校长告诉我们，武老师一直被称为"支教生之母""武妈妈"，深受支教老师们的尊重与喜爱，在接下来的一年中，武老师也将成为我们生活中很重要的人，"有问题，尽管找武老师"。如今回想起在内蒙古的点点滴滴，更觉武老师无愧于"武妈妈"的称号，让独在异乡的我们，感受到他乡亦故乡的温暖。

对于当地学校而言，支教老师是学校科技创新教育的重要力量，既要担任学校科技创新课程的教学，也要负责指导学生参加每年的旗、市、区甚至全国的青少年科技创新比赛。武老师是学校科普办公室的主任，也就自然而然成了支教老师们工作中的重要伙伴。因此，在支教的前半年时间里，我和武老师共处一个办公室。每当我向武老师提出关于学校科技创新课程的建议，或者想要为科技社团第二课堂活动和科技创新比赛购置材料工具时，武老师总是鼓励并支持我，并依据多年的工作经验，帮助完善方案，向学校争取最大限度的经费资助，这也让我和队友能够放开手、大胆干，将想法付诸实践。

犹记得在支教临近尾声时，我们指导的学生进入了当年的鄂尔多斯市青少年科技创新比赛决赛，但由于我的工作疏忽，在提交材料时没有严格按照主办方给定的文件模板，导致孩子们的参赛资格可能要被取消。我一度自责，深感懊恼，觉得既辜负了当地学校和老师们的信任，又没有办法向孩子们交代。武老师在了解情况后，第一时间帮忙联系了大赛组委会的老师，希望能够得到对方的谅解，再给我们一次机会。第二天一早，武老师陪同我，驱车六十公里前往大赛组委会所在的办公楼，希望能够为事情争取

一线转机，她说，这个比赛，不仅不能辜负了参赛的孩子们，更不能让我的心血白费，成为我这一年的遗憾。一次拜访无果，武老师和我顶着烈日，在楼下等了两个小时，等到下午上班时间再次去争取，最终才打动组委会的老师。回来的路上，我如释重负，心里虽然仍为自己工作的失误感到失落，但更被武老师对我的包容、理解和支持所感动。后来，当我支教结束回到母校东南大学时，武老师打电话告诉我，参加市赛的几个孩子都取得了非常好的成绩，她要代表学校感谢我，但我知道，如果不是武老师，我可能真的会抱憾一生。

武老师是一个热爱生活的人。科普办公室和展览室里养了很多绿植，武老师每天来了都要打点一遍。她还时常让我帮她从网上购买纸质书籍，并与我交流她的阅读心得。看着放学后跑来办公室找我问问题的学生，武老师经常说我太受学生欢迎了，每天都有学生跑来找我。后来，由于科普办公室离我的两个物理班较远，学生找我不太方便，我便跟武老师商量搬到集体办公室，这样也能更好地辅导班上的孩子，武老师立马答应了。于是，支教的下半年里，我基本都是在集体办公室工作的，但在空闲时也会去科普办公室陪陪武老师。一天下午，我忽然发热，顶着不适上完课便去了医院。傍晚，武老师刚好有事找我，当她知道我生病去了医院时，表示要立即来看我，守着我输完液，送我回到学校以后才回家，连晚饭也没有吃。我开玩笑地跟武老师说，我一个大男生生点病没事，扛扛就好了，武老师却一脸认真地说，从我们到内蒙古的那一刻起，她便要对我们的身体健康负责，离家在外的人生病时最脆弱。此后几天，武老师也一直关心我的身体情况，让我不要太累着自己。一年的支教生活里，我曾多次受到武老师这样的关心，渐渐地，她在我心里成了家人般的存在。

在2019年元旦的时候，第十四届研究生支教团的许德旺学长带着他的妻子回到了内蒙古，我们一起和当地老师迎新年。学长说，他将武老师视为自己的母亲，回忆起与武老师的点点滴滴，让人倍感动容。晚饭后，天空赶在年尾飘起初雪，夹着风落在脸上，有些冷，微醺，有股暖流开始模糊视线。那时我才知道，原来酒喝多了不会醉，会哭。

我不敢说每一个曾在准格尔旗第九中学支教过的东大学子在这一年生活中与武老师的感情都一样深厚，但我知道，每一个在这片土地认真付出过的支教老师，留下的回忆里一定有很多武老师的身影。这一程山路，踏过我们无悔的青春，我们从这里再次出发，这个被我珍视为第二故乡的西部小镇，住着一位让我视为亲人的武妈妈！

图 6.1　武老师与第二十届何祥平合影

最可爱的人
——准格尔旗第九中学　武秀江老师

2007 年 9 月，准格尔旗第九中学迎来了东南大学第一位支教研究生老师翟大伟，他来到九中后带两个班的物理课，孩子长得很瘦弱，但是对工作非常认真，经常加班到很晚。他对工作一丝不苟，对生活的要求很低，几乎所有的时间都用来学习和工作，因此，两个班的物理成绩也都非常好。翟大伟毕业之后曾回来一次，教过的学生排成长长的队伍夹道欢迎。

2012 年，许德旺、卜昕阳来到九中，在九中的支教史上达到了一个高峰，也成为九中和东大的桥梁。

东南大学自 2007 年至 2022 年先后派遣 26 名优秀学子来到九中支教，虽然时间已跨越 15 年，但孩子们给我留下的印象深深地刻在脑海里。

刘燮在支教过程中突发腰椎间盘突出，孩子忍着剧痛坚持上好每一节课，虽然腰痛，还坚持坐着讲课，当我看到孩子在床上已经不能动了，还坚持备课，最后实在坚持不了了，他父亲过来接孩子，才离开九中，回南京手术。孩子生活已经不能自理了，我就把他换洗的衣服全部洗好，送到他的宿舍。东南大学为了不影响九中的教学工作，迅

速派遣常成接替，保证了工作的连续性。以陆书记为代表的东南大学领导，工作作风如此得严谨，深深地打动了九中的每一位师生。

刘燮做完手术后，重返校园。我每次看到教学楼夜晚的灯光中，科技创新工作室的灯光灭的最晚，孩子在伤口还未养好的情况下，利用休息的时间做出了20件科技创新作品，分获旗级和市级的一、二、三等奖。我经常告诫他再不要熬夜了，他只是淡淡微笑着说："没事的，武老师，我们这一年来之不易，要尽可能地多做工作。"多么朴实的语言，这就是东大学子的精神，精益求精、止于至善。

2012年许德旺、卜昕阳、周毅（首师大）、刘埠超（中央民大）来到九中，掀起了高潮。四位帅气的小伙子更是精神饱满、热血沸腾。许德旺一年做了三年的工作，他放弃了世纪中学，决意要来九中做更大的贡献，除了吃饭睡觉，几乎全部时间都投身于学校的各种工作。学校哪里缺人，孩子们（支教生）便火速上阵，体现了东大学子的雄厚实力与超常的理科思维，旁征博引、游刃有余，深受学生的爱戴。每一节课，欢声笑语不断，哪怕是下课后，每位老师的身边都围满了学生，从孩子们渴望又新奇的眼神中看得出学生对于他们的喜爱。孩子们好奇地问外边的世界，他们引导着孩子的思维，谈人生，谈未来，犹如星星之火，每到一处都会燃起孩子思维的火花。虽然孩子们（支教生）支教仅仅一年，但对于偏远落后的地区，一句话、一节课都可能从此改变命运。德旺虽然仅待了一年，但他经常回访九中，看望老师和孩子，这儿就是他的第二故乡，每次见面都会和大家谈东大的变化、有趣的经历，鼓励孩子做一个对国家有用的人。在他结婚典礼上，九中也向德旺和苏楠表达了诚挚的祝福。这不仅是九中对德旺的祝福，更是搭起了九中与东大友谊的桥梁。孩子们很多都已成家立业，在不同的工作岗位上兢兢业业地奋斗着。他们没有忘记九中，没有忘记在准格尔旗的那一年。他们会经常来这片土地走走，在九中的校园里看看，甚至在科技展厅看到他们曾经辅导学生的作品，流连忘返，回忆起当年支教的难忘经历。他们会和我谈理想，谈人生，甚至将下一代孩子的照片与我分享。我看着一张张可亲可爱的照片，激动地禁不住眼泪夺眶而出，孩子们已经长大了，成家立业了，不是当年那个毛头小伙和那个爱哭爱笑的小姑娘了。

汤红玲是一位女孩子，由于家庭特殊，从小养成了坚强、隐忍、吃苦的性格，在做科技创新作品时，不小心被刀子割伤了手指，血顺着手指流下来，去中心医院缝了四针，第二天她照常上课，也没有告诉任何人受伤的消息。当从学生口中得知这一情况后，我抚摸着她被纱布厚厚包着的手指，心疼地直流眼泪。只有在东大学子身上才能看到这种吃苦耐劳、拼搏向上的精神。

宫汝勃是一位来自建筑专业的东北小伙，多才多艺，性格直爽，爱打抱不平。在九中科技创新室即将落成时，他参与了室内的设计，连续两个晚上没有睡觉，熬夜赶工期，从图纸的设计到装修上墙，全是他一个人拿下。至今，科技制作室还是他设计的原样。他在九中做了一年班主任，无论运动会还是艺术节，他所带的班级成绩都是名列前茅。孩子（宫汝勃）的才华辐射给了学生，深深地感动着他们。即便多年以后，当他教过的学生提到宫老师时，都十分想念和感激他。

太多太多的故事，太多太多的不舍，太多太多的感动。在我一生中，回头看我的工作经历，最让我感动的、难忘的、为之自豪的就是 15 年来与支教生相处的点点滴滴。他们总会亲切地叫我武妈妈，在我即将退休之际，我无比激动地说：你们才是世界上最可爱的人！准格尔旗第九中学，正是因为你们，才更加精彩，感谢东南大学培养了如此优秀的人才！

华璧辰为了帮助辍学的学生，冒着酷暑，骑着小自行车多次往返 30 公里，亲自到李伟家捐款捐物，鼓励孩子无论生活多么艰难，都要用知识改变命运，在他的真情感召下，孩子最终重返校园。李伟现在已经上了大学，华璧辰不仅挽救了一个孩子，更是挽救了一个家庭。

每年的研究生汇报会上，孩子们（支教生）都要对一年的支教工作进行总结，台上的支教老师与台下的学生们一起互动，说到再见，孩子们（支教生）泪如雨下，不舍得走，我也是不忍直视。每年这个时候都是我心如刀割的时候；看到我的孩子们（支教生）一个个离我远去，重返大学校园，我心里五味杂陈，我才感觉我从事的是天底下最光辉的职业，也是最不舍的职业。

从 2008 年至今，连续 14 年九中荣获旗科协和旗政府颁发的优秀组织奖，科创作品的质量和数量都稳居准格尔旗第一。从旗到市乃至国家级的赛事上，都能看到孩子们（支教生）辅导的作品。准格尔旗一中苏玮老师发起的蒲公英计划，九中主场的"至善科技夏令营"等品牌校地共建活动也意义非凡。九中今天的辉煌离不开东南大学学子的辛勤汗水，他们充满才华、富有热情、才思敏捷、爱岗敬业、低调做人、朴实无华，把自己当做蜡烛燃烧，对学生人生观价值观的引导是学生人生道路上宝贵的财富，他们的所作所为，必将成为准格尔旗教育事业上浓墨重彩的一笔。

明年 4 月 6 日，我即将退休，"武妈妈"虽然落幕，但支教的火炬仍会熊熊燃烧，一代代地传承下去。祝愿东南大学研究生支教团成立 20 周年快乐，越来越好，东大与九中友谊长存！

图 6.2　武老师与第十五届王维、宋晓东、汤红玲（左），第十四届许德旺（右）合影

第二节　"初次见面，好久不见"

与准格尔旗暖水乡人大主席李彬的故事
—— 第十四届　苏玮
（2012—2013 年服务于准格尔旗第一中学）

不知不觉，和彬哥相识已经十年有余。时光荏苒，很多人和事匆匆而过，而和彬哥的感情却是历久弥坚，成为一年支教时光里我最大的收获之一。

彬哥名叫李彬，我们刚认识的时候他是准格尔旗团委副书记。2012 年的春末夏初，彬哥作为准格尔旗团委的代表来到南京参加支教团成立十周年的纪念活动，我和许德旺作为即将奔赴准格尔旗的支教队员陪伴了彬哥在南京的行程。短短几天的相处里，彬哥给那时的我留下了性情忠厚、温和纯良的深刻印象，我们的故事也由此开篇。

分别两个多月后，我和许德旺、姜军两位队友在北京会合，经过一夜的绿皮硬座火车和在圪梁上穿行了 2 个小时的汽车旅程后，我们来到了盼望已久的准格尔旗。到达准格尔旗中心薛家湾镇后，彬哥带着旗团委白瑞勤、陈昊翔等大哥热情地迎接了我们。彬哥不仅让我们大快朵颐了纯正的内蒙古羊肉火锅，还塞给我们他提前为每个人办好的当地电话卡（那时候外地电话卡还有漫游费）和补助卡。作为第一次离家千里的我，在彬哥这感受到了细腻且贴心的温暖。

到达准格尔旗的第二天，根据旗团委的工作安排，我被分配到了距离薛家湾 50 多公里的沙圪堵镇，在准格尔旗第一中学走上了讲台。虽然工作忙碌、距离遥远，但彬哥总是会时不时地打来电话嘘寒问暖，关心我工作和生活上的困难，并且第一时间给予我坚定有力的帮助。2012年12月，我带领学生到薛家湾镇参加华丰杯演讲比赛，在会场遇见彬哥，彬哥热情地和我分享嫂子有喜的消息。支教期间旗团委几次到沙圪堵镇办活动，彬哥总是能在工作安排中挤出时间，拉上我走进街边地道的小馆子改善生活。和彬哥在一起，我总是会忘记他作为属地团组织领导的身份，取而代之的是邻家大哥的亲切感和踏实感。而这种感受，在蒲公英圆梦计划诞生后，愈发强烈。

2013年3月，因为一次特殊的家访，我产生了通过微公益带领当地贫困学子"走出家乡看世界、走进高校看未来"的想法。我第一时间把想法告诉了彬哥，并且得到了彬哥的坚定帮助。在东大团委和彬哥的支持下，我利用每个月才两天的假期，奔波720公里，走访了5个乡镇的8个家庭，逐一挑选受助对象。不论是家访中收获到的帮助他人的快乐，还是因为误解而受到的委屈，彬哥总是我忠实的倾听者。在争取公益力量支持的过程中，彬哥总是能设身处地地为我出谋划策，教会我如何协调化解遇到的困难。特别是在活动资金出现缺口的时候，彬哥和嫂子把孩子爷爷奶奶给新生儿的礼金全数捐赠给我，还叮嘱我不要和任何人提起。多年后回想起彬哥和嫂子这份但行好事、不求回报的纯粹，我依旧感动良多。

支教结束后，准格尔旗就从"战斗过的地方"，变成了"心心念念的地方"。每次回访，见彬哥、到彬哥家里坐坐、在彬哥家吃上准格尔旗地道的猪骨头烩酸菜，都成了最期待的行程安排。还记得2015年，我把准格尔旗作为毕业旅行的目的地，彬哥把我和当时在准格尔旗支教的研支团学弟学妹们张罗在一起小聚，还特地安排了我最爱吃的羊杂汤，带着我们满怀深情地唱起了熟悉的草原歌曲。

毕业后，我和彬哥的联系也从未间断。每当工作中遇到困惑，彬哥总是能抽出时间帮我分析找对策，一如当年在准格尔旗那样。此外，不论是朋友圈还是电话中，每当我提起怀念的内蒙古味道，不多久总能收到彬哥和嫂子寄来的包裹。这份无微不至的关怀，承载的就是我和彬哥之间、我和准格尔旗之间，绵绵不断的情意。

今年4月的一个清晨，我从睡梦中醒来看到研支团微信公众号发布了学弟学妹们在彬哥带领下开展乡村调研实践的推送，图片中彬哥的笑容依然温暖有力。虽然已转任暖水乡人大常委会主任，但彬哥依旧把研支团的学弟学妹们当成自己的弟弟妹妹去悉心关照。我想，他看到眼前的这群年轻人时，肯定会想起我和德旺十年前和他相遇时的样子。

今年7月，彬哥为了延伸东大和准格尔旗的合作再次来到南京，我和德旺驱车前往机场迎接，就像十年前我们第一次见面时那样。晚上，我们喊来与彬哥渊源颇深的几位老友畅叙往事，当年和彬哥共同经历的难忘瞬间如珍珠般被欢笑串起，时光也似有了韧性，在久违的感动中穿梭不停。席间，从来都不善饮酒的彬哥端起酒杯，和我们一起动情地唱起似是已刻进我们骨子里的草原歌曲。在聚会的最后，彬哥和我们同唱东大校歌，《临江仙》铿锵的旋律把过往的回忆和未来的我们紧紧地连接在一起。

这几天，"鄂尔多斯的温度"因为当地政法委的一封真情满满的公告再次冲上了各大网媒的头条。我想，"温度"这个词，不仅是对鄂尔多斯，也是对彬哥最为恰当、也最经得起时间考验的评价。当年在准格尔旗离别时，彬哥问我准格尔旗好不好，我说，除了喝酒，准格尔旗样样好。多年后当我回忆当时的场景时，我才猛然意识到，彬哥这位不善饮酒的准格尔旗大哥，就是我心里的"样样好"。

图 6.3　李彬与第十四届苏玮合影

关于李彬
—— 第十四届 许德旺
（2012—2013 年服务于准格尔旗第九中学）

十多年来，我一直称呼他为彬哥。我们差不多认识整十年了，2012 年学校举办支教十周年活动，他作为内蒙古支教地的属地代表来到了东大参与活动，那时候我已经确定要去内蒙古了，所以作为志愿者陪伴了彬哥在南京的行程。当年七月，盛夏骄阳似火，也是他在内蒙古接洽了我们支教团一行四人,安排住宿,并一一将我们送到支教学校。三人去了沙圪堵,我留在了薛家湾,旗府驻地就在薛家湾,我跟彬哥联络的机会多一些。在准格尔旗的一年,他对我们的工作生活关注颇多,也是在他的帮助下,我从世纪中学团委的工作岗位上调到准格尔旗第九中学的教师岗位,圆了我支教期间的"教师梦"。

  彬哥拥有北方人特有的淳朴,他并不善于言辞,一切都用行动来说话,同时他也就大我们几岁,很容易与我们打成一片,成了我们几个小伙子在准格尔旗最大的依靠。我还记得周末没课的时候,他会约我去广场散步,谈谈对于时政的理解,聊聊最近工作开展的情况,分享一些最近在读的书,也是基于这样的对话,我们成了无话不说的朋友,这个习惯一直持续至今。

  彬哥注重支教活动的拓延,我能从他的关注和安排中感受到,他真的把这群高校毕业生当成当地的"人才引进"来看待,他一直在激发我们发挥主观能动性创造活动,在教好书之外留下更多我们的思考和从南方城市带来的经验。假期他会带我们到周边县乡调研考察,我们能看到大路新城新区的崭新面貌,也能看到煤化工工业的繁荣,也会走入贫困户家庭了解所需。在他的带领下,我们对准格尔旗这片土地有了更为立体的认知。基层的复杂是远超我们想象的,有煤炭经济带来的繁华,也有落后思想桎梏形成的社会矛盾,一定程度上彬哥是我社会课的老师,让我返校后对时任校党委副书记刘波老师所讲的"北上广不代表中国,真实的中国在一线基层"有了实践后更为深刻的体验,也正是这样的体验塑造了我的价值观,影响了我后续人生的选择。

  彬哥写的一手好字,在我们支教团结束一年工作后,我们带着"鉴定表"去旗团委盖章,由他来给我们写鉴定评语。相较于一般人轻描淡写几句表现优异,他认真地为我们支教团四人写出了不一样的评价,里面饱含的是他这一年对我们四个人工作的观察和总结。鉴定表留给旗团委评价的格子很小,彬哥用小且工整的字迹为我们这一年做了属地的总结评价,鉴定表一式四份,都由他手工填写,并盖好印章交给了我们。这是极为细小的一件事,当我提笔时仍旧能够想到,可见拿到表格那一瞬间,我们的震撼有多大。我们看到了属地领导对于我们的重视,看到了彬哥与我们这一年工作相处的感情。

  如若仅仅支教一年的短暂相处,那便是人生历程短暂一瞬,不足以称之为人生挚友。我与彬哥的友情,在过后的十年不断深化。离开内蒙古后,我基本保证每一到两年都会回访一次。初期是为了看我的学生,送他们毕业,随着学生个个离开内蒙古,我回内蒙古主要就看望各位老朋友。到了准格尔旗,我也不再住宾馆,直接入住彬哥家,我们两个家庭继续深化着友谊。彬哥和嫂子,一如既往地关注着我们在南京的生活。在我们生活需要帮助时，及时帮扶我们一把。在他的关注下，我读研、毕业、就业、成家，2018 年结婚时，他也不远千里而来，带着准格尔旗人的祝福来到婚礼现场见证。可以说在友情的基础上，亲情之花也在悄悄绽放。这十年，我们从未断过联系，一直在分享彼此对于时政的看法，分享彼此阅读过的书。还记得 2019 年元旦，我们两个家庭一起在准格尔旗跨年，难得能够见面聊天，我们彻夜长谈，直至黎明破晓。有次恰逢都在北京出差，我们也抽出了一下午好好聊聊，有家长里短、有人生规划，彬哥就像老大哥一样细细听我讲述，时不时给我一些建议，直到高铁快要发车，才匆匆而别。

除友情外，彬哥还持续关注着支教团的工作，即使伴随着工作的调整，他不再直接对接支教团工作。无论在大路镇还是暖水乡，他都积极保持与学校的联系，继续践行着"支教+实践"的思考。土木学院梁止水老师在黄河湾开展的砒砂岩整治研究，他积极跟踪；支教团同学们的周末乡村振兴实践，他积极安排。彬哥如同东大人在准格尔旗这片土地上的哨塔，连接东大与准格尔旗，以地方丰富的综合实践资源结合东大优质的人才、知识资源，践行"把论文写在祖国大地上"的号召。这不仅仅能够产出学术成果，也能够让东大支教团成员深化对于地方实践的认知，在潜移默化中引导高校更好地服务区域经济发展。

在支教团成立二十年之际，恰逢母校百廿华诞，我自己作为十年友谊的见证者，诚挚希望看到东大支教团这个品牌能够在准格尔旗这片热土上，继承过往二十年优良传统，再深化打造符合当下形势与政策的品牌活动，在乡村振兴、共同富裕的政策号召下，做更多有意义的事情。我相信会有更多的"李彬"式的人物出现，缔连双方，在教书育人之外，拓延合作空间。

图 6.4 李彬与第十四届许德旺合影

鸿雁
—— 第二十三届 谭泽宇

（2021—2022年服务于准格尔旗第九中学）

写这篇文章的时候，我已经在东大的校园里了，旁边的《数字信号处理》实在晦涩难懂，耳机里的音乐声便也清晰而渐强，"鸿雁、北归还，带上我的思念"，这曲草原民歌我很早就听过了，但如今，它对我，对我们分队来说，却有着特别的意义，它成了第二十三届内蒙古分队的精神图腾，如同六朝松之于东大。而让《鸿雁》变得生动、有生命力的，不得不提到准格尔旗的老大哥李彬。于是，我又忍不住联系了团委，我一定要继《最可爱的人——武妈妈》之后把这篇拖欠很久的人物回忆录发出来。

李主席

认识李主席，还要感谢德旺学长和校团委的牵线搭桥，记得一个初秋的傍晚我接到电话："这边暖水乡的人大主席打算找我们研支团对接一下乡村振兴的相关事宜，你们这边有兴趣吗？"正苦于施展拳脚无门的我，眼睛都大了一圈："太好了，我这就加他微信。"

第一次和李主席见面，是在一个小茶馆，他很亲切，虽说是一位基层干部，但更像一位老友，他的每句话都附加着春风般的笑容，谦谦君子般地给我倒茶，社恐的我紧张感一下子全无了。"我和你们研支团很熟悉，算一算有15年的感情了。"我的脸上写满了惊讶，想不到这位年轻的基层干部竟然是研支团的"故交"。"李主席，我……""以后叫哥吧，他们都这么叫我的。"从此以后，"李主席"这个有距离感的称谓便从我口中消失了，取而代之的是"李彬大哥"。

李彬大哥

经过一些交流，渐渐地和李彬大哥熟络起来，一个周末他驱车带着我们去到小摊子吃鱼，我心里嘀咕着吃鱼还要开这么久去这么远的地方，薛家湾遍地都是鱼。可等那红彤彤的大鲤鱼用充满年代感的搪瓷盆端上来的时候，我的嘴角流下了不争气的口水，那的确是我吃过最美味的炖鱼，美味的不是鱼，浓稠的红汤才是精髓，当油亮鲜香的汤汁浸入饱满的米粒，词汇贫乏的我只能想到两个字"真香"，三个字"真丝滑"，直到现在那个味道还让我念念不忘。饭桌上，他神采奕奕地和我们讲述了和东大研支团15年来的点点滴滴，翟大伟、宫汝勃、许德旺、苏玮、王维、刘燮……代代研支团的人物事迹他都如数家珍。原来他是整个东大研支团的大兄长。

"泽宇,这几周不忙的话我带你们去暖水乡调研一下,带你们看看真正的基层。"之后的每个周末,只要工作不忙,李彬大哥便会带着我们去周边转转,就像对待历届研支团前辈一样,让我们也能真正地深入农村、扎根基层,感受更全面更细致的中国社会。他总是细心地安排一些社会实践让我们身体力行地感受基层工作的艰辛与责任,无论是在大路镇的苗家滩社区体验现代化的科技农业大棚、探讨乡村旅游项目,还是在暖水乡的昌汉不拉村和昌汉素村入户调研、参观苹果产业、介绍砒砂岩治理情况等,他都乐此不疲地给我们介绍脱贫攻坚以来准格尔旗乡村振兴的各项成果与面临的难题,鼓励我们积极地加入乡村振兴的事业,发挥青年人的光和热。

他和我们的交流不仅仅在于工作,更是体现在我们的日常生活中,每逢我们分队有人过生日,他们一家三口会来给我们庆生;我们分队的工作总结汇报,他腾出时间在线上参与;听说我们还没吃过羊杂和烤羊腿,他便立刻安排,带着我们去蒙古包里吃一大只烤全羊,带着我们喝最地道的蒙古奶茶,组织野外烧烤。临别的最后一天,为了让我们不留遗憾,吃到准格尔旗的羊杂,他们全家等我到凌晨,我至今还记得那碗饱含着我的热泪的热气腾腾的羊杂汤的味道,那就是准格尔旗的味道、故乡的味道。

李彬大哥的出现,如同夜空中最亮的明星点亮准格尔旗宁静深邃的夜空,让我们一群异乡人在暗夜中有星光作伴。

彬哥

7月16日,我作为东南大学—暖水乡乡村振兴工作站的联络人跟着李彬大哥、越书记、韩书记回到东南大学。刚出机场,就看到了往届支教前辈许德旺、苏玮热情地迎接我们。"彬哥!好久不见!"原来前辈们都叫他"彬哥",好亲切的称呼啊。在车上聊天的时候我才得知南京的重逢是彬哥和他们的十年之约,十年前,趁着研支团成立10周年大会的契机,他们便带着李彬大哥游遍了南京城。十年之后,我作为研支团新生代参与其中倍感荣幸。听说彬哥来南京了,历届支教前辈们悉数到场,宴请远方的老友,我们围坐彬哥左右,谈论着我们共同的故乡准格尔旗。酒过三巡,菜过五味,彬哥带头唱起那首根植记忆的《鸿雁》:"天苍茫,雁何往,心中是北方家乡。"悠扬的旋律仿佛盗梦空间,把我们从南京又带回了在准格尔旗支教的日子。我早已热泪盈眶。

原来他是我们几代支教人的共同记忆,更是我们不断成长的见证人,他用自己的爱与热血为一代代东大支教人提供成长成才的平台,用责任与热忱书写青年的初心与使命,用付出与坚守诠释东大与准格尔旗15年的深情厚谊。他是我们的榜样,是我们远方的亲人。致我们共同的兄长,致我们的头雁——彬哥!

图 6.5 李彬与第二十三届谭泽宇合影

第三节 "我们已经是十年的好朋友啦"

与共青城西湖小学校长熊南生的故事
——第二十二届 王敏
（2020—2021 年服务于江西省共青城西湖小学）

时光如水，在共青城的一年里，我们接收了来自各方的爱意。但给我印象最为深刻的还是共青城的两位"大家长"，一位是熊南生校长，一位是陈永华校友。他们对我们的关爱如同飘荡在夜空的歌谣，使远离家乡的我们获得了心灵的慰藉。

在我们第二十二届江西分队刚到共青城的时候，负责我们的熊南生校长因为身体原因没能来学校工作。后来，熊校长身体痊愈后，来学校的第一件事就是与我们研支团见面。虽然是第一次见面，熊校长却十分亲切，丝毫没有陌生的感觉，用他的话说："我和你们东大研支团已经是十年的好朋友啦。"从第一届来到江西的李波学长开始，熊校长就一直负责研支团的工作，不只是工作方面，我们生活上有任何不适应的、需要帮助的地方，他都会帮忙尽力解决。熊校长说自己的女儿年纪和我们相仿，也在上大学，他便把我们当做自己的孩子一般，给我们这些大学毕业远离家乡前来支教的队员们无微不

至善西行 廿念不忘

至的关怀。他在闲暇时也常常和我们说起往届支教的学长学姐们在共青城的奇闻轶事，如数家珍一般和我们念叨着每一届支教队员的名字。

熊校长很欣赏我们给西湖小学带去的各项教学资源，也非常支持我们在西湖小学开展教学以外的各项工作。法制宣传日、国家公祭日、云上科学桥等大大小小的活动，都在熊校长的支持下顺利开展。熊校长还专门为我们申请了"集善之家"的活动室，审批了资金，让我们把活动室装扮成"家"的感觉，将历届支教成员们的姓名、学院、照片做成展板，挂在活动室里，并准备了各种教学活动工具。精准扶贫的孩子们一到这里，便可以开心地投入到我们准备的各项益智小活动中，而我们研支团成员一进门，看到这些展板照片，就像是真正回到了支教的大家庭里。

每年我们东大的老师同学来共青城开展回访活动时，熊校长都像对待一年一度造访的老朋友，亲自到火车站迎接，热情地带领回访团了解西湖小学，参观共青这座小城，和东大的老师们讲述我们在这边的支教工作。之前，熊校长有调去其他学校工作的机会，因为想和我们东大研支团再续支教情谊就婉拒了。2021年9月，熊校长因为教育局安排被调去了其他学校。临走前他一遍遍地和我们说："好不舍得和咱们东大的支教情谊啊，我这一走，以后就没法再接下一届来支教的东大老师了啊。"听到熊校长这番肺腑之言，我们在场的支教队员无不动容，默默擦掉眼角的泪水。虽然目前熊校长已经不再接手研支团的工作，但他作为我们江西分队在共青城的大家长之一，陪伴着我们走过十多年的支教岁月，见证了江西分队从无到有一步步的进步和成长。

图6.6　熊南生校长与第二十一届江西分队成员合影

与东南大学江西校友会理事陈永华的故事
—— 第二十三届 徐易
（2021—2022 年服务于江西省共青城西湖小学）

陈永华校友也见证了自 2009 年开始，63 名支教队员在共青城接续奋斗、接力传承的支教故事。他是东南大学经济管理学院 1997 级系统工程专业研究生班学员，也是东南大学江西校友会的理事，每一届支教队员都习惯亲切地称呼他为我们在共青城的大家长。

生活中，陈永华校友对我们的关心和帮助无微不至，在我们刚到共青城时，他就早早地与我们取得了联系，帮助我们尽快地融入支教的工作之中。平日里，也总是邀请我们参与各类江西校友会的活动，帮助我们与江西校友会开展了密切的合作。遇上支教生活中电费、房租等问题，陈永华校友也总是第一时间出现帮忙解决。独在异乡的我们，正是因为有了陈永华校友在共青城对我们无微不至的照顾，倍感温暖。

不仅如此，陈永华校友更是东南大学研究生支教团江西分队支教工作的见证者与记录者。13 年弹指一挥间，2009—2022 年期间，陈永华校友持续采访历届东南大学研究生支教团成员，并在大江网、《九江日报》、《共青城》等媒体发表了关于 63 名支教队员的历年支教新闻 20 余篇，让东南大学研支团的故事获得了更多人的关注。同时，他也悉数收藏着历届支教队员图片百余张及支教校服、母校宣传册等物品 10 余件。此外，他还是推进江西校友会与研究生支教团合作共建的助力者，为西湖小学引入了更多的社会捐助，搭建了校友资源与支教资源的桥梁。在陈永华校友的努力下，数届队员受到东南大学副校长黄大卫、金石及校友总会姚志彪秘书长、江西省政协原副主席殷国光等领导接见。陈永华校友总是和我们说，他将一直为东南大学研究生支教团在共青城的支教工作做好服务和保障工作。

一年的支教生活即将走向终点，而这一年里，熊南生校长和陈永华校友给予我们的关心和帮助也永远地刻在了我们的心间。我想，在研支团每一届江西分队支教老师的心中都充满了与他们的点滴回忆，我们也将永远记得，在美丽的鄱阳湖畔，

图 6.7 陈永华校友与第二十二届江西分队成员合影

至善西行 廿念不忘

在共青城这一片红色的热土上，有我们奋斗过的青春，还有那无私帮助了一批又一批支教队员的大家长们。

第四节 "干教育，不能昧着良心"

与南华县民族中学校长阿文东的故事
—— 第二十三届 张恒
（2021—2022年服务于云南省南华县民族中学）

  阿文东老师是云南省南华县民族中学的原校长，也是这所学校的创校元老之一，同时也是东南大学研究生支教团来到南华认识的第一位校长。而阿校长也从沙俊老师——东南大学第一位支教于南华的老师开始，就把每一位来到南华民族中学服务的东大支教老师视作挚友亲朋。9年来，阿校长既是我们的大家长，又是我们初入教师岗位的引路人，直到今天他都还使用着沙俊老师为民中开发的通信录软件，都还记得陈章老师同他一起返乡过节时的趣事，以及每一位来过民族中学任教的东大研支团老师们的名字和生活爱好。他和民族中学老师们对东南大学研支团的关心与支持深深地烙印在了我的心头。

  还记得和队友们刚刚来到南华准备上岗的那段日子，因为疫情等原因，作为队长的我没办法及时陪同队友们第一时间到达南华，也就不得不远程指挥我们的"先遣部队"提前在这个从未到过的地方寻觅一处能让小队6人在未来一年时间里"安身立命"的地方。而就在我们苦于人生地不熟无处下手的时候，阿校长向我们伸出了援手。正是民族中学一年最为忙碌的招生季，在得知我们"寻房无果"后，他立即发动了一批对南华房市较为熟悉的民中老师为我们四处寻找合适的房源。说来也巧，有一位民中老师的家中，正好有一套待租的房子，最令我们头疼的住房问题，就这样在阿校长和民中老师们的帮助下迎刃而解了。而在后来搬家的过程中，阿校长更是每天安排老师们亲自开车协助运送生活物品和行李，帮我们这群"新南华人"在最短的时间里安好了新家。

  于我们这群新手老师而言，阿校长同样还是一位严慈相济的导师。所有的民中老师在工作上都非常害怕他，因为阿校长对于教学和工作的要求标准可以说是几近"苛刻"，不过这也造就了南华民族中学"全县第一，全州顶尖初中"的牢固地位。对于我们，阿校长更是毫不留情，所有教学和学校工作内容都同老教师们一视同仁，教研、备课、值周、工时等统统纳入民族中学的统一考查行列，甚至会亲自查阅我们的手写教案，并带着一些校领导突击检查我们的课堂。对于我们做得不好的事情，他会不留情面地指出甚至在全校范围内进行通报；而对于我们做得好的工作，阿校长也会立即给予认可，并号召全体民中老师们学习我们的创新方法和勤恳敬业。而最令我难以忘怀的，还是他曾经对我和民中新高中部主任的一番语重心长的话。面对一直难有起色的南华县高中教育，时刻心系家乡的阿校长谋划多年，终于在今年咬着牙从昆明聘请了一批同样富有理想信念的优质高中老师，在南华民族中学新办了两个高中实验班，誓要让南华高中教育扬眉吐气一把。而我所执教并管理的东南大学—南华民族中学机器人主题至善科技馆也是阿校长多年积淀的心血，在我们来到民中后才正式落成，成为南华教育又一名片。因此，阿校长的口中，常常将我和新高中部主任陈老师称为"民族中学从远方请来的得力干将"，对我们也是关爱备至。在某天的夜里，阿校长盛情邀请我和陈老师一起到他家中促膝长谈，直到那一晚我才正式知道了阿校长即将调离民中的消息，谈话也是阿校长想同我们最后交代两句：

"你们俩就是民族中学的两张名片，更是我的左膀右臂。十年前我和几位副校长扛着水泥袋把这所学校建起来，又用了十年的时间把它办成了南华百姓们引以为傲的初中。很多人不喜欢我的风格，讨厌我对老师同学们这么狠，但是请你们要记住，咱们是干教育的，这是个良心活，南华的老百姓们把他们家家户户最宝贝的孩子交到我们手上，再苦再累咱都不能昧着良心对不起老百姓啊！"

时至今日，我仍然时常同一道支援南华的陈老师交流学生教学和科创教育的工作和理念，每每想起阿校长走前的那番嘱托，仍旧感慨万千。教育是关乎黎民百姓的大事，从加入研究生支教团的那一刻起，我们便誓要用这一年的时间，为祖国西部的教育事业添砖加瓦。教育是国之大计，而阿校长和民中让我们这些投身支教事业的年轻人们看到的，正是南华这个西部小城里每一个老百姓的未来和希望！是阿校长给了我们一个肩负起南华教育发展重任的机会，也是他给了我们敢把这个担子扛上肩头的勇气和力量。我想我永远不会忘记，在这彩云之南，滇中腹地，有着一位一直支持着我们、激励着我们，同时用他"一心为民办实事，脚踏实地干教育"的一腔热诚感召着我们的，如此令人敬佩的好校长、老朋友。

至善西行 廿念不忘

图 6.8　南华县民族中学原校长阿文东

第五节　"离家远，不用担心"

与石河子市一五〇团中学校长李永疆的故事
—— 第二十二届　陈建润
（2020—2021年服务于新疆生产建设兵团第八师石河子市一五〇团中学）

李永疆校长是一五〇团中学原校长，在东大研支团新疆分队来到一五〇团中学的六年里，李校长始终像对待自己的孩子一样照顾我们，他是我们在支教途中的引路人、守护者和学习的榜样。

初见李校长，是在2018年梦想夏令营的开营仪式上。我们从他手里接过一五〇团中学团旗，见证爱与梦想的传递，他笑着向我们表示欢迎。他说，他每年都期待着梦想夏令营的到来，希望我们在这里能开心、顺利。到达的那天晚上，天已经黑了，他在食堂为我们备好了两大桌酒菜接风洗尘，同时也是为第十九届新疆分队研支团成员准备的送别宴。他一边和我们聊着一五〇团的历史，一边细数着研支团一年的工作成就。看着他与研支团的前辈们一起欢笑、一起举杯，我想，这也许就是一家人才有的放松舒适，他一定是位对我们很关心的校长。

第六章　山海相伴

图 6.9　李永疆校长在梦想夏令营开营仪式上致辞

再次见到李校长，已经过了两年的时间。我重又踏上了一五〇团的土地，恰逢教师节，还没到团里，李校长就给我发消息："小陈，你们把东西放了就过来，我们一起吃个饭。"初到异乡，面对一群陌生的面孔，我们难免显得局促不安。李校长正坐在我对面，热情地招呼我们落座，和我们介绍当地饭桌的有趣之处，我的紧张感也在他的话语中慢慢淡去。我现在回想起来还会庆幸，在那样的陌生场合上，还好有一个熟悉的面孔，还好他是李校长，和之前一样的热情和温和。在支教地安定以后，和李校长接触的机会也慢慢多了起来。教师节、中秋节、国庆节甚至冬至，总能接到李校长的电话，请我们大家一起聚聚、吃个饭。在饭桌上，他说的最多的话就是："这些娃娃离家这么远，要吃好，要多聚，这样才不会想家。"我们算是年轻教师当中最小的，也是离家最远的几个，我能感受到他努力在安抚我们的思乡之情，那种关怀不远不近，但很温暖。

我应该算是研支团目前为止唯一在支教地过年的成员了，李校长在得知这个消息以后，便交代了学校的主任、年级组长，每个人得负责我一次的伙食，然后给我打电话："陈建润啊，你不用担心，我都帮你安排好了，你就乖乖听安排就行。"大年初一那天，他领着我一起吃饭，一起聊天，和我讲他在一五〇团经历的故事，讲研支团和这所学校的渊源。听着他讲述与研支团的相处，就像听一位老父亲在和别人讲自己的孩子一般，如数家珍地讲着点点滴滴，语气中尽是满意与包容。在研支团往届队员回访时，他也能准确地说出他们的名字、他们的习惯，甚至是他们在饭桌上、生活里发生的趣事。我想，研支团在他的心中应该占据着很重要的情感地位，也正是有着他的关心，这一年的异乡生活才能安然地度过，才会有一批又一批的人想着回去看看，和他一起聊聊天，回

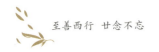

至善西行 廿念不忘

味当年的时光。

  在新疆的一年时间里,天空总是很蓝,一五〇的土地很深沉,包容着无数异乡人,见证着研支团六年的成长。而李校长就像我们的大家长,有他在的时候,总是很安心。在我离开新疆的途中,我向他发消息告别,感谢他一年的照顾和付出。他对我说:"每年我都这么看着你们一批一批来,又一批一批走,我每年都很舍不得,但我知道,你们有更精彩的生活要去探索,有更大的平台去追寻,所以就算我再舍不得,我也希望你们回到你们的生活,感谢你们一年的辛苦,祝你一路平安。"每每想到这条短信的内容,在新疆的一年时光就像电影般在脑海划过。我想,我也希望有一天能再次回到一五〇团,和李校长再次举杯,聊聊近况,感谢他的一路陪伴。

图 6.10 李永疆校长与第二十二届新疆分队

未来可期

  岁月骛过，星霜荏苒，东南大学研究生支教团走过了第二个十年。在这场时间的旅行里，那些肩上行囊里满载的珍贵回忆与经验，西部土地上坚持复刻的脚印，钟表指针下密匝不断的情谊，都是一代代志愿者身体力行留下的深深印记。"用一年不长的时间，做一件终生难忘的事"，在东南大学研究生支教团的实践中，谱写成独属于志愿者和孩子们、东南大学和支教服务地的光荣华章。

  二十年的支教历程，东南大学研究生支教团始终坚持扎实走稳每一步，从最初仅有三人的内蒙古自治区准格尔旗支教点到如今星火分布于中西部地区的四地分队，东南大学不断完善研究生支教团全链条育人模式，使得志愿者、学校以及支教地之间亘久的情谊不断绵延。

  用心用意的耕耘带来的是丰硕成果，除了斩获诸如"镜头中的最美支教团""第十二届中国青年志愿者优秀组织奖"等团队荣誉外，更在思想教育、特色教学、资源共享等方面挖掘出独属于东大人的支教经验，并以此为依托发展出研支团的口碑品牌，进一步丰富了东南大学研究生支教团的系列活动，增强拓展其延续性和辐射性。

  二十年的支教历程，志愿者们的喜怒哀乐描绘出最青春的芳华。四个相距几千公里的支教服务地虽有迥异的自然风光与人文特色，却在近三百名志愿者同样真挚的心与情的联系下紧紧相依。不论是沟壑纵横的西北高原还是秀美壮丽的西南边陲，不论是有红色基因的湖畔小城还是浩瀚无边的大漠戈壁，都因志愿者们一年接一年的传承服务而闪烁着奉献与责任的熠熠光辉。在那些写在时间里的随笔札记中，他们的口吻是那么热切、真诚，描绘着在当地的所见所闻，记叙着自己服务的所思所想，勾勒出如第二故乡般的温暖与热情，回忆时满含感动和不舍。

  同样令人感动的无疑是着墨最多的孩子们，作为与志愿者们朝夕共处的小伙伴，或美好或失意的片段不仅展现了他们的天真淳朴，也引起我们对经济发展迅猛的当下支教之作用该如何进步的思考。治贫先治愚，扶贫先扶志，教育是阻断贫困代际传递的治本之策。历届志愿者们以实际行动尝试支教新模式，持续助力中西部教育事业的发展。

  二十年的支教历程，支教地的默默付出铺就最深沉的底色。面对研支团带来的教学资源、创新活动，支教地学校充分吸收利用，并屡次在各项评比大赛中取得佳绩。而支教地对志愿者们的照拂与关心、尊重与支持，也让他们初入异乡的惶恐或伤感得到缓解。教学过程中的交流互助与教学成效上的严格检查既锻炼培养了志愿者们的能力，也

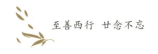

为这一年又一年的回忆提供了最珍贵的原材料,凝结成支教地与研支团之间永不褪色的友谊之花。

二十载光辉岁月,待今朝继往开来。习近平总书记在党的二十大报告中指出:"当代中国青年生逢其时,施展才干的舞台无比广阔,实现梦想的前景无比光明。"

站在波澜壮阔的历史交汇期,东南大学研支团将认真学习贯彻习近平新时代中国特色社会主义思想和党的二十大精神,在实干中继续彰显教育帮扶的"助人"职责,发挥基层锤炼的"育人"作用,让青春在全面建设社会主义现代化国家的实践中绽放绚丽之花。

附录

附录一　东南大学研究生支教团历届成员名单

第五届东南大学研究生支教团成员名单
　　邵文明　石　屹　黄　靖

第六届东南大学研究生支教团成员名单
　　王　卫　邵海宝　霍振国　刘海涛　杨　睿

第七届东南大学研究生支教团成员名单
　　李　霁　沈海嘉　严　超　白　桦　杨丰帆

第八届东南大学研究生支教团成员名单
　　杜小川　刘济阳　赵　阔　徐　捷　王秋芹

第九届东南大学研究生支教团成员名单
　　刘江磊　翟大伟　胡　旋　潘　迪　刘　睿　黄　敏　王洁璐

第十届东南大学研究生支教团成员名单
　　熊　鑫　吴秉范　杨亚欣　殷　志　张　静　包永成　王　均　李大韦
　　曹　进　曹百岗

第十一届东南大学研究生支教团成员名单
　　徐　岳　刘　露　宋云燕　徐　杰　赵东卓　舒超洋　陈福东　李　波
　　顾莹琰　张世军

第十二届东南大学研究生支教团成员名单
　　梁文磊　吴　婵　刘　畅　孙曹钧　李校石　王会羽　马美蓉　洪　浩
　　孙文昊　廖　蓉　秦小青　沈天思　黄志春

第十三届东南大学研究生支教团成员名单
　　孙利坤　田静静　雷　聪　李铉国　宫汝勃　汪晓慧　居　奔　燕　欣
　　田　清　赵天骄　吴晓纯　张　宾　张小龙

第十四届东南大学研究生支教团成员名单
　　戴　卓　姜　军　储　光　贾　宁　苏　玮　余金京　乌　达　陶　涛
　　许德旺　宋园园　李　昂　卜昕阳　颉宇川

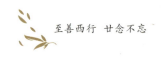
至善西行 廿念不忘

第十五届东南大学研究生支教团成员名单
于士甲　沙　俊　俞微薇　刘凌沁　尹婷婷　刘军杰　陈　斌　孙提川
宋诚骁　宋晓东　王　维　孙若斌　倪　明　陆　军　陈　畅　高　翔
李丹枫　侯士通　阮杨捷　汤红铃

第十六届东南大学研究生支教团成员名单
蒋　淳　段婷婷　于　婷　黄　珺　刘　燮　黄　俊　张晓田　武丽佳
陈　章　段美娟　徐新宇　尹浩浩　张　郁　董启宏　吴涵玉　徐娇娇
杨炅宇　卢亚迪　丁晓丽

第十七届东南大学研究生支教团成员名单
常　成　蔡　星　蔡媛媛　胡靖宜　霍萌萌　贾鸿源　蒋烨琳　李　琦
李文桢　刘　奥　刘玲希　罗雨帆　汤育春　王旭哲　夏正昊　许丽婷
杨雪晴　张钧沛　周　洁　朱婉秋

第十八届东南大学研究生支教团成员名单
刘胜楠　张少卿　孙诗瑶　李梅清　蒋憘澄　马沈骐　黄敏婕　朱婧瑜
贾　硕　王　莹　杨万里　郑逸轩　陆　舆　陈虹妃　刘　瑶　马宇娜
李　昕　汪　杨　姜　琦　聂文伟　宋　鑫　马世然

第十九届东南大学研究生支教团成员名单
籍　泠　厉国舜　王　晨　黄威龙　姚冬琪　廖文婷　张琪琪　高　磊
丛凡淇　华璧辰　陈思贤　秦　阳　易新宇　郑启康　方国权　常鸣华
张梦瑶　李国锦　何　映　刘　立　翟王颖　胡　园

第二十届东南大学研究生支教团成员名单
彭思伟　何荣鑫　姜牧笛　田植政　薛梦婷　何祥平　林　夏　张娜威
胡辰璐　王博文　陆　琪　蔡　浩　刘雪萍　杨雪梅　李晨玉　郑静怡
刘佳玲　严佳玉　刘佳檬　兰　威　蒋心造　徐　路

第二十一届东南大学研究生支教团成员名单
陈静怡　于路港　赵健凯　魏　好　勇蔚柯　张悦浩　刘彦豪　张家强
杨龙飞　林悦楠　唐　诗　李梦昕　段成亮　吴胜男　曹家诚　秦晓阳
李　铁　曹　晶　潘　立　蒋显一　沈裕童　刘星坤

附 录

第二十二届东南大学研究生支教团成员名单
  陈建润 王欣平 高 犇 张 军 高一峰 林琬婷 李斯琪 王 敏
  林清宾 杨建强 朱 迪 刘 旭 金煜朋 徐孟瑶 秦 玥 常兴国
  宋俊明 廖晓辉 杨子亮 李 奥 陈佳龙

第二十三届东南大学研究生支教团成员名单
  徐 易 张 航 贾晨洋 周 涛 吴泽辉 景昊天 许楚仪 朱 妍
  王子珣 唐 语 谭泽宇 陈君怡 黄思宇 王逸飞 潘 玥 彭维锋
  吴林婧 袁 典 王立博 张 恒 张 芃 王图南

第二十四届东南大学研究生支教团成员名单
  高 爽 耿 骁 汪沛喆 孙述凯 崔一帆 袁越翔 赵芷含 陆晶军
  熊天予 侯博艺 赵添仕 周 周 张 鹏 周俊宇 张启晗 陶翀新
  王昕琰 盛春标 王乐言 杨世朔 张 潇

第二十五届东南大学研究生支教团成员名单
  袁晓涵 李仁杰 路 春 张倪飏 徐安来 伍博明 吴金浩 陈柯凡
  杨嘉怡 高 冉 王 政 张李凡 张嘉桐 亓颖金 王 慧 计金朋
  汪歆贝 陈 浩 郑浩洋 曹 琪 王 琦

附录二　东南大学研究生支教团各届合影

第五届（2003—2004年）

第六届（2004—2005年）

第七届（2005—2006年）

第八届（2006—2007年）

第九届（2007—2008年）

第十届（2008—2009年）

附 录

第十一届（2009—2010年）

第十二届（2010—2011年）

至善西行 廿念不忘

第十三届（2011—2012年）

第十四届（2012—2013年）

附 录

第十五届（2013—2014年）

第十六届（2014—2015年）

至善西行 廿念不忘

第十七届（2015—2016年）

第十八届（2016—2017年）

附 录

第十九届（2017—2018年）

第二十届（2018—2019年）

第二十一届（2019—2020年）

第二十二届（2020—2021年）

附　录

第二十三届（2021—2022年）

第二十四届（2022—2023年）

第二十五届（2023—2024年）

附录三　原创歌曲

一、东南大学研究生支教团成立十周年主题曲：《支教十年》

支教十年

（东南大学研究生支教团成立十周年主题曲）

朱玲燕 作词
王逸文 作曲

至善西行 廿念不忘

二、东南大学研究生支教团成立二十周年主题曲:《至善西行 廿念不忘》

至善西行 廿念不忘

林琬婷 陈建润 王敏 陈佳龙 作词
陈亮均 作曲

1=♭B 4/4

至善西行 廿念不忘

附 录

附录四　原创微电影《我和我的东大：蒲公英的约定》

《我和我的东大：蒲公英的约定》海报

一、电影简介

庆祝东南大学 120 周年校庆电影《我和我的东大》由东南大学团委、东南大学党委宣传部、东南大学招生办公室联合出品，由东大在校学生创业团队"单帧映画"联合东大师生自行出资，独立策划完成，参照《我和我的祖国》等电影，以多章节多导演联合创作的形式，以学生个体的视角，讲述了有关自我认知、校园生活、社会责任和文化传承四个东大故事。包括《我,吴健雄》《阿姨呀咿呀》《蒲公英的约定》和《英豪》四部影片。影片《蒲公英的约定》以东南大学第十四届研究生支教团发起"蒲公英圆梦计划"的故事为背景,第二十三届研究生支教团内蒙古分队成员与支教地学生参演,历时四个月在支教地内蒙古自治区准格尔旗实地拍摄,讲述了研支团历尽千辛让家境穷苦从未出过远门的孩子们像蒲公英的种子一样飞出大山,看看外面的世界的感人故事。该片聚焦于一个支教小队对一个孩子的关怀,体现的却是东南大学研究生支教团对支教地孩子绵绵不绝的奉献和薪火相传的东大精神。

《蒲公英的约定》剧照 1

《蒲公英的约定》剧照 2

二、影片原型

影片情节灵感取材于"小苏老师"的原型——东南大学第十四届研究生支教团成员苏玮的自述演讲《蒲公英的梦想》。筚路蓝缕,以启山林,2013年苏玮发起的"蒲公英圆梦计划",在十年间薪火相传举办了4期,共筹得资金善款40余万元,带领99名准格尔旗的贫困学子来到南京、来到东南大学游学,成为东南大学研究生支教团校地共建的里程碑,更为兄弟院校支教团提供了东大智慧。影片中受助学生"晓玉"的原型秀秀,2016年在她的大学以"蒲公英"为名创建了该校第一个公益社团,2019年秀秀以高绩点和几乎包揽所有奖学金的优异成绩毕业,在众多就业机会中选择成为一名公务员,扎根基层奉献社会。

三、影片脚本:《蒲公英的梦想》(节选)

有一晚,我和学生坐在火炕上聊我的旅行经历,孩子突然间问我,说,苏老师,南京有驴肉碗饦吗?我心头一酸,我不忍心告诉孩子这是只有当地才有的小吃。后来我才了解到在她17年的生命中,只去过家乡所在的乡镇还有学校所在的乡镇,连县城都没去过。

我心里很不是滋味,我意识到物质贫困和精神贫困对孩子的影响和危害。那天晚上我下定决心,剩下的100多天的支教生活我每天攒10块钱,一定要带着这个孩子去一次南京,让她看一看我思念的母校,看一看南方繁华的城市。

出乎意料的是,这个想法发到微博上之后得到众多好心人的支持,我的旅行计划也从1个人扩大到5个人。

从此,我就带着核实受助学生家庭状况和选择旅行计划合适人选的双重目的踏上了漫长的家访之旅。让我没想到的是,因为这些孩子家里穷并且地势偏远,我这样一名支教老师竟然是他们十几年学习生活中唯一一个家访的老师。

家访的遭遇也各不相同,我遇到过让我坐在热炕头喝醉的热情家长,也经历过精装修房的墙上挂着54寸液晶彩电还哭穷的闹剧,当然印象最深的是被家长赶出家门的经历。

因为对外面世界的不信任和当地煤炭经济带来的莫名的优越感,很多家长对我的到来极端得冷淡和无礼。因为看到了孩子眼中的失落,我多次和家长沟通。但是没想到的是两个半小时的协商变成了家长的个人演说,几个观点被反复强调,一是外地人都是骗

子，二是走出这个村的没一个好下场，三是高中毕业嫁给煤老板就比念大学强一百倍。在近乎恳求的协商失败后我走出了房间。

那一夜几近不眠，第二天一早我没能吃上孩子亲手为我煮的挂面，就提前一个小时被请上了返程的车。我当时在想，我何苦如此。可是转念一想，孩子家长越是思想封闭，越是对外面的世界充满敌意，就越有必要把孩子们带出山沟沟，只要孩子们能得到教益，我受多少委屈都无所谓。就这样姜军和乌达主动替我分担了团委的工作，我利用每个月才两天的假期，奔波720公里，走访了5个乡镇的8个家庭，在东大团委各位老师、辅导员曹姐姐以及好友滕琳和陈凯媛两位辅导员老师的帮助下，我争取到电气工程学院两位老师、电气工程学院2010级团支部、医学院2012级团支部、生物科学与医学工程学院2012级党支部共计5.5万元的助学金和校机关一位老师5000元的奖学金，总计6万元，帮助5个孩子一直到高考。

但是在我已经为学生垫付了4000元往返车票的时候，旅行的经费突然间没有了着落。失眠和彷徨霸占了那几天的时光。

面临巨大经费缺口，有人劝我别做了。这本来就不是支教的义务，何苦又承担责任又操心呢。

但是我既然选择走上了这三尺讲台，我就是一名老师，在那些信任我的孩子面前，我必须对自己的承诺负责。

为了这一次注定会改变孩子们人生轨迹的旅行，作为一名从东南大学走出来的支教老师，我决不会向任何人和任何困难低头！

抱着试试看的态度，我发了一条求助微博。让我没想到的是，发出之后的第二天，我就收到了第一笔捐款——2000元，这2000元，是我的两位朋友，也是一对热恋中的情侣省下来的机票钱。他们说，少出去玩一次也无所谓，只希望能让孩子们拥有一次难忘的旅行。

就这样，来自各地的爱心涌进了我的账户。这些好心人，有的是我的朋友，更多的是素不相识的陌生人。几天的时间，在我声明经费已经充足的情况下，加上我自己积攒的1500元补贴，我竟然筹措到22 500的善款。

我从来都没想过会有这么多的陌生人如此信任我。也正因为大家如此纯粹的爱心，我感受到了东大校园里和社会上处处涌动的正能量！

这些好心人不仅温暖了孩子，也感动了我自己。

离开准格尔旗出发南京的那一天，天，很蓝，云，很白，一道连着一道的黄土坡也披上了绿色的盛装,一如我来时她们的模样。

我带着孩子们,还有各界满满的爱心,踏上了开往南京的火车。让我没有想到的是,从孩子们的欢呼声中,我才发现这绝不仅仅是他们的第一次旅行,还有很多意外的"第一次":第一次坐火车,第一次吃麦当劳,第一次看到长江,第一次听到蝉鸣,第一次坐进图书馆,第一次走进大学的校园。

我想,当这些孩子走向社会,当他们再一次吃到,此刻对于他们来说无比新奇,但彼时肯定习以为常的汉堡的时候,他们一定会想起第一次带他们体验的,是一名来自东南大学的支教老师。

——东南大学第十四届研究生支教团内蒙古分队成员 苏玮

四、影片创作心得

二十年来,东南大学研究生支教团发生了无数动人的故事,每一位支教老师都有独属于自己的笑与泪。团队在挑选时也很纠结,最后选择以苏玮学长为原型,将当年关于"蒲公英圆梦计划"的故事改编成了剧本。

要怎样讲一个支教的故事呢?青春的热血不可或缺,对学生的美好期盼必不可少——这两点能涵盖大多数真实事件的核心。短片的目的并非为个人立传,而是希望通过一件"小事",让所有支教过的队员回忆起自己当年接受或传递的温暖,让人感觉"真实"。剧作上平铺直叙,没有太多技巧。摄影也为真实呈现而服务,并不花哨。

在准格尔旗当地拍摄为整个短片增色不少:独特的风土人情增加了故事的可信度,热情的当地人一直在帮剧组忙。我们似乎能够看到这些年来东大和准格尔旗之间愈发紧密的纽带,双方的真情与热忱在其间汩汩流淌。当此刻的风吹动东大研支团的旗帜,来自10年前的蒲公英种子在我们心里悄然落地。

——影片编剧及导演 吴利歆

五、影片观众反响

原创电影《我和我的东大》是东大校园中首次推出的以"东大"为元素的主题电影,《蒲公英的约定》是其中重要的篇章。这个故事是以东南大学研究生支教团成员苏玮当年在内蒙古准格尔旗的支教生活中发生的真实事件为原型,反映他们当年克服各种困难、费尽周折努力、多方汇聚资源,最终帮助当地的贫困学生走出了大山。当地的学生通过"蒲公英圆梦计划",打开了截然不同的人生之窗,发现了自己人生的意义。作

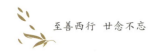
至善西行 廿念不忘

为这个故事的亲身经历者,当时在现场观看以后无限感慨,涌起各种情愫,仿佛又回到当年激情燃烧的岁月之中。电影语言朴实无华,真实再现了那段时光的精彩。我一直认为,志愿服务工作彰显了人性的光辉,它对人的提升是双向的。助人者自助,看到我们的学生苏玮、谭泽宇等,都能从中受益并获得成长,感到特别得欣慰。此情可待成追忆,虽然时间过去了很多年,但是"蒲公英圆梦计划"中的温度、人性、情感,将永留心间。蒲公英的故事属于过去,今天想起来就像梦中一样,但是当年的故事通过这部电影将琐碎点滴积累成刻骨铭心的日子而具有了穿透时光的力量,成为我们人生中的动力。感谢各位拍摄人员的倾情付出!

——吴健雄学院党总支书记 陆挺

看过《蒲公英的约定》这部讲述东南大学在准格尔旗支教的微电影,不禁让我想起那些难忘的日子,今年是我和东南大学研究生支教团交往的 15 年。15 年来,一批又一批充满青春热血的支教研究生来到九中,来到祖国最需要的地方,在准格尔旗这片土地上挥洒汗水,用最赤诚的心投入到基层的教育事业和扶贫事业中。感谢他们的出现,温暖了我的岁月,也滋润了这片土地,感谢这些最可爱的人!

——准格尔旗第九中学校长 李怀忠

在《蒲公英的约定》中,支教老师们为当地学生争取学习机会的举动,以及他们要带学生们到南京开阔视野所做出的努力深深地触动了我。电影中的人物形象与我记忆中的支教老师无比契合,他们当年正如同电影中的支教老师们一样引导启发我们,让我们产生对知识的渴望,让我们能够看到外面广阔的世界。我很高兴,通过这部电影,更多人能够看到支教老师的奉献以及支教活动的意义。

——准格尔旗第九中学毕业生、东南大学 2021 级本科生 温正凯

首先很荣幸能参与到咱们东大自己的校庆电影的制作拍摄当中。起初听到剧组要来准格尔旗拍摄,很是兴奋和激动,《我和我的东大》这部对于东大人有重要意义的影片能将镜头聚焦东大研支团,把研支团的精神以这样喜闻乐见的方式传播给东大学子们是一大幸事。片子中出现的大部分学生其实就是和我相处一年的学生,每每看到他们的镜头,就勾起我们相处的一些往事,禁不住热泪盈眶。思绪也像蒲公英一样兀地飞回到支教的时光。感谢为这部影片贡献的每一个人,让我一名饰演支教老师的支教老师圆了

一个演员的梦,也让我在身体力行中体会支教精神正在鄂尔多斯高原上生生不息、薪火相传二十载!最后祝愿东大研支团能够秉承东大精神,在祖国最需要的地方奉献自己的热血,以微薄之力影响更多的人!

——东南大学第二十三届研究生支教团成员、影片"阿辉"扮演者 谭泽宇

峥嵘岁月

循迹·东南大学研究生支教团大事记

2003.8-2004.7 第七届研究生支教团 | 东南大学研究生支教团在内蒙古准格尔旗开设东南大学"希望之星"班并创立鄂尔多斯市研究生支教团联盟。

2005.8-2006.7 第五届研究生支教团 | 东南大学派遣首批研究生支教团3名成员赴内蒙古准格尔旗支教。

第九届研究生支教团 | 东南大学研究生支教团成员规模扩大到7人，东南大学承办了中国青年志愿者扶贫接力计划第九届研究生支教团培训和会议工作。

2007.8-2008.7 第十届研究生支教团 | 东南大学研究生支教团成员规模扩大到10人，东南大学暑期社会实践小分队赴准格尔旗开展文艺"三下乡"活动。

2008.8-2009.7

2009.8-2010.7 第十一届研究生支教团 | 东南大学在江西共青城市设立支教点，5名成员前往共青城市支教。

第十五届研究生支教团 | 东南大学研究生支教团规模扩大到20人，并首次在贵州省平坝县、云南楚雄彝族自治州南华县设立支教点。

2014.8-2015.7

2013.8-2014.7

第十四届研究生支教团 | 东南大学研究生支教团在陕西延安市设立支教点。

2012.8-2013.7

举办"青春的力量——庆祝东南大学研究生支教团成立10周年大型晚会"。

2012.5.17

第十六届研究生支教团 | 东南大学研究生支教团首次在陕西省武功县、云南省永胜县设立支教点。

第十七届研究生支教团 | 东南大学研究生支教团成员规模扩大到22人，并首次在甘肃省天水市设立支教点。东南大学研究生支教团获得由共青团中央、光明日报社、中国青年志愿者协会共同评选的2015"镜头中的最美支教团"（为全国首批，仅10个）称号。

第十九届研究生支教团 | 至善科技夏令营、无线梦想支教团、爱在共青城、筑梦南华夏令营等校地共建品牌日趋完善并屡获佳绩和好评。

2016.8-2017.7

第二十一届研究生支教团 | 在新中国成立70周年之际，东南大学研究生支教团在四地开展爱国主义教育系列活动，祝福伟大祖国永远繁荣昌盛。

2018.12

2015.8-2016.7

第十八届研究生支教团 | 东南大学研究生支教团首次在新疆生产建设兵团第八师石河子市一五〇团设立支教点。

2017.8-2018.7

第二十届研究生支教团 | 第三届江苏省研究生支教团首场巡回宣讲活动在东南大学举行，团中央青年志愿者行动指导中心书记张朝晖等领导参加活动。

2019.10

2022

东南大学研究生支教团成立20周年，举办系列活动：发布主题MV《至善西行 廿念不忘》，拍摄微电影《蒲公英的约定》，编撰二十年纪念文集、成立教育发展基金会等。

第二十二届研究生支教团 | 中国共产党百年华诞，东南大学研究生支教团在祖国四地共同开展"学党史，强信念，跟党走"系列活动，探访红色地标，缅怀先烈遗志，深入学习党史，坚定理想信念。

2021

东南大学研究生支教团获得第十二届中国青年志愿服务行动优秀组织奖，同年获评"2020年南华县教育工作先进集体"和"第十届江西省青年志愿服务优秀组织"等荣誉称号。东南大学《朝华西拾——"我的讲台我的娃"十年讲演录》正式出版。

2020